Tägliche Andachten
Ein Jahr mit Jesu

von verschiedenen Autoren

Herausgegeben von Gerhard Bode

Scripture quotations are from Die Bibel oder die ganze Heilige Schrift des Alten und Neuen Testaments nach der deutschen Übersetzung D. Martin Luthers, printed and published by Concordia Publishing House, St. Louis, Missouri, USA.

Copyright © 1999 Concordia Publishing House
3558 S. Jefferson Avenue, St. Louis, MO 63118-3968
Manufactured in the United States of America

All rights reserved. No part of this publication may be reproduced, stored in a retrieval system, or transmitted, in any form or by any means, electronic, mechanical, photocopying, recording, or otherwise, without the prior written permission of Concordia Publishing House.

1 2 3 4 5 6 7 8 9 10   08 07 06 05 04 03 02 01 00 99

Inhalt

Andachten

Advent 5
Weihnachten 33
Epiphanias 45
Passion 106
Karwoche 146
Ostern 153
Pfingsten 202
Gottes Liebe und Barmherzigkeit 209
Kreuz und Trost 250
Gottvertrauen 279
Christlicher Glaube 322
Mission 344
Lob und Dank 348

Gebete

Morgen- und Abendgebete 370
Sondergebete 377
Das Vaterunser 382
Das apostolische Glaubensbekenntnis 382
Die kleine Litanei 383
Tischgebete 383
Martin Luthers Morgen- und Abendgebete 384

Vorwort

"Herr, wohin sollen wir gehen? Du hast Worte des ewigen Lebens; und wir haben geglaubet und erkannt, daß du bist Christus, der Sohn des lebendigen Gottes" (Johannes 6, 68–69).

Gottes Wort in Christo ist unseres Herzens Freude und Trost!

Aus Gottes Liebe und Barmherzigkeit hat er uns Christum gesandt. Wir vertrauen allein auf Christum und sein Erlösungswerk für uns. Christus hat sein Wort—Gottes Wort—das Wort des ewigen Lebens uns gegeben.

Die Andachten in diesem Buch proklamieren Gottes Wort des ewigen Lebens. Hier lesen wir die tröstende, erfreuende Nachricht von Gottes Liebe für uns in Jesu Christo. Durch sein Wort bringt Gott Trost, Friede und Freude zu allen Leuten in der Welt.

Diese Andachten erschienen erst in *Tägliche Andachten* 1937–1999, herausgegeben von Concordia Publishing House. Die Andachten folgen dem Kirchenjahr von Advent bis Pfingsten; dann findet man die Andachten thematisch organisiert mit Betonung auf Gottes Liebe in Christo, Gottes Barmherzigkeit und Gnade, Vertrauen auf Gott, Trost, Glaube, und Lob und Dank zu Gott. Am Ende des Buches sind Morgen- und Abendgebete, Sondergebete für festliche Ereignisse im Kirchenjahr, sowie auch andere Gebete für das Christenleben.

Lasset das Wort Jesu Christi reichlich wohnen in euch!

The devotions in this book have been drawn from *Tägliche Andachten*, a devotional periodical published by Concordia Publishing House from 1937 to 1999. Through all these years, *Tägliche Andachten* brought the comforting, joyous message of the Gospel to German readers in North and South America, Europe, and around the globe. Concordia Publishing House thanks the authors and readers of *Tägliche Andachten* for making this devotional series possible.

Advent   Lies Matthäus 1, 18–25

In Jesu Namen

Des Namen sollst du Jesus heißen, denn er wird sein Volk selig machen von ihren Sünden. *Matthäus 1, 21*

In Jesu Namen beginnen wir unsere täglichen Andachten. In Jesu allein findet die Seele Gnade, Leben, Seligkeit, die wahre Heimat und Ruhe.

Die Namen der Großen und Mächtigen der Erde werden von aller Welt geehrt. Ihre Errungenschaften werden von Geschlecht zu Geschlecht gelobt. Doch hin ist hin! Der Wind streicht über ihre Gräber. Im Laufe der Zeit verwelkt auch der schönste und herrlichste Ruhm unter den Menschen. Es kommen die Pharaonen der neuen Geschlechter, die Joseph nicht kennen, sich deshalb für ihn wenig interessieren.

Aber Jesus lebt, und sein herrlicher Name mit ihm! Jedes neue Geschlecht, das seinen Namen lernt, mit seiner trostreichen, ewigen Erlösung bekannt wird, ist mit Freude erfüllt über das bekannte I. H. S.—Jesus—Heiland—Seligmacher! Er ist das A und das O—Anfang und Ende—auch der Heiligen Schrift. Am Anfang der Bibel wird der Messias verheißen als der, der der Schlange den Kopf zertreten wird, der Sieger über den Satan. Am Ende der Schrift bittet die Christenheit: "Ja, komm, Herr Jesu!" Ihm zu Ehren laßt uns leben und wirken, bis er uns zur ewigen Herrlichkeit einführt!

> **Fang dein Werk mit Jesu an,**
> **Jesus hat's in Händen.**
> **Jesum ruf zum Beistand an,**
> **Jesus wird's wohl enden.**
> **Steh mit Jesu morgens auf,**
> **Geh mit Jesu schlafen,**
> **Führ' mit Jesu deinen Lauf,**
> **Lasse Jesum schaffen! Amen.**
>
> **Herbert D. Poellot**

Advent — Lies Psalm 27

Gnade und Schutz

Der Herr ist mein Licht und mein Heil.... Der Herr ist meines Lebens Kraft. *Psalm 27, 1*

Wie glücklich und selig sind wir doch, daß wir auch in diesem neuen Kirchenjahr der Gnade und des Schutzes Gottes gewiß sein können! Wer sich aufrichtig als einen Sünder erkennt, deswegen vor Gottes Zorn und Strafe erschrocken ist und sich in seiner Sündennot zu Christo wendet, der hat Jesu Gnade. Ein solcher hat Vergebung seiner Sünden und ist auf dem Weg zum Himmel.

Aber auch des Schutzes seines Heilandes kann sich ein Christ im neuen Kirchenjahr freuen und getrösten. Er hat einen mächtigen Gott und Heiland zum Schutz. Da mag kommen, was da will: "Ist Gott für uns, wer mag wider uns sein?" (Römer 8, 31). Mit David kann ein Christ getrost und mutig erkennen: "Der Herr ist mein Licht und mein Heil; vor wem sollte ich mich fürchten? Der Herr ist meines Lebens Kraft; vor wem sollte mir grauen? Darum, so die Bösen, meine Widersacher und Feinde, an mich wollen, mein Fleisch zu fressen, müssen sie anlaufen und fallen.... Wenn sich Krieg wider mich erhebt, so verlasse ich mich auf ihn." "Du bist mein' Stärk', mein Fels, mein Hort, mein Schild, mein' Kraft, sagt mir dein Wort."

Herr, sei du mein Licht, mein Heil, meine Kraft! Amen.

George A. Beiderwieden

Advent Lies Matthäus 11, 25–30

Dein König ist sanftmütig

Saget der Tochter Zion: Siehe, dein König kommt zu dir sanftmütig. *Matthäus 21, 5*

Was will uns das doch von unserem König lehren, daß die Schrift sagt: Er kommt zu dir sanftmütig? Das Gegenteil von Sanftmut ist Stolz und Hartherzigkeit. Diese Eigenschaften findet man oft bei den Herrschern dieser Welt. Wo ein König von diesen beseelt ist, haben seine Untertanen wenig Hoffnung auf Verständnis und Hilfe.

Unser König aber ist nicht so. Jesus Christus ist sanftmütig und von Herzen demütig (Matthäus 11, 29). Darum kann er auch Mitleiden haben mit unserer Schwachheit. Unser Heiland ist nicht so hoch erhaben, daß er die Armen und Niedrigen verachtet. Vielmehr sind es gerade die Armen, die Bedrückten, die Niedrigen, die Hilfsbedürftigen jeder Art, deren er sich annimmt, denen er hilft.

Welch ein wunderbarer König ist dieser Jesus, mein Herr! Vor dem brauche ich nicht zu zittern. Dem kann ich mich vertrauensvoll nahen; dem kann ich meine jede Not klagen in voller Zuversicht, daß mein sanftmütiger König mich nicht verstoßen wird, sondern mir die Hilfe verleihen wird, die mir not tut.

Dank sei dir, Herr Jesu, daß du sanftmütig bist. Nimm dich auch meiner an in aller meiner Not! Amen.

Fred Kramer

Advent   Lies Jesaia 11, 1–9

Dein König ist gerecht

Siehe, dein König kommt zu dir, ein Gerechter.
Sacharja 9, 9

Unser König ist gerecht. Wie anders ist er als so viele weltliche Könige, die oft sehr ungerecht sind und leben und herrschen nach dem Sprichwort: Macht macht recht! Lange vor der Zeit des Propheten Sacharja hatte Jesaia geweissagt: "Er heißt Wunderbar, Rat, Kraft, Held, Ewigvater, Friedefürst, auf daß seine Herrschaft groß werde und des Friedens kein Ende auf dem Stuhl Davids und seinem Königreiche, daß er's zurichte und stärke mit Gericht und Gerechtigkeit" (Jesaia 9, 6–7). Wieder: "Er wird mit Gerechtigkeit richten die Armen."

Müssen wir Sünder uns nicht fürchten vor diesem gerechten Richter? Wird er uns nicht verdammen, wie wir es verdient haben?

Gott sei Dank, das brauchen wir Christen nicht zu fürchten. Unser König ist nicht nur ein gerechter Richter, er ist auch selbst unsere Gerechtigkeit. Er hat sich selbst erniedrigt, hat Knechtsgestalt angenommen und ist gehorsam geworden bis zum Tode, ja, bis zum Tode am Kreuz, damit er unsere Ungerechtigkeit büße, damit wir würden in ihm die Gerechtigkeit, die vor Gott gilt.

Herr Jesu, hilf mir armen Sünder, dich als meine Gerechtigkeit erkennen und im Glauben annehmen! Amen.

Fred Kramer

Advent　　　　　　　　　　　　　　　Lies Jesaia 8, 1–15

Immanuel

Beredet euch, und es bestehe nichts; denn hie ist Immanuel. *Jesaia 8, 10*

Wir kommen wieder auf den Namen des geweissagten Jungfrauensohns zurück. Derselbe gilt den Abtrünnigen zur Strafe, den Gottesfürchtigen aber zum Trost. Immanuel heißt, wie die Kirche es von jeher verstanden hat, "Gott mit uns," Gott in unserm Fleisch und Blut, Gottmensch, wahrhaftiger Gott vom Vater in Ewigkeit geboren und wahrhaftiger Mensch von der Jungfrau Maria geboren. An diesem Wunder, stoßen sich freilich die Weisen und Klugen. Denn, "kündlich groß ist das gottselige Geheimnis: Gott ist geoffenbaret im Fleisch." Wer kann das begreifen?

Gerade deswegen ist er den Ungläubigen so schrecklich. "Beschließet einen Rat, und werde nichts draus! ... denn hie ist Immanuel." Wenn die Welt auch noch so sehr gegen die Kirche tobt und wütet, so wird ihr's nicht gelingen: Hier ist Immanuel. "Er kommt zum Weltgerichte, zum Fluch dem, der ihm flucht; mit Gnad' und süßem Lichte dem, der ihn liebt und sucht." Für die Christen ist es ein Trost, daß er unsere Schwächen und Gebrechen nicht nur kennt, sondern sie auf sich genommen hat zu unsrer Erlösung.

Wir singen dir, Immanuel, du Lebensfürst und Gnadenquell, ... du Jungfrausohn, Herr aller Herrn. Halleluja! Amen.

Herman A. Mayer

Advent   Lies Matthäus 25, 31–46

Er kommt zum Weltgerichte

Dann wird er sitzen auf dem Stuhl seiner Herrlichkeit.
Matthäus 25, 31

Jesus war noch in Knechtsgestalt, als er die Worte unsers Textes sprach. Aber er versprach seinen Jüngern, daß er einst in seiner vollen göttlichen Glorie zurückkommen wird. Dann wird er sitzen auf dem Stuhl seiner Herrlichkeit. Der König wird kommen, um das Reich seiner Ehre und Herrlichkeit aufzurichten. Sein Thron ist hier zunächst als Richterstuhl gedacht. Durch Gericht und Gerechtigkeit wird er sich verherrlichen.

Des Menschen Sohn, der durch Leiden und Sterben die Menschen erlöst hat, ist auch der Richter der Welt. Es werden nun vor ihm alle Völker versammelt werden, ob sie Christen oder Heiden waren. Niemand wird sich von diesem Gerichte verstecken können.

Wir, die wir in Christo Jesu leben und einst sterben werden, sehnen uns nach diesem Tage des Gerichts, und wir beten mit Paul Gerhardt: "Er kommt zum Weltgerichte, zum Fluch dem, der ihm flucht; mit Gnad' und süßem Lichte dem, der ihn liebt und sucht. Ach komm, ach komm, o Sonne, und hol' uns allzumal zum ew'gen Licht und Wonne in deinen Freudensaal!"

Lieber Heiland, im festen Glauben an deine Vergebung erwarten wir dein Gericht. Amen.

Walter W. Stuenkel

Advent   Lies Psalm 130

Tröstet mein Volk

Tröstet, tröstet mein Volk! spricht euer Gott. Redet mit Jerusalem freundlich und prediget ihr, daß ihre Ritterschaft ein Ende hat, denn ihre Missetat ist vergeben; denn sie hat Zwiefältiges empfangen von der Hand des Herrn um alle ihre Sünde. *Jesaia 40, 1–2*

Gott will, daß die Betrübten getröstet werden. Gott schuf den Menschen ja zur Freude. Darum kann er die Traurigen nicht ohne Trost dahinleben lassen. Er muß sich ihrer erbarmen.

Aber worin besteht denn der Trost, den Gott den Seinen geben will? "Ihre Missetat ist vergeben." Das ist der Trost, den Gott uns geben will. Er verspricht nicht, daß er jede irdische Trübsal von uns nehmen wird. Aber er verspricht uns Vergebung. Und das genügt uns. Die Sünde ist ja die Ursache alles Elendes in der Welt. Die Sünde ist es auch, das uns als Kindern Gottes vor allem das Herz beschwert. Denn die Sünde trennt uns von Gott. Ist aber die Sünde vergeben, dann wird unser Herz froh. Dann können wir auch die Trübsale, die Gott uns zuschickt, ertragen. Denn, ist die Sünde vergeben, dann wissen wir, daß Gott uns liebhat.

Diesen Trost bringt uns Christus. In ihm haben wir "Zwiefältiges" um alle unsere Sünde, ein überflüssiges Maß von Vergebung. Gottes Gnade in Christo überwiegt der ganzen Welt Sünde.

O Gott, ich danke dir für den reichen Trost, den du durch Jesum Christum mir zusprichst. Amen.

Clarence T. Schuknecht

Advent   Lies Jesaia 40, 1–11

Die Adventspredigt

Was soll ich predigen? *Jesaia 40, 6*

Wir stehen in der Adventszeit. Es ist die Zeit, in der wir uns vorbereiten auf das Kommen des Heilandes. Wunderbare Dinge stehen bevor: "Die Herrlichkeit des Herrn soll offenbaret werden." Das kündlich große Geheimnis der Menschwerdung Gottes entfaltet sich.

Was soll da gepredigt werden? Zweierlei: Einerseits soll uns die Nichtigkeit und Hinfälligkeit des menschlichen Geschlechts vorgehalten werden. "Alles Fleisch ist Heu." Es ist wie das Gras, "das da frühe blühet und bald welk wird, und des Abends abgehauen wird und verdorret." Selbst die schönsten Blumen währen nur kurze Zeit. Auch die besten und frömmsten unter den Menschen vergehen wie Gras und Heu. "Das macht dein Zorn, daß wir so vergehen und dein Grimm, daß wir so plötzlich dahin müssen." Adventszeit ist daher Bußzeit.

Aber Jesaia soll es nicht bei der Predigt der Buße bewenden lassen. Er soll vor allem sein Volk trösten. Der Heiland kommt ja nicht zum Gericht, sondern zur Erlösung. Zwar kommt er gewaltiglich, aber siehe, er kommt als der gute Hirte, der sein Leben läßt für seine Schafe.

Herr, gib, daß wir in aufrichtiger Buße und in freudigem Glauben uns auf dein Kommen vorbereiten! Amen.

Herman A. Mayer

Advent   Lies Römer 10, 5–17

Er kommt im Wort

Jesus [kam] ... und predigte das Evangelium vom Reich Gottes. *Markus 1, 14*

Jesus kommt nicht nur; er predigt auch. Das Wort macht uns sein Kommen verständlich. Zur Zeit seines irdischen Wandels sahen ihn Hunderte, ja, Tausende von Menschen, aber die Allermeisten sahen ihn ohne Wort; deshalb fanden sie ihn nicht. Das kommt leider auch in unserer Zeit vor. Man nimmt an allerlei "kirchlichen" Geschäftigkeiten teil, aber dem König bleibt man fern—nicht, weil er nicht kommt oder zugegen ist, sondern weil man meint, ihn ohne Wort finden zu können.

Nur durchs Wort werden wir erleuchtet. Nur durchs Wort werden wir verwandelt, so daß unsere Herzen unserem König zugetan werden und ihn willkommen heißen. Im Lichte dieses Worts finden wir den König aller Könige, sehen ihn, wie er eigentlich ist, und erkennen ihn in seinem anmutigen Gnadenbild. Das spricht unserer neubelebten Seele zu. Das gewinnt unsere Herzen und Sinne. Das macht uns ihm zu eigen und verschafft uns ewige Freude und Seligkeit. "Ich will rühmen Gottes Wort, ich will rühmen des Herrn Wort" (Psalm 56, 11).

Ach bleib mit deinem Worte bei uns, Erlöser wert, daß uns beid' hier und dorte sei Güt' und Heil beschert! Amen.

Oliver C. Rupprecht

Advent Lies Römer 8, 28–39

Gott ist für uns

Ist Gott für uns, wer mag wider uns sein? *Römer 8, 31*

Hier schüttet der Apostel den ganzen, vollen Adventstrost über uns aus, so daß wir die Leiden dieser Zeit vergessen und uns von Herzen nach der seligen Adventszeit im Himmel sehnen. Uns, die wir in Christo Gott lieben, müssen alle Dinge zum besten dienen. Nichts kann uns die Seligkeit rauben; nichts auf Gottes Seite kann sie uns ungewiß machen. Gott hat seine gläubigen Kinder von Ewigkeit zur Seligkeit verordnet. Dessen sollen wir ganz gewiß sein. Alle, die Gott von Ewigkeit zur Seligkeit erwählt hat, beruft er nach seinem Vorsatz in der Zeit, macht sie gerecht und als seine lieben Kinder in Christo schon jetzt herrlich. Schon jetzt haben sie Vergebung ihrer Sünden, Leben und Seligkeit. Schon jetzt haben sie die Herrlichkeit des Himmels im Glauben und Hoffen. Schon jetzt genießen sie den ganzen vollen Gottestrost in Christo.

Gott ist für uns! So kann auch niemand gegen uns sein—nicht der Teufel, nicht die Welt, nicht das Fleisch; keine Kreatur, keine Trübsal kann uns aus Gottes Hand reißen. Hat Gott seinen geliebten Sohn für uns in den Tod gegeben, so wird er uns mit ihm auch alles schenken, was uns zur Seligkeit nötig ist. Will der böse Feind uns beschuldigen? Gott spricht uns gerecht. Will Satan uns verdammen? Der zur Rechten seines Vaters erhöhte Heiland tritt für uns ein, rechtfertigt uns, wird unser Fürsprecher. O wie herrlich ist doch Gottes Liebe zu uns in Christo!

Lieber Herr Jesu, wir danken dir für deine liebe, süße Evangeliumsbotschaft! Amen.

John Theodore Müller

Advent   Lies Lukas 1, 67–79

Gott erlöst sein Volk

Gelobet sei der Herr, der Gott Israels; denn er hat ... erlöset sein Volk. *Lukas 1, 68*

Gottes Sohn kommt zu seinem Volk! Das ist die Adventsbotschaft. Es ist wichtig für uns zu betrachten, warum er kommt. Ist es möglich, daß Christus kommt, uns zu richten und zu verdammen? Gewißlich, wir haben viel getan, beides zu verdienen: göttliches Gericht wie auch Verdammnis. Doch das Lied des Zacharias gibt uns einen völlig anderen Grund für das Kommen des Herrn. Der Herrgott Israels kommt, sein Volk zu erlösen.

Am Ende mag Zacharias teilweise politische Tendenzen erzeigen. Er mag von politischer Freiheit für sein Vaterland sprechen und von einem unabhängigen Leben für das Volk Israel. Doch er hat zweifellos etwas weitaus Wichtigeres im Sinn, wenn er diese Worte spricht. Gott kommt, sein Volk von der Sünde zu erlösen; er kommt, seinem Volk das ewige Leben zu schenken. Was für eine Freiheit! Was für ein Leben!

Wir haben oft von Gottes Erlösung gehört, doch es bleibt immer die frohe Botschaft für uns, denn wir bedürfen seiner Vergebung und des Lebens, das nur Gott uns geben kann. Das Wort von der Vergebung ist immer gute Kunde.

Heiliger Gott und Vater, gewähre, daß wir mit Zacharias dir Dank sagen für die Erlösung durch deinen Sohn! Amen.

Thomas Green

Advent   Lies Matthäus 12, 14–21

Wer ist es, der kommt?

Suchet in der Schrift ... sie ist's, die von mir zeuget.
Johannes 5, 39

Der Heiland wurde wiederholt gefragt, wer er sei. Er antwortete gewöhnlich mit einem Hinweis auf ein Wort aus dem Alten Testament. So, zum Beispiel, sagte er den Juden, die nicht an ihn als den verheißenen Messias glauben wollten: Suchet in der Schrift, da werdet ihr's finden. Wieder: "Wenn ihr Mosi glaubtet, so glaubtet ihr auch mir; denn er hat von mir geschrieben." In der Synagoge zu Nazareth las er aus dem Propheten Jesaia und erklärte: "Heute ist diese Schrift erfüllet vor euren Ohren." Das war ein klares Wort vom kommenden Messias. Jesaia gibt uns ein klares Bild vom kommenden Heiland. Er nennt ihn "[den Auserwählten,] an welchem meine Seele Wohlgefallen hat." Er ist "Rat, Kraft, Held, Ewigvater, Friedefürst." Johannes der Täufer beschreibt ihn als "Gottes Lamm, welches der Welt Sünde trägt." Johannes der Evangelist nennt ihn den, der vom Anfang war, und durch den alle Dinge geschaffen sind. Paulus schrieb an die Kolosser: "In ihm wohnt die ganze Fülle der Gottheit." Als der Heiland seine Jünger fragte, wer er sei, da antwortete Petrus im Namen der Jünger: "Du bist Christus, des lebendigen Gottes Sohn." Das ist der, auf dessen Kommen wir uns vorbereiten.

Gütiger Gott, alle mein Jammer und Not endet sich, da du geboren. Amen.

Herman A. Mayer

Advent Lies 1. Timotheus 1, 12–17

Jesus ist für uns in die Welt gekommen

Christus Jesus [ist] kommen ... in die Welt, die Sünder selig zu machen. *1. Timotheus 1, 15*

Schon gleich nach dem Sündenfall gab Gott unseren ersten Eltern den herrlichen Trost: "Ich will Feindschaft setzen zwischen dir und dem Weibe und zwischen deinem Samen und ihrem Samen. Derselbe soll dir den Kopf zertreten, und du wirst ihn in die Ferse stechen." Die Erfüllung dieser Worte finden wir in der Epistel des St. Johannes, wo er schreibt: "Dazu ist erschienen der Sohn Gottes, daß er die Werke des Teufels zerstöre."

Jesus heißt Seligmacher, denn "er wird sein Volk selig machen von ihren Sünden," heißt es in der Schrift. Der Zweck seines Kommens in die Welt war nur dieser: Uns, die wir ewig verloren waren, selig zu machen. Christi ganze Wirksamkeit während seines Erdenwandels bezeugt, daß er gekommen war, die Sünder selig zu machen.

Heute noch geht er den Sündern nach. Sein Wort, sein Evangelium, ist seine Hirtenstimme, wodurch er die Sünder zu sich ruft und lockt. Christus Jesus ist in die Welt gekommen und hat unsere Strafe gelitten, unsere Schuld bezahlt, das Gesetz für uns erfüllt, den verschlossenen Himmel wieder aufgeschlossen. Er gibt uns das ewige Leben.

Gott, schenke uns den wahren Glauben, daß Jesus für uns in die Welt gekommen ist! Amen.

Paul W. Hartfield

Advent　　　　　　　　　　Lies Offenbarung 7, 9–17

Unser Schmuck und Ehrenkleid

Ich freue mich im Herrn, und meine Seele ist fröhlich in meinem Gott; denn er hat mich angezogen mit Kleidern des Heils und mit dem Rock der Gerechtigkeit gekleidet. *Jesaia 61, 10*

Der verheißene Messias wird leiden und sterben müssen, "auf daß wir Frieden hätten"—Frieden mit Gott, Frieden für Herz und Gewissen, Frieden für Zeit und Ewigkeit. So geht unser Herz in dieser Adventszeit über zu Dank und Freude. Es singt der heutige Text von Freude über unseren Heiland, der uns schmückt mit Kleidern des Heils und uns einen Rock der Gerechtigkeit anlegt.

Von Natur und Geburt waren wir arme Sünder. Alle unsere Gerechtigkeit war wie ein unflätig Kleid. Als arme, zerlumpte Bettler mußten wir vor Gott erscheinen. Aber Christus hat für unsere Sünde gebüßt und uns das Heil erworben. Nun hat er uns Kleider des Heils angezogen als ein hochzeitliches Gewand und hat uns geziert mit dem Rock seiner eigenen vollkommenen Gerechtigkeit, welche uns zugerechnet wird und welche alle unsere Sünden zudeckt, so daß wir vor dem Gericht Gottes bestehen können und Gott an uns nichts Verdammliches findet. Da können wir dankbar und gläubig beten:

Ins ew'ge Leben wand're ich, mit Christi Blut gereinigt fein. Herr Jesu, stärk' den Glauben mein! Amen.

　　　　　　　　　　　　　　　　Otto H. Schmidt

Advent Lies Psalm 40, 1–9

Der Helfer kommt

Gelobet sei das Reich unsers Vaters David, das da kommt in dem Namen des Herrn! *Markus 11, 10*

Alle Kinder Gottes glauben an den von Gott gesandten Heiland. Im Alten Testament glaubten sie an den verheißenen Weibessamen, welcher der Schlange den Kopf zertreten würde. Sie erwarteten den, der da kommen würde zu leiden und sterben als Erlöser. Im Neuen Testament glauben wir an den Sohn Gottes, der gekommen ist, der durch seinen stellvertretenden Kreuzestod uns Vergebung der Sünden und ewiges Leben erworben hat. Schon im Alten Testament haben wir viele Weissagungen von dem Kommen des Messias. Durch Eingebung des Heiligen Geistes läßt David den Messias reden: "Da sprach ich, Siehe, ich komme, im Buch ist von mir geschrieben." Am Palmsonntag hören wir wie die Gläubigen dies Worte auf den Herrn Jesum beziehen. Sie heißen ihn willkommen mit dem Wort Hosianna: Rette jetzt, wir bitten. Er, der Sohn des Vaters, kommt in dem Namen des Herrn. Er kommt, sein Wort zu offenbaren. Er ist der Helfer, der einzige Heiland für alle Sünder. "Wie viele ihn aber aufnahmen, denen gab er Macht, Gottes Kinder zu werden, die an seinen Namen glauben."

Lieber Heiland, nimm an unser Lob! Erhalte uns im rechten Glauben bis zum ewigen Leben! Amen.

Paul M. Freiburger

Advent   Lies Johannes 14, 23–27

Der Heiland kommt jetzt auch

Wer mich liebt, der wird mein Wort halten; und mein Vater wird ihn lieben, und wir werden zu ihm kommen und Wohnung bei ihm machen. *Johannes 14, 23*

Unser größtes Unglück beim Tode eines unserer Lieben ist wohl die plötzliche Verlassenheit. Die Jünger Jesu spürten diesen Schmerz gewiß am heftigsten während der Heiland die drei Tage im Grabe lag. "Wir aber hoffeten, er sollte Israel erlösen," klagten die Emmausjünger (Lukas 24, 21).

Auch nach seiner Auferstehung entschwand der Heiland so oft ihrem Hören und Sehen. Noch am Tage seiner Himmelfahrt tröstete er die Seinen mit den Worten: "Siehe, ich bin bei euch alle Tage bis an der Welt Ende" (Matthäus 28, 20). Das wird den Gläubigen jener Zeit ein köstliches Versprechen gewesen sein und bleibt es auch heute noch für uns, ihre Nachkommen im Glauben.

Wir stehen nämlich heute nicht nur zwischen dem ersten und dem endgültigen Advent Jesu Christi sondern erwarten und empfangen ihn auch täglich nach seinem Versprechen. Er und sein Vater und der Heilige Geist halten durch Wort und Sakrament täglich Advent bei uns; denn die heilige Dreieinigkeit tröstet, stärkt und bewahrt uns durch ihre Einwohnung.

Und gleichwie dein' Ankunft war voller Sanftmut, ohn' Gefahr, also sei auch jederzeit deine Sanftmut mir bereit. Amen.

                                                           Hilton C. Oswald

Advent | Lies Psalm 72, 11–20

Der Gott Israels

Gelobet sei der Herr, der Gott Israels. *Lukas 1, 68*

Der Gott, dem wir Christen vertrauen und welchem wir Dank sagen, ist weder verborgen noch unbekannt. Er ist der Herrgott Israels. In seinem Lied blickt Zacharias zurück auf die lange Geschichte des Volkes Israel and sieht, wie oft Gott sich ihm offenbart hat. Über allem sieht Zacharias Gott als den, der Israel als seine Auserlesenen erwählt hat; als den, der die Propheten gesandt hat. In Erwiderung auf Gottes Segnungen ruft Zacharias aus: "Gelobet sei der Herr, der Gott Israels."

Wir sind besser dran als Zacharias, denn Gott hat sich uns durch seinen Sohn Jesum Christum offenbart. Durch Christum sind wir Gottes Kinder geworden und durch seinen Tod hat er alle erlöst. Durch Christum ist Gott unser Vater.

Der Gott Israels ist der einzig wahre und allmachtige Gott. Für das Volk des Alten Testaments hat Gott viele große Taten vollbracht; sein Volk war stark, wenn Gott an seiner Seite war. Gott ist heute nicht weniger mächtig. Er ist noch immer imstande, uns zu retten und zu beschützen. Wenn wir zu ihm beten, hört und hilft er uns. Deshalb, "Gelobet sei der Herr, der Gott Israels."

Herr, wir danken dir, daß du dich uns zu erkennen gibst als unseren himmlischen Vater. Amen.

Hilton C. Oswald

Advent   Lies Psalm 103

Der Gipfel der Gnade Gottes

Er wird sich unser wieder erbarmen ... und alle unsere Sünden in die Tiefe des Meers werfen. *Micha 7, 19*

Mit großer Mühe versuchen manche Bergsteiger, den höchsten Gipfel eines Berges zu erreichen. Können wir Erdenbürger den Gipfel Gottes Gnade erreichen? Wenn wir uns mit der Heiligkeit Gottes vergleichen, wissen wir, daß wir kein Ansehen vor ihm haben. Würde Gott uns um unsere Sünden strafen, dann wären wir schon hier auf Erden höchst unglücklich, und am Ende würde unser Tod nur eine Pforte der Hölle sein.

Aber wir heben unsere Augen auf zu den Bergen, von welchen unsere Hilfe kommt. Um Jesu willen beweist uns Gott Barmherzigkeit. Wieder und immer wieder dämpft er unsere Missetaten. Er vergibt nicht nur unsere Schuld, sondern versenkt auch unsere Sünden in die Tiefe des Meeres, so daß sie uns nicht wieder bedrücken oder uns von Gottes Liebe zurückhalten können. Wie der Vater des verlornen Sohnes ihn bei seiner bußfertigen Rückkehr nicht seine schnöde Undankbarkeit vorhielt, sondern ihm vergab, so können auch wir täglich vor Gottes Thron kommen und gewiß sein, er wird uns um Jesu willen empfangen als Kinder und Erben der Seligkeit.

Durch deines Geistes Kraft, himmlischer Vater, laß uns unsere Augen zum Gipfel deiner Gnade erheben. Amen.

                                        Gerhard T. Naumann

Advent   Lies Matthäus 21, 1–9

Der Adventskönig kommt

Machet die Tore weit und die Türen in der Welt hoch, daß der König der Ehren einziehe! *Psalm 24, 9*

Die heilige Adventszeit bringt mit sich Frohlocken und fröhliches Singen. Dies Lied ist für unston-angebend: "Es kommt der Herr der Herrlichkeit, ein König aller Königreich, ein Heiland aller Welt zugleich."

Dieser König ist Jesus Christus, der auch unser Prophet und Priester ist—Prophet, weil er mit Wort und Tat das Himmelreich verkündigte, und Priester, weil er sich selbst für unsere Sünden aufopferte. Der Adventskönig kommt also als Heiland aller Welt, denn sein Name ist "Jesus," oder Seligmacher. Der Zweck seiner Ankunft ist noch nicht, den Kreis des Erdbodens mit Gerechtigkeit zu richten, sondern sein Gnadenreich aufzurichten und uns in dasselbe zu führen durch sein Wort.

Zur rechten Vorbereitung für den Empfang dieses Königs gehören Bußfertigkeit und Glaube, gemäß Christi Predigt: "Tut Buße und glaubt an das Evangelium!" Sind unsere Herzen so zugerichtet, so stehen Tore und Türen offen für den Einzug unseres Königs. Er wird uns beglücken, denn er ist ein Gast, der "Heil und Leben mit sich bringt." So, komm, Herr Jesu!

Komm, o mein Heiland Jesu Christ,
Mein's Herzens Tür dir offen ist! Amen.

                                                 Rudolph F. Norden

Advent   Lies Jesaia 49, 1–16

Gottes beständiges Erbarmen

Kann auch ein Weib ihres Kindleins vergessen, daß sie sich nicht erbarme über den Sohn ihres Leibes?
Jesaia 49, 15

Diese Frage ist eigentlich nicht eine Frage, sondern ein gläubiger Ausruf. Das Wort bezieht sich zuerst auf Israel, welches damals im Elend darniederlag. Jesaia gibt seinem Volk die tröstliche Zusage, daß Gott sein Volk niemals verlassen würde. Wenn es schon einer Mutter unmöglich ist, ihren Sohn zu vergessen, wie viel mehr gilt das bei Gott! Er vergißt sein Volk nicht; eher stürzt der Himmel ein.

Auch für die Gemeinde des Neuen Testaments gilt diese Verheißung. Mögen Menschen anstellen, was sie wollen, das Haupt der Kirche—Christus selber—läßt nicht zu, daß die Pforten der Hölle zu stark werden. Das ist der ganzen Kirche Trost. Und was allen Christen gilt, das gilt auch jedem Einzelnen. Jeder Gläubige hat volles Recht, diesen Vers auf sich anzuwenden. Trotz aller Enttäuschungen, die wir persönlich erfahren; trotz aller Not, die uns befällt; trotz Jammer und Elend, Trübsal und Not, immer heißt es: "Siehe, in die Hände habe ich dich gezeichnet." "Es sollen wohl Berge weichen und Hügel hinfallen; aber meine Gnade soll nicht von dir weichen und der Bund meines Friedens soll nicht hinfallen."

Gütiger Gott, alle mein Jammer und Not endet sich, da du geboren. Amen.

Herman A. Mayer

Advent　　　　　　　　　　　　Lies Römer 8, 28–32

Gottes Weihnachtsgeschenk

**Gott ... sei Dank für seine unaussprechliche Gabe!
2. Korinther 9, 15**

Zu Weihnachten, nach alter Gewohnheit, beschenken wir einander mit Gaben. Diese Geschenke sind Sinnbilder der großen, unaussprechlichen Gabe Gottes, indem er uns seinen eingebornen Sohn als Erlöser von Sünde und Tod gab.

Diese Gabe, sagt Paulus, ist unaussprechlich. Schon unbeschreiblich ist sie, weil Gottes Liebe unserem Begriff weit übersteigt, denn wer kann je "die Breite und die Länge und die Tiefe und die Höhe" der Liebe Gottes in Christo begreifen? So stark und tief war diese Liebe, daß der himmlische Vater uns seinen lieben Sohn gab—daß er seines eigenen Sohnes nicht hat verschonet, sondern hat ihn für uns alle dahingegeben.

Unaussprechlich ist unsere Weihnachtsgabe auch weil der ewige Gottessohn, den der Himmel und die Erde nicht umfassen können, Mensch wurde und jetzt als ein kleines Kindlein in der Krippe liegt. Der, welcher mit dem Vater das Weltall geschaffen hat und es noch erhält, muß sich von seiner Mutter versorgen lassen. Fürwahr, "kündlich groß ist das gottselige Geheimnis: Gott ist offenbaret im Fleisch."

**Den aller Welt Kreis nie beschloß,
Der liegt in Marien Schoß. Amen.**

　　　　　　　　　　　　　　　　　Rudolph F. Norden

Advent Lies Jesaia 53, 1–12

Friedefürst

Er heißt ... Friedefürst. *Jesaia 9, 6*

Friede ist, was viele Leute für diese geplagte Welt begehren. Käme jemand, der den Frieden herstellen könnte, der würde gleich viele Nachfolger haben. Würde es ihm gelingen, den Frieden herzustellen, dann würde er große Anerkennung und Ehre von den Menschen bekommen.

In der Fülle der Zeit sandte Gott seinen Sohn, den größeren Frieden, den Frieden zwischen ihm und den Menschen, herzustellen. Dazu mußte sein Sohn den Weg des Kreuzes für uns Menschen gehen. Es ist ihm gelungen, diesen Frieden zu erlangen, denn am dritten Tag ist er von den Toten auferstanden. Der Zorn Gottes war gestillt. So hat Jesus wahrlich den Namen Friedefürst verdient.

Für uns bedeutet dies, daß wir nun nicht mehr Gottes Feinde sind, die gegen ihn kämpfen. Wir sind nun seine Nachfolger, seine Freunde, die ihm von Herzen mit einem frommen Leben dienen. Wir leben nun auch im Frieden mit unseren Mitmenschen. Wir preisen ihnen den Frieden an, den Jesum, der Friedefürst, für uns gewonnen hat in seinem Kampf mit dem Teufel. Wie dankbar sollten wir nicht für diesen Sieg sein!

Herr Jesu, unser Friedefürst, gib uns deinen Frieden! Amen.

Gerhard C. Michael

Advent Lies Galater 4, 1–5

Christi Menschwerdung

Es ist ein Gott und ein Mittler zwischen Gott und den Menschen, nämlich der Mensch Christus Jesus.
1. Timotheus 2, 5

Christus ist eine so wunderbare Person, nämlich Gottmensch, um ein wunderbares Werk zu vollbringen: die Menschen selig zu machen. So folgt auf die Lehre von Christi Person in natürlicher Ordnung die Lehre vom Amt oder Werk Christi. Alles, was Christus, der menschgewordene Sohn Gottes, zur Seligmachung der Menschen getan hat und tut, macht Christi Amt aus.

Zum kurzen Ausdruck kommt das Amt Christi auch schon durch die Namen "Jesus" und "Christus." Die Schrift selbst deutet uns diese Namen: "Jesus" meint Seligmacher, und "Christus," Gesalbter. Jesus war der Christus für uns, nicht erst seit seinem öffentlichen Hervortreten, sondern schon in seiner Empfängnis, Geburt, Beschneidung, Kindesgehorsam, usw.

Wäre Christus Mensch geworden, wenn die Menschen nicht gesündigt hätten? Die Schrift nennt keinen anderen Zweck der Menschwerdung des Sohnes Gottes als die Seligmachung der Sünder: "Des Menschen Sohn ist kommen, zu suchen und selig zu machen, was verloren ist" (Lukas 19, 10). Wir können singen: "Jesus nimmt die Sünder an, mich hat er auch angenommen."

Herr Jesu, ich danke dir für deine Menschwerdung, denn als Mensch bist du für mich gestorben. Amen.

Franz Pieper

Advent   Lies Matthäus 1, 18–23

Der Heiland verheißen

Siehe, eine Jungfrau ist schwanger und wird einen Sohn gebären, den wird sie heißen Immanuel.
Jesaia 7, 14

Syrien und Israel (Ephraim) machten einen Bund und zogen gegen Jerusalem (Jesaia 7, 1–2). Ahas, der König Judas, hatte vergebens einen Bund mit Assyrien ersucht (2. Chronik 28, 21). Nun "bebete ihm das Herz und das Herz seines Volkes" (Jesaia 7, 2). Gott sprach zu Ahas durch Jesaia: "Fürchte dich nicht ... Es soll nicht bestehen noch also gehen... [aber] Gläubt ihr nicht, so bleibt ihr nicht....Fordere dir ein Zeichen vom Herrn." Ahas aber weigerte sich.

Darauf sprach Jesaia: "Wohlan, so höret, ihr vom Hause David: ... Darum so wird euch der Herr selbst ein Zeichen geben," das Zeichen in unserm Text. Die Verheißung gilt also nicht nur Ahas, sondern auch allen seinen Nachfolgern, und ging in Erfüllung in der Geburt unsers Herrn und Heilandes Jesu Christi, wie Matthäus 1, 20–23 bezeugt. Er ist der Grund aller Verheißungen Gottes und der treue Zeuge göttlicher Liebe und Gnade gegen uns Menschen.

Wir singen dir, Immanuel,
Du Lebensfürst und Gnadenquell,
Du Himmelsblum' und Morgenstern,
Du Jungfrausohn, Herr aller Herrn.
Hallelujah! Amen.

Luther Poellot

Advent   Lies 1. Mose 3, 8–24

"Das Wort ward Fleisch"

Das Wort ward Fleisch und wohnete unter uns, und wir sahen seine Herrlichkeit. *Johannes 1, 14*

Der ewige Sohn Gottes, das Wort, welches Gott ist und am Anfang bei Gott war, hat unser Fleisch und Blut angenommen und ist Mensch geworden. Es geschah nach dem Sündenfall, zur Fülle der Zeit.

Vollkommen heilig und gerecht war der Mensch von Gott erschaffen. Aber Adam und Eva hörten auf den Versucher und übertraten den Befehl Gottes, nicht zu essen von dem Baum des Erkenntnisses Gutes und Böses. Nun erfüllte sich das Urteil: "Welches Tages du davon issest, wirst du des Todes sterben!"

Aber die unaussprechliche Liebe Gottes verfaßte einen Heilsplan: "Das Wort ward Fleisch und wohnte unter uns." Des Weibes Same würde der Schlange den Kopf zertreten. Jahrtausende hindurch wiederholte Gott die Verheißung durch den Mund seiner Propheten. Immer klarer wurde das Kommen des Erlösers geschildert, bis endlich alles erfüllt war. Dann erblickte man die Herrlichkeit des Heilandes, "eine Herrlichkeit als des eingebornen Sohnes vom Vater, voller Gnade und Wahrheit." O daß wir in diesen Adventstagen diese Herrlichkeit mit gläubigen Herzen recht schauen!

Ei, du süßer Jesu Christ, daß du Mensch geboren bist, behüt't uns vor der Hölle! Amen.

Erwin T. Umbach

Advent   Lies Psalm 13

Gott sandte seinen Sohn

Da aber die Zeit erfüllet ward, sandte Gott seinen Sohn, geboren ... und unter das Gesetz getan. *Galater 4, 4–5*

Die Jahre schwinden dahin. Immer noch stehen die Menschen als unmündige Kinder, gefangen unter den äußerlichen Satzungen. Aber nicht durch Gesetz sondern durch erfüllte Verheißungen von dem Gesetzeserfüller werden sie wieder die Kindschaft empfangen.

In der Fülle der Zeit, da alles nach Gottes Willen und Vorbedacht bereit war, sandte Gott seinen Sohn. Geboren von einem Weibe, war er wahrhaftig unser Bruder im Fleisch. Er war damit unter das Gesetz getan, um es vollkommen für uns zu erfüllen. Gottes Gerechtigkeit forderte vollkommene Erfüllung, aber solche Erfüllung konnte der in Sünde verfallene Mensch nicht leisten. Nur der sündlose Sohn des ewigen Vaters konnte es tun.

Durch solche vollkommene Gesetzeserfüllung und Abtragung unsrer Schuld sind wir verlorene Menschenkinder, die unter dem anklagenden Gesetz lagen, erlöst und wieder Kinder Gottes geworden. Welch ein Segen! Nun sendet Gott den Geist seines Sohnes in die Herzen seiner erlösten Kinder. Durch des Geistes Vermittlung ist unsre Bitte angenehm geworden. Wir rufen Gott an: "Abba, lieber Vater!"

Das ganz' Gesetz hat er erfüllt, damit sein's Vaters Zorn gestillt. Dank sei dir dafür, o Jesu! Amen.

Erwin T. Umbach

Advent   Lies Jesaia 9, 6

Der Messias

Auf daß seine Herrschaft groß werde und des Friedens kein Ende auf dem Stuhl Davids und seinem Königreiche, daß er's zurichte und stärke mit Gericht und Gerechtigkeit von nun an bis in Ewigkeit. Solches wird tun der Eifer des Herrn Zebaoth. *Jesaia 9, 7*

Wie ein heller Lichtstrahl die Finsternis einer sonst dunklen Nacht vertreibt, also hat Gott in dieser Verheißung des Messias einen hellen Schein gegeben dem Volk so im Finstern wandelte.

Jesaia redet hier als in der prophetischen Gegenwart. "Uns [dem Volk Gottes jener Zeit, wie auch uns, dem geistlichen Volk Gottes aller Auserwählten in der Endzeit der Erfüllung] ist ein Kind geboren." In diesem Gottes- und Menschensohn "wohnt die ganze Fülle der Gottheit leibhaftig," und wir sind aus Gnaden, durch den seligmachenden Glauben (Epheser 2, 8), "vollkommen in ihm, welcher ist das Haupt aller Fürstentümer und Obrigkeit" (Kolosser 2, 9–10).

> Ich freue mich in dir
> Und heiße dich willkommen,
> Mein liebstes Jesulein;
> Du hast dir vorgenommen,
> Mein Brüderlein zu sein.
> Ach, wie ein süßer Ton!
> Wie freundlich sieht er aus,
> Der große Gottessohn! Amen.

Luther Poellot

Weihnachtsabend Lies Lukas 2, 1–14

Der König wird geboren

Euch ist heute der Heiland geboren. *Lukas 2, 11*

Seit Jahrhunderten war die Geburt des königlichen Sohns Davids geweissagt. Viele Propheten und Könige hatten sich gesehnt, die Zeit dieses Königs zu sehen und zu erleben, aber es war ihnen nicht vergönnt. Und als endlich die Zeit erfüllt und der König geboren war, da waren es nicht die großen Herren im Reich, denen diese Geburt zuerst kund wurde, sondern niedrige Leute, Hirten, die des Nachts ihre Schafe hüteten, während die großen Herren entweder aßen, tranken, spielten, oder auf weichen Betten schliefen.

Und doch wurde die Geburt des Königs auf mehr als königliche Weise kund. "Und siehe, des Herrn Engel trat zu ihnen, und die Klarheit des Herrn leuchtete um sie....Und der Engel sprach zu ihnen: Fürchtet euch nicht! Siehe, ich verkündige euch große Freude....euch is heute der Heiland geboren."

Ein König war verheißen. Ein Heiland wurde geboren. Stimmt das miteinander? Es stimmt aufs allerbeste. Könige sollen die Retter ihres Volkes sein. Oft waren sie leider Bedrücker. Aber unser König ist ein rechter König, ein Heiland.

Wir danken dir, himmlischer Vater, daß du deinen Sohn zu unserem König und Heiland gesandt hast. Amen.

Fred Kramer

Weihnachtsfest Lies Matthäus 1, 18–25

Ein Kindlein ist uns heute geboren

Euch ist heute der Heiland geboren, welcher ist Christus, der Herr. *Lukas 2, 11*

"Fröhliche Weihnachten!" So begrüßen Christen sich heute in verschiedenen Sprachen über der ganzen Welt. Wir feiern heute das größte Ereignis in der ganzen Weltgeschichte. Jesus Christus ist der Welt Heiland. In ihm liegt die Erlösung von Sünde, Tod und Teufel für alle Menschen.

Der erste Weihnachtsprediger war ein Engel Gottes. Seine Festgemeinde waren die Hirten auf dem Felde. Prediger und Gemeinde sind heute andere, aber die Botschaft bleibt dieselbe: "Euch ist der Heiland geboren, welcher ist Christus, der Herr." Wir freuen uns in demselben Heiland.

Dr. Martin Luther wollte das seiner Familie in lebhafter Weise vorstellen. Darum dichtete er das einfache aber liebliche Weihnachtslied, worin er in den ersten fünf Versen uns die wunderbaren Worte des Engels hören läßt: "Vom Himmel hoch, da komm' ich her, ich bring' euch gute neue Mär." Dann kommt die gute neue Mär: "Euch ist ein Kindlein heut' gebor'n von einer Jungfrau auserkor'n, ein Kindelein, so zart und fein, das soll eur' Freud' und Wonne sein."

Herr Jesu, du bist auch für mich geboren; du bist auch meine Freude und Wonne. Amen.

Walter W. Stuenkel

Weihnachten — Lies Lukas 2, 13–14

Verkündiger des Friedens

Wie lieblich sind auf den Bergen die Füße der Boten, die da Frieden verkündigen, Gutes predigen, Heil verkündigen, die da sagen zu Zion: Dein Gott ist König. *Jesaia 52, 7*

Spät in der Nacht, da Christus geboren wurde, ging das Wort hinaus. Engel verbreiteten den neuesten Bericht. Die Herrlichkeit des Herrn schien um sie. Als ein Engel zu den Hirten kam, erschraken sie, denn sie hatten nie solch ein Wunder gesehen. Aber der Engel sprach zu ihnen: "Fürchtet euch nicht, denn ich verkündige euch große Freude." Dann erzählte der Engel von der Geburt Christi und wie er der Heiland aller Menschen, der Friedensfürst, sein sollte. Plötzlich waren mit dem Engel himmlische Heerscharen, die lobten Gott und sagten: "Ehre sei Gott in der Höhe und Friede auf Erden und den Menschen ein Wohlgefallen!"

Friede auf Erden! Wie lieblich das klingt! Friede ist etwas, was wir immer in unserem Alltagsleben und auch in weiteren Umständen suchen. Es scheint, als ob die ganze Welt nach Frieden hungert, und doch herrscht er sehr selten. Dieser Zustand ist schwer zu verstehen. Darum sind die, welche den Frieden verkündigen, sehr beliebt, und sie werden Gottes Kinder heißen. Sie verkündigen den Frieden mit Gott in Christo, ohne welchen es keinen Frieden auf Erden geben kann.

Herr, welch ein Vorrecht, diesen Friedensfürsten zu verkündigen! Hilf uns, seinen Frieden zu verbreiten. Amen.

Ruth L. Krueger

Weihnachten   Lies Galater 3, 6–16

Alle Geschlechter gesegnet

Der Herr sprach zu Abram: ... In dir sollen gesegnet werden alle Geschlechter auf Erden. *1. Mose 12, 1–3*

Schon am Abend des Sündenfalltages hat Gott einen Retter verheißen (1. Mose 3, 15). Im Laufe der Zeit und infolge des Segens Gottes, "Seid fruchtbar und mehret euch und füllet die Erde" (1. Mose 1, 28), wurden Kinder und Kindeskinder geboren. Dann kam die Sintflut, und zu Babel die Verwirrung der Sprachen. Doch die Verheißung blieb in Kraft und wurde für Abraham wiederholt mit ausdrücklichem Segen für "alle Geschlechter" und mit der besonderen Bezeichnung, "in dir," das heißt, "durch deinen Samen" (1. Mose 18, 18; 22, 18).

Christus ist der Weibessame. "Alle Gottesverheißungen sind Ja in ihm und sind Amen in ihm, Gott zu Lobe" (2. Korinther 1, 20). Himmlische Heerscharen lobten Gott im Widerhall der Botschaft: "Euch ist heute der Heiland geboren, welcher ist Christus, der Herr." Und wir sind mit "allem Volk" eingeschlossen (Lukas 2, 10–14).

> **Lobe den Herren,**
> **Was in mir ist, lobe den Namen!**
> **Alles, was Odem hat,**
> **Lobe mit Abrahams Samen!**
> **Er ist dein Licht,**
> **Seele, vergiß es ja nicht!**
> **Lobende, schließe mit Amen! Amen.**
>
> **Luther Poellot**

Weihnachten · Lies Epheser 2, 8–10

Gottes große Liebesgabe

Also hat Gott die Welt geliebet, daß er seinen eingebornen Sohn gab. *Johannes 3, 16*

Von allen Bibelsprüchen ist wohl dieser der prächtigste. Von ihm sagte Johann Friedrich, Kurfürst von Sachsen: "Ich wollte diesen einzigen Spruch für viel tausend Welten nicht aufgeben, weil er ein solcher Glaubensgrund ist, das kein Teufel umstoßen kann."

Ja, es sind Worte, die unser Heiland selbst geredet hat. Er spricht von der unvergleichlichen Liebe Gottes, der die nichtswürdige, sündige Welt (und das schließt uns alle mit ein) so sehr geliebt hat, daß er seinen einigen, unschuldigen Sohn nicht verschonte, sondern als Sühnopfer dahingab, um für sie das ewige Leben zu erwerben. Durch den Glauben können nun alle Menschen (und das schließt uns mit ein) Teilnehmer dieser herrlichen Gnadengabe werden. Aus Gnaden sind wir alle selig geworden, schreibt der Apostel Paulus.

Diese freie Gabe mit freudigem Glauben uns anzueignen und täglich mit guten Werken zu bezeugen und dann anderen mitzuteilen—das ist der gottgefälligste Dank der Kinder Gottes.

Lieber Vater im Himmel, herzlichen Dank für deine unverdiente Liebe in Christo. Durch deinen Heiligen Geist bewahre uns im seligmachenden Glauben, der sich in mitteilender Liebe bezeugt! Amen.

Otto E. Naumann

Weihnachten Lies Römer 9, 1–5

Das Jesuskindlein: Gott über alles

Kündlich groß ist das gottselige Geheimnis: Gott ist... gerechtfertiget im Geist. *1. Timotheus 3, 16*

Im Stalle zu Bethlehem stehen wir vor dem großen Geheimnis der Menschwerdung des Sohnes Gottes. Das Wort ward Fleisch und wohnete unter uns, wie St. Johannes in seinem Evangelium (1, 14) zeugt. In seinem Loblied geht nun St. Paulus über zur zweiten Strophe. Er zeigt uns, daß seine Erwähnung der Offenbarung *im Fleisch*, welche auf Jesu menschliche Natur deutet, zusammen gehört mit dem Hinweis auf seine göttliche Natur: "gerechtfertiget *im Geist*."

Schon auf der Krippe der frühen Kindheit Jesu liegt der Schatten des Kreuzes. Als er am Kreuze starb, meinten viele Feinde und auch Freunde—die das Auge auf seine Menschheit hatten: "Da ist das Ende. Sein Erlösungswerk bleibt unvollendet." Aber nein! Mit Jesu Auferstehung kommt die Anerkennung seiner Gottheit. Gott der Vater gibt Zeugnis, daß Jesus sein wahrer Sohn ist und daß sein Opfer für aller Welt Sünde die Sühne ist. Also der, welcher im Fleisch geoffenbart war—und der, wie St. Petrus zeugt, "getötet nach dem Fleisch" war—ist nun "gerechtfertiget im Geist." Jesus, der da "herkommt nach dem Fleische," ist "Gott über alles, gelobet in Ewigkeit!"

Herr Jesu, du bist nicht nur wahrer Mensch sondern auch wahrer Gott, vom Vater in Ewigkeit geboren. Amen.

Rudolph F. Norden

Weihnachten Lies Galater 4, 1–7

Das gottselige Geheimnis offenbart

Kündlich groß ist das gottselige Geheimnis: Gott ist offenbaret im Fleisch *1. Timotheus 3, 16*

Wenn ein Kind geboren wird, mit Leib und Seele, Augen, Ohren und allen Gliedern, mit Vernunft und allen Sinnen, so bewundern wir die Weisheit und Liebe des himmlischen Schöpfers. Denn welch ein Wunder ist so ein liebliches Geschöpf Gottes, und wie viele natürliche Geheimnisse sind nicht in ihm enthalten! Aber viel größer ist das gottselige Geheimnis— Gott geoffenbart im Fleisch. Der neugeborne Heiland ist "wahrhaftiger Gott, vom Vater in Ewigkeit geboren, und auch wahrhaftiger Mensch, von der Jungfrau Maria geboren."

Das gottselige Geheimnis liegt nicht nur in Jesu Person sondern auch in der unaussprechlichen Liebe des Vaters, indem er in Ewigkeit beschloß, daß der, welcher von keiner Sünde wußte, für uns zur Sünde gemacht werden sollte. Das größte Geheimnis, das vom Anfang der Welt her verschwiegen war, ging mit Christi Ankunft in Offenbarung über. Gottes Ratschluß, uns zu retten, ging von Rat zur Tat, da in der Fülle der Zeit Gott seinen Sohn sandte, von Maria geboren, um uns von dem Fluch des Gesetzes zu erlösen. Wie wichtig, daß wir bekennen: Er ist mein Herr!

Gelobet sei'st du, Jesu Christ,
Daß du Mensch geboren bist! Amen.

Rudolph F. Norden

Weihnachten Lies Matthäus 1, 18–25

Jesus

Sie wird einen Sohn gebären, des Namen sollst du Jesus heißen. *Matthäus 1, 21*

Uns Christen ist der Name "Jesus" der höchste Trost, denn der Engel hat uns die Bedeutung dieses Namens gegeben in den Worten: "Er wird sein Volk selig machen von ihren Sünden."

Ein jeder, der sich im Spiegel des göttlichen Gesetzes beschaut hat, wird gar bald erkennen, daß er ein Sünder ist, der dem Zorn Gottes verfallen ist. Aus dem Gesetz hat er auch erkannt, daß er selber hilflos ist. Aber in seiner unendlichen Liebe hat uns der gnädige Vater seinen Sohn gesandt, unsere Sünden auf sich zu nehmen, um uns von aller Sünde und vom Tode zu erlösen. Darauf macht uns der köstliche Name "Jesus" aufmerksam.

Diesen Namen sollen wir nun fleißig im täglichen Gebet gebrauchen. Diesen Namen sollen wir auch verkündigen als Bezeichnung des einzigen Seligmachers der Welt. Vor dem Mißbrauch dieses Namens sollen wir uns immer in Acht nehmen. In aller Not sollen wir uns auf ihn verlassen, eben weil er uns von der allergrößten Not, von der Sünde, befreit hat. Gott hat ihm einen Namen gegeben, der über alle Namen ist.

Wir danken dir, Vater, daß du deinem Sohn diesen herrlichen Namen gegeben und ihn uns erklärt hast. Amen.

Gerhard C. Michael

Weihnachten — Lies Matthäus 2, 13–15

Erkannt durch die Freiheit

Da Israel jung war, hatte ich ihn lieb und rief ihm, meinem Sohn, aus Ägypten. *Hosea 11, 1*

Gott hatte zu Abraham einmal gesagt: Seine Nachkommen werden vierhundert Jahre als Sklaven in Ägypten dienen müssen, und er wird sie endlich aus diesem Jammertal herausführen. So mußte Jesus, der Stellvertreter vor Gott, unser Heiland, selber nach Ägypten fliehen und von Gott wieder ausgeführt werden.

Diese Sklaverei des Volkes Gottes in Ägypten bezeichnete den Zustand aller Menschen. Wir sind alle vom Teufel, von den Lüsten der bösen Welt und von der sündhaften Kraft unseres Fleisches gefangengenommen und können nicht los werden.

Zu den Israelitern hat Gott Mose gesandt, aber dieser hatte keine Kraft, dem Volk zu verhelfen. Wegen seines Alters und seiner eigenen Sünden konnte er keine dauerhafte Zuversicht anbieten oder Mut in das Volk einflößen. Mit Jesu aber ist es ganz anders. Er ist der Sohn Gottes, und als Heiland und vollkommener Stellvertreter für die Menschheit ist er freiwillig Sklave geworden, auf daß durch seine Berufung wir von der Sündensklaverei endlich frei werden könnten. Jetzt leben wir in der Versicherung, daß Gott uns erlöst und alle Sünden vergeben hat.

Lieber Gott, durch das Erlösungswerk Jesu sind wir von der Sündensklaverei frei. Amen.

Donald L. Pohlers

Weihnachten Lies Galater 4, 1–6

Von der Menschwerdung des Sohnes Gottes

[Er] äußerte sich selbst und nahm Knechtsgestalt an, ward gleich wie ein anderer Mensch und an Gebärden als ein Mensch erfunden. Philipper 2, 7

"Gott wird Mensch, dir, Mensch, zugute. Gottes Kind, das verbind't sich mit unserm Blute." So singen wir in einem Weihnachtslied von Paul Gerhardt. Wir singen es fröhlich und machen uns vielleicht nicht klar, welche Erniedrigung dies für den ewigen Gottessohn bedeutet.

Er gibt alles dran von seiner göttlichen Macht und Majestät, um unser Menschenbruder zu werden. Der Grund dafür ist einzig und allein die Liebe zu uns verlorenen Menschenkindern, damit er als unser Stellvertreter uns von Sünde und Tod rette und uns zu Gottes Kindern mache.

"Das hat er alles uns getan, sein' groß' Lieb' zu zeigen an. Des freu' sich alle Christenheit und dank' ihm des in Ewigkeit," singt Martin Luther und wir mit ihm. Wir sind die Adressaten dieser Selbstentäußerung Gottes. Wie können wir es ihm danken? Indem wir uns beschenken lassen, indem wir es im Glauben annehmen, doch nicht, um es für uns zu behalten, sondern aller Welt lobpreisend kundzutun. "Singet fröhlich, laßt euch hören, wertes Volk der Christenheit!"

Laß mir deine Güt und Treu täglich werden immer neu. Gott, mein Gott, verlaß mich nicht, wenn mich Not und Tod anficht! Amen.

Manfred Roensch

Weihnachten Lies Apostelgeschichte 4, 1–20

In keinem andern Heil

... ist auch kein anderer Name den Menschen gegeben, darinnen wir sollen selig werden. *Apostelgeschichte 4, 12*

Unser heutiges Schriftwort ist in gewisser Hinsicht ein hartes Wort. Es verurteilt alle selbstgemachten Wege zur Seligkeit, alle eigene Frömmigkeit, unser gutes Verhalten gegen unsere Mitmenschen, auch die guten Werke, auf die wir so stolz sind. Dies alles kann uns kein Heil bringen. Wer durch des Gesetzes Werke selig werden will, der muß es vollkommen erfüllen. Das hat niemand getan, und kann niemand tun. Deswegen stehen alle Menschen unter dem schrecklichen Fluch des Gesetzes. Das Gesetz bringt ihnen kein Heil.

Dieser Spruch ist äußerst tröstlich. Er bezeugt uns, daß wir in Jesu Namen Heil und Seligkeit haben können. Tag um Tag wollen wir uns sagen lassen: Glaube an den Herrn Jesum Christum, so wirst du selig. "Er läßt sich selber für mich töten, vergeußt für mich sein eigen Blut." "Drum hab ich's immer so gemeint: mein Jesus ist der beste Freund." Hier ist Heil, nirgends anders! Kein anderer Mensch, wer er auch sei, wie hoch er auch stehe, kann dich selig machen. Das kann nur Jesus. Er ist das Heil deiner Seele, dein wirklicher Heiland. Halt dich fest an ihn!

Selig, wer mit mir so spricht:
Meinen Jesum laß ich nicht. Amen.

Herman A. Mayer

Weihnachten Lies Johannes 1, 1–14

"Den aller Weltkreis nie beschloß"

Das Wort ward Fleisch und wohnete unter uns.
Johannes 1, 14

Man kann die Weihnachtsgeschichte so oberflächlich anhören, daß man gar nicht recht erkennt, was für ein überaus großes Wunder Gott hierdurch verrichtet hat. Wir Christen müssen aber mit Erstaunen ausrufen: "O welch eine Tiefe des Reichthums, beide der Weisheit und Erkenntnis Gottes!"

Das Vorwort des Johannisevangeliums gibt uns ein Bild des Paradoxes. Jesus Christus wird hier das Wort genannt. Dieses Wort war selber Gott—wesentlicher, ganzer, voller Gott, der Schöpfer aller Dinge. Doch wurde dieses ewige Wort Fleisch, Mensch wie alle Menschen, nur ohne Sünde. Dieses menschgewordene Wort wohnte und wandelte unter den Menschen in geringer Gestalt. Doch sahen die Menschen seine Herrlichkeit. Also war unser Heiland zur selben Zeit allmächtiger Gott und geringer Mensch, unser Heiland.

In dem ersten Weihnachtsliede der Reformation gibt Luther uns ein Bild dieses Wunders: "Den aller Welt Kreis nie beschloß, der liegt in Marien Schoß; er ist ein Kindlein worden klein, der alle Ding' erhält allein. Kyrieleis!"

Wahrer Gott und wahrer Mensch, Jesu Christe, sei uns gnädig! Amen.

Walter W. Stuenkel

Weihnachten Lies Matthäus 11, 2–11

Jesus ist der verheißene Messias

Bist du, der da kommen soll, oder sollen wir eines andern warten? *Matthäus 11, 3*

Dies ist eine äußerst wichtige Frage. Wie mancher möchte die Antwort direkt aus Jesu Mund hören! Nun, seine Antwort ist doch sehr klar: "Gehet hin und saget Johanni wieder, was ihr sehet und höret." Damit verweist er sie auf seine Werke, die ihn als Heiland kennzeichnen. Die sollen für ihn reden. Was waren diese Werke? Jesaia sagt: "Er hat mich gesandt, den Elenden zu predigen, die zerbrochenen Herzen zu verbinden, zu predigen den Gefangenen eine Erledigung, den Gebundenen eine Öffnung, zu predigen ein gnädiges Jahr des Herrn und einen Tag der Rache unseres Gottes, zu trösten alle Traurigen" (Jesaia 61, 1–2). Wohl redet Jesaia von Blinden, Tauben, Gebundenen und dergleichen, aber falsch wäre es zu sagen, das Messiaswerk sei nur dazu da, allem leiblichen Elend ein Ende zu machen. Das Elend, wovon der Messias eine Erledigung bringen soll, ist das geistliche Elend, die Sünde, die die Herzen zerbricht und in die Hände des Teufels bringt. Davon soll der Messias erlösen. Die Wunder und Zeichen, die Jesus tat, versichern uns, er werde auch das viel Größere wirken: Erlösung von Sünde, Tod, Teufel und Hölle.

Herr, laß mich nicht wanken, sondern fest glauben, daß du der verheißene Heiland und Erlöser bist! Amen.

Herman A. Mayer

Epiphaniasfest Lies Matthäus 2, 1–12

Epiphanias

Da Jesus geboren war zu Bethlehem im jüdischen Lande ... siehe, da kamen die Weisen vom Morgenland gen Jerusalem. *Matthäus 2, 1*

Heute feiern wir das Epiphaniasfest. Dies ist eins der ältesten Feste des Kirchenjahrs—älter noch als die Weihnachtsfeier. Zu Epiphanias feiern wir Christi Offenbarung als der Sohn Gottes, der Heiland der ganzen Welt—Heiden sowie Juden.

Unser Text spricht von Jesu Erscheinung als König und Heiland der Heiden. Das Kommen der Weisen aus dem Morgenland—also Nichtjuden—war im Alten Testament prophezeit. Jesaia schrieb im 60. Kapitel: "Die Heiden werden in deinem Lichte wandeln und die Könige im Glanz, der über dir aufgehet.... Sie werden... kommen, Gold und Weihrauch bringen und des Herrn Lob verkündigen."

Auch haben wir viel Grund, Gottes Lob zu verkündigen und teuere Gaben darzubringen, so daß die frohe Botschaft von Jesu Geburt, Leiden, Sterben und Auferstehen an unsere Mitmenschen—hier und in Übersee weitergebracht wird.

"Gehe auf, du Trost der Heiden, Jesu, heller Morgenstern! Laß dein Wort, das Wort der Freuden, laut erschallen nah und fern, daß es allen Frieden bringe, die der Feind gefangen hält, und dir Lob und Preis erklinge durch die ganze Heidenwelt!" Amen.

 Reinhold Stallman

Epiphanias Lies Psalm 24

Neugeborner König

Wo ist der neugeborne König der Juden? Wir ... sind kommen, ihn anzubeten. *Matthäus 2, 2*

Die Weisen aus dem Morgenland wußten von einer königlichen Geburt im jüdischen Lande und folgten einem außerordentlichen Stern zur Königsstadt Jerusalem. Schrecken erfüllte die Herzen des Königs Herodes und seines Volkes. War der Neugeborne ein Nebenbuhler? Würde ein Blutbad angerichtet werden, ihn aus dem Wege zu räumen? Die Hohenpriester und Schriftgelehrten deuteten auf das Wort des Propheten Micha von dem Städtlein Bethlehem, aus welchem Israels Herr kommen sollte. Mit List wollte Herodes das Kindlein umbringen. Die Weisen aber fanden das Wunderkind in einem Hause zu Bethlehem, beteten es an und beschenkten es reichlich von ihren Schätzen: Gold, Weihrauch und Myrrhen.

Zu Epiphanien reisen wir im Geist auch nach Bethlehem, das Jesuskindlein zu finden. Wir beten es als unsern Heiland an und legen ihm dar die besten Gaben unsrer Herzen: Glaube, Hoffnung und Liebe. So zeigen wir mit Gaben drei, dies Kind Gott, Mensch und König sei! Laßt uns auch die Wundermär verbreiten, daß jedermann singe das Lob und Preis unsers göttlichen Königs!

Hilf, daß wir dich erkennen und unseren König nennen! Amen.

Erwin T. Umbach

Epiphanias Lies Galater 4, 1–7

Immanuel

Siehe, eine Jungfrau ist schwanger und wird einen Sohn gebären, den wird sie heißen Immanuel. *Jesaia 7, 14*

Mit diesen Worten weissagte der Prophet Jesaia von der Jungfrauengeburt. Hunderte Jahre später erklärte der Engel dem Joseph, was der Name "Immanuel" bedeutet, nämlich "Gott mit uns." Das veranlaßte den Apostel Paulus zu schreiben: "Kündlich groß ist das gottselige Geheimnis: Gott ist offenbaret im Fleisch."

Was wir mit unserer Vernunft nicht begreifen können, wollen wir nun mit kindlichem Glauben annehmen. Unsere Seligkeit hängt von diesem Geheimnis, von der Menschwerdung des Sohnes Gottes, ab. Nun wissen wir bestimmt, daß er als wahrer Mensch unser Stellvertreter unter dem Gesetz sein konnte, daß er sein Leben für uns lassen konnte, daß er aber auch als wahrer Gott Sünde, Tod und Teufel überwältigen konnte und so für uns den Sieg und das ewige Leben erwerben konnte.

Das erfüllt unsere Herzen mit großer Freude. So haben wir auch den Frieden in unseren Herzen, der größer denn alle Vernunft ist. Dafür sind wir nun unserem Gott von Herzen dankbar, denn in Christo wohnt Gott unter uns mit seiner Gnade und segnet uns reichlich.

Von Herzen danken wir dir, Herr Jesu Christe, daß du unser Immanuel bist, der uns erlöst hat. Amen.

Gerhard C. Michael

Epiphanias   Lies Johannes 1, 4–12

Stern

Ich werde ihn schauen, aber nicht von nahe. Es wird ein Stern aus Jakob aufgehen. *4. Mose 24, 17*

Diese Weissagung, worin dem Messias der Name "Stern" gegeben wird, wird von einem Heiden gesprochen. Der König der Moabiter hatte Boten zu einem Zauberer der Heiden mit Namen Bileam gesandt und versprach ihm allerlei Geschenke, wenn er das Volk Israel, welches jetzt in den Gefilden Moabs lagerte, verfluchen würde.

Gott führte es aber so, daß Bileam Israel segnete und eine herrliche Weissagung von dem Messias aussprach, anstatt Gottes Volk zu fluchen. Das ist ein Beweis der Wundermacht Gottes, daß er sogar Heiden in seinen Dienst nehmen kann, um durch sie sein Wort zu verkündigen.

In dieser Weissagung läßt Gott Israel in die ferne Zukunft schauen, da er verspricht: "Es wird ein Stern aus Jakob aufgehen." Das ist der Messias, Christus, der Herr. Dieser helle Stern bedeutet und bringt dem Volke Gottes Heil und Frieden aus der Höhe. Johannes zeugt von Christo: "Das war das wahrhaftige Licht, welches alle Menschen erleuchtet, die in diese Welt kommen." In dem Lichte dieses Sternes aus Jakobs Stamm haben auch wir Heil, Leben und Seligkeit.

Du wahres Licht, erleuchte uns und führe uns sicher und selig zum Himmel! Amen.

Walter W. Stuenkel

Epiphanias — Lies Matthäus 5, 17–20

Alle Gerechtigkeit erfüllt

Jesus ... sprach zu ihm: Laß jetzt also sein; also gebührt es uns, alle Gerechtigkeit zu erfüllen. *Matthäus 3, 15*

Johannes der Täufer war von Gott berufen, dem Messias den Weg zu bereiten. Das tat er, indem er zurief: "Das Himmelreich ist nahe herbeikommen. Tut Buße und laßt euch taufen zur Vergebung der Sünden." Die Leute kamen in großen Scharen, bekannten ihre Sünden und ließen sich taufen. Eines Tages kommt Jesus, der Messias selber, um sich auch von Johannes taufen zu lassen. Der Täufer wehrt sich: "Das geht doch nicht! Meine Taufe hat es mit Buße und Vergebung der Sünden zu tun. Du aber hast nichts zu büßen und dir ist nichts zu vergeben!" Doch Jesus besteht darauf, und Johannes gibt nach.

Was hat das zu bedeuten? Warum unterstellt sich der sündlose Gottessohn einer Handlung, die es mit Sünde und Vergebung zu tun hat? Er will "alle Gerechtigkeit erfüllen." Dazu war Jesus Mensch geworden. Er tritt mitten unter Sünder, er gestellt sich zu ihnen, er stellt sich ihnen gleich, er nimmt ihre Verpflichtungen auf sich. So erfüllt Jesus als aller Menschen Stellvertreter alle Gerechtigkeit, die Gott von den Menschen fordert. Durch ihn sind wir selig.

Liebster Jesu, ich preise dich, daß du alle Gerechtigkeit erfüllt und sie mir geschenkt hast. Amen.

Herbert J. A. Bouman

Epiphanias Lies Psalm 21, 1–4

Göttliches Licht

Dein Wort ist ... ein Licht auf meinem Wege. *Psalm 119, 105*

Das ursprüngliche Licht wurde gleich am Anfang geschaffen, als Gott sprach: "Es werde Licht!" Darauf heißt es: "Da schied Gott das Licht von der Finsternis," denn dieselben schließen einander gegenseitig aus.

In unserem Psalm heißt es: "Dein Wort ist... ein Licht auf meinem Wege." Unser Herz ist durch die Sünde verfinstert. Von Natur ist der Mensch geistlich blind. Er kann den rechten Weg durch diese in Sünden gefallene Welt nicht finden. Er stolpert und weiß nicht wohin. Da bringt ihm einer eine Botschaft aus dem Worte Gottes. Da geht ihm ein Licht auf. Er hört die Einladung: "Wer zu mir kommt, den werde ich nicht hinausstoßen." Erleuchtet durch Wirkung des Heiligen Geistes, kommt er zur Erkenntnis seines Heilandes.

Jesus ist "das wahrhaftige Licht, welches alle Menschen erleuchtet, die in diese Welt kommen." Darum sagt er auch "Wer mir nachfolget, der wird nicht wandeln in Finsternis, sondern wird das Licht des Lebens haben." Dieses Licht begleitet uns durch dieses Leben, und schließlich durch das finstere Tal des Todes.

Wir danken dir, Herr, insgemein
Für deines lieben Wortes Schein. Amen.

Albert T. Bostelmann

Epiphanias Lies Jesaia 42, 1–11

Der Knecht Gottes

Das zerstoßene Rohr wird er nicht zerbrechen, und das glimmende Docht wird er nicht auslöschen.
Jesaia 42, 3

Der Ausdruck "Knecht Gottes" bezieht sich hier auf unsern Heiland, den Auserwählten Gottes, an dem er Wohlgefallen hat. Er ist mit dem heiligen Geist gesalbt. Er ist der Herr, dem alle Ehre gebührt. Aber obwohl er der alleinige Herrscher ist, so kommt er dennoch nicht zu uns als Herrscher und Eroberer, der auf den Gassen schreit und seine Stimme erhebt. Er ist sanftmütig und hilft den Schwachen.

Die Bilder vom zerstoßenen Rohr und glimmenden Docht zeigen uns Gottes Gesinnung. Wir Menschen sind oft wie ein zerstoßenes Rohr. Wir können nicht aufrecht stehen noch einen geraden Schritt tun. Lebensverhältnisse bringen es dahin, daß wir zusammenbrechen. Oder unsers Glaubens Licht ist am Verlöschen. Es wird dunkel um uns her, geistig und vielleicht auch leiblich. Gibt es noch Hoffnung? Ja, denn der Knecht Gottes ist gekommen, das geknickte und am Boden liegende Rohr wieder aufzurichten und die verlöschende Flamme wieder anzufachen. "Ein geängstet und zerschlagen Herz wirst du, Gott, nicht verachten." Verzage nicht! Ist die Not am größten, dann ist Gottes Hilfe am nächsten. Seine Kraft ist in den Schwachen mächtig.

Salbe mich mit Freudenöle, daß hinfort in meiner Seele ja verlösche nicht meines Glaubens Licht! Amen.

Herman A. Mayer

Epiphanias Lies Johannes 1, 29–39

Das ist Gottes Lamm

Siehe, das ist Gottes Lamm, welches der Welt Sünde trägt. *Johannes 1, 29*

Eines Tages sah Johannes der Täufer Jesum zu sich kommen, und sogleich deutete er auf Jesum als das Lamm Gottes und zeugte, daß Jesus aller Welt Sünde tragen würde. Das ist die herrliche Botschaft, die uns allen so nötig ist.

Martin Luther schreibt: "Das ist nun unser Hauptgrund, daß wir wissen, wo unsere Sünden hingelegt sind. Es hat sonst die Sünde nur zwei Örter, wo sie ist: entweder sie ist bei dir, daß sie dir auf dem Halse liegt; oder sie liegt auf Christo, dem Lamme Gottes. So sie nun dir auf dem Rücken liegt, so bist du verloren; so sie aber auf Christo ruhet, so bist du ledig und wirst selig: nun greif zu welchem du willst."

Johannes ladet uns ein, unsere Sünde auf Jesum zu werfen. Johann Olearius schrieb ein Lied, das passend ist für das Bild unsers Textes: "Sieh, das ist Gottes Lamm, das unsre Sünde träget, das sich der ganzen Welt zum Opfer niederleget; sieh, das ist Gottes Lamm, bei dem man aller Sünd' Vergebung, Friede, Ruh' und alle Gnade find't!"

O Lamm Gottes, Dank sei dir, daß du meine Sünde getragen hast. Amen.

Walter W. Stuenkel

Epiphanias   Lies Johannes 1, 19–34

Das Lamm Gottes

Siehe, das ist Gottes Lamm, welches der Welt Sünde trägt. *Johannes 1, 29*

Zu der Zeit, da Johannes der Täufer durch sein Predigen und Taufen eine gewaltige Bewegung in Israel hervorrief, sandte der Hoherat Gesandte, ihn zu fragen, ob er Christus sei. Als er dies verneinte, fragten sie ihn, was er denn sei. Er antwortete: "Ich bin eine Stimme eines Predigers in der Wüste: Richtet den Weg des Herrn."

Den Tag nach dieser Begebenheit sah Johannes Jesum zu sich kommen und zeugte öffentlich: "Siehe, das ist Gottes Lamm, welches der Welt Sünde trägt." Abermals zeugte er und sprach: "Dieser ist Gottes Sohn."

Das ist das allein rechte Zeugnis von Jesu Christo: Er ist das Lamm Gottes; er ist Gottes Sohn, der Mensch geworden ist. Das sei unser Glaube, unser Trost, unsere Zuversicht im Leben und im Sterben, daß der Sohn Gottes Mensch geworden ist, und daß er das Lamm geworden ist, des alle Opferlämmer im Alten Testamente Vorbilder waren, das rechte Lamm Gottes, welches der Welt und also auch unsere Sünde getragen hat. Unsere Sünde liegt nicht mehr auf uns.

Herr Jesu, wir armen Sünder sind frei, los und ledig von aller Sünde, weil du sie getragen hast. Amen.

                                         Carl Manthey-Zorn

Epiphanias　　　　　　　　　　Lies Johannes 4, 25–42

Ein von Gott verheißener Messias

Wir haben den Messias funden (welches ist verdolmetschet: der Gesalbte). *Johannes 1, 41*

Andreas sagte seinem Bruder Simon: "Wir haben den Messias funden." "Messias" ist das hebräische Wort für den griechischen Amtsnamen "Christus." Beide bedeuten: "der Gesalbte." Ein Weib in Samaria glaubte, daß der Messias kommen würde. Jesus sagte ihr: "Ich bin's." Gläubig lief sie zu ihren Stadtgenossen und sagte ihnen: "Kommt, sehet einen Menschen... ob er nicht Christus sei." Sie glaubten, "daß dieser ist wahrlich Christus, der Welt Heiland," der eine verheißene Messias und Sünderretter. Als Jesus der Martha versichert hatte, daß ihr Bruder Lazarus auferstehen würde, und daß er, Jesus, die Auferstehung und das Leben ist, in dem alle Gläubigen leben, ob sie gleich stürben, und in dem alle, die gläubig leben, eigentlich nimmermehr sterben, bekannte sie: "Herr, ja, ich glaube, daß du bist Christus, der Sohn Gottes, der in die Welt kommen ist."

Jesus ist der Gesalbte, den Gott gesalbet hat mit dem Freudenöl des Heiligen Geistes und Kraft, daß er alle Verheißungen des Heils Gottes durch seinen stellvertretenden Gehorsam und seine stellvertretende Genugtuung erfülle.

Christe, du Sohn des lebendigen Gottes, wir preisen deine Erfüllung aller Weissagung für unser Heil. Amen.

George M. Krach

Epiphanias   Lies Jesaia 61

O Jesu Christe, wahres Licht

Die Heiden werden in deinem Lichte wandeln und die Könige im Glanz, der über dir aufgehet. *Jesaia 60, 3*

Wie ein goldener Faden zieht sich messianische Weissagung und Erfüllung durch die ganze Heilige Schrift. "Was der alten Väter Schar höchster Wunsch und Sehnen war, und was sie geprophezeit, ist erfüllt nach Herrlichkeit." So schreibt z. B. Jesaia: "Siehe, Finsternis bedeckt das Erdreich und Dunkel die Völker; aber über dir gehet auf der Herr, und seine Herrlichkeit erscheinet über dir." Als der greise Simeon das Jesuskindlein in seinen Armen hielt, da bezeichnet er dies Kindlein als ein Licht zu erleuchten die Heiden und zum Preis des Volkes Israel. Von sich selbst sagt der Herr Jesus: "Ich bin das Licht der Welt. Wer mir nachfolget, der wird nicht wandeln in Finsternis, sondern wird das Licht des Lebens haben."

Wie zur Zeit der Propheten und Apostel, so herrscht auch heute noch große geistliche Finsternis unter den Völkern der Erde. Aller Welt Trost und einzige Hoffnung aber ist Christus, das Licht der Welt.

> O Jesu Christe, wahres Licht,
> Erleuchte, die dich kennen nicht,
> Und bringe sie zu deiner Herd',
> Daß ihre Seel' auch selig werd'! Amen.
>
> **Herbert D. Poellot**

Epiphanias Lies Psalm 107, 1–8

Lob und Dank

Gehet zu seinen Toren ein mit Danken. *Psalm 100, 4*

Psalm 100 ist nur ein kleines Lied, aber in seinen wenigen Worten liegt viel jubelnde Freude. In heiliger Begeisterung fordert der Sänger alle Welt auf zum Lobe Gottes. Wunderbar ist das Werk der Schöpfung. Wunderbarer jedoch ist das Werk der Erlösung. Der Gott Abrahams hat sein Volk zum auserwählten Volk gemacht. Aus dem Stamme Juda soll in der Fülle der Zeit der Messias, der Weltheiland, kommen—kommen als der Herzog der Seelen, als der gute Hirte, der seine Herde auf grüner Aue weidet, der seine Herde im tiefen Todestal vor dem höllischen Wolf bewahrt, der am Abend—am Abend der Welt—seine Herde nach Hause bringt. Der gute Hirte, von dem der Psalmist so fröhlich singt, ist längst gekommen, er, der von sich selbst zeugt: "Ich bin ein guter Hirte." Wir wissen, daß der gute Hirte sein Leben für die Schafe gelassen hat. Denken wir an die Liebe des Herrn, dann will auch unsere Seele singen—singen im Gotteshaus, singen im eigenen Haus, singen am Morgen und am Abend. Der Herr lasse das Loblied der Seinen, das Lied, das in tausend Sprachen erklingt, das über vieltausend Lippen bricht, ihm wohlgefallen!

Lobe den Herren, den mächtigen König der Ehren!
Meine geliebete Seele, das ist mein Begehren. Amen.

Elmer Reimnitz

Epiphanias　　　　　　　　　　Lies Matthäus 11, 2–15

Der Heiland tut Wunder

Alsdann werden der Blinden Augen aufgetan werden, und der Tauben Ohren werden geöffnet werden. *Jesaia 35, 5*

Wie herrlich sind doch diese Worte in Jesu von Nazareth in Erfüllung gegangen! Er konnte Johannes dem Täufer die Nachricht zukommen lassen: "Die Blinden sehen, die Lahmen gehen, die Aussätzigen werden rein, die Tauben hören, die Toten stehen auf, und den Armen wird das Evangelium gepredigt." Hätte der Heiland nur denen so herrlich geholfen, die am Leibe litten, so wäre er doch der größte Wohltäter in der Geschichte der Menschheit. Aber was er für das Seelenheil der Menschen getan hat, übertrifft alles andere. Er tat die geistlichen Augen auf und machte die geistlichen Ohren hören, daß sie ihn als ihren Heiland erkannten.

Blind und taub ist der Mensch von Natur. Er kann sich nicht selbst die geistlichen Ohren auftun noch die geistlichen Augen sehend machen. Und der Heiland muß uns von der Gewalt des Teufels befreien. Wie herrlich ist doch die Zeit des Neuen Testaments! Wie dankbar sollten wir sein, daß uns der Heilige Geist erleuchtet hat, daß wir den Heiland kennen und wissen, was er für uns getan hat! Wie dankbar sollten wir sein, daß wir sein Wort und Sakrament haben, wodurch wir im Glauben gestärkt und erhalten werden! Der Heiland sagt: "Selig sind, die Gottes Wort hören und bewahren."

Erhalt uns, Herr, bei deinem Wort
Und wehr' des Teufels Trug und Mord! Amen.

　　　　　　　　　　　　　　　　George J. Meyer

Epiphanias　　　　　　　　　　Lies Johannes 1, 6–16
　　　　　　　　　　　　　　　　Psalm 119, 88–96

Das wahrhaftige Licht

Er [Johannes] war nicht das Licht, sondern ... er zeugte von dem Licht. *Johannes 1, 7*

Jesus Christus ist das wahre Licht. In seinem Licht sehen wir den eigentlichen Charakter Gottes. Ohne Jesum Christum ist Gott uns ein Rätsel. Wir kennen ihn nur als den Richter, vor dessen Richterstuhl wir einmal werden stehen und Antwort geben müssen. Jesus Christus bringt uns aber Licht über Gott. Er läßt uns erkennen, daß Gott der wartende Vater ist. Er will nicht den Tod der Sünder, sondern daß sie sich bekehren und gerettet werden. Darum hat er seinen lieben Sohn gesandt. Durch seinen Tod soll der Sohn allen Menschen den Weg zum Vater öffnen.

Johannes weist uns auf Jesum Christum, der das Licht der Welt ist. Er will uns mit allem Nachdruck sagen, daß wir ohne ihn Gott allein als Richter haben. Durch ihn aber dürfen wir Gott als Vater anrufen und in seiner wartenden Liebe Zuflucht finden. In ihm haben wir Vergebung unseren Sünden, Stärke Gotteskinder zu sein, und Freude anderen Menschen zu dienen. Johannes ruft uns auf, dies im Glauben anzunehmen und darauf mit Zuversicht zu leben.

Dank sei dir, himmlischer Vater, für das große Licht, das du durch Jesum Christum in unser Leben hast leuchten lassen. Amen.

Jakob K. Heckert

Epiphanias — Lies Jesaia 9, 1–7

Gott selbst ist der Heiland

**Dieser ist der wahrhaftige Gott und das ewige Leben.
1. Johannes 5, 20**

Unser Heiland, Jesus Christus, ist der wahrhaftige Gott, denn von ihm zeugt Gottes Wort: "Im Anfang war das Wort, und das Wort war bei Gott, und Gott war das Wort.... Alle Dinge sind durch dasselbige gemacht.... In ihm war das Leben, und das Leben war das Licht der Menschen.... Das Wort ward Fleisch und wohnete unter uns, und wir sahen seine Herrlichkeit." Und abermals, "Es sollen ihn alle Gottesengel anbeten."

Ist dies nicht ein Wunder? Gott ist Mensch geworden. Aber, es gibt noch mehr. Ein Wunder über alle Wunder, er ist gekommen, der Menschheit zu dienen. Im Philipperbrief lesen wir: Jesus "äußerte sich selbst und nahm Knechtsgestalt an, ward gleich wie ein anderer Mensch und an Gebärden als ein Mensch erfunden, erniedrigte sich selbst und ward gehorsam bis zum Tode, ja zum Tode am Kreuz."

Der für uns gestorben ist, ist nicht nur Mensch; er ist der Gottmensch. Er ist nicht zum Gott geworden, wie falsche Lehrer behaupten. Nein, er ist schon immer Gott gewesen, von Ewigkeit zu Ewigkeit. Er selbst sagt, "Ich bin das A und das O, der Anfang und das Ende... der da ist, und der da war, und der da kommt, der Allmächtige."

Herr Jesu, du bist mein vollkommener Heiland. Amen.

Roy H. Bleick

Epiphanias • Lies Jesaia 43

Der einzige Gott und Heiland

Ich, ich bin der Herr, und ist außer mir kein Heiland.
Jesaia 43, 11

Im Gegensatz zu allen falschen Göttern sagt Gott: "Ich, ich bin der Herr." So folgt, was er im ersten Gebot spricht: "Du sollst nicht andere Götter haben neben mir." In ihrer Torheit machen die Menschen allerlei Dinge zu ihrem Gott und beten sie an. Das ist grobe Abgötterei. Manche begehen auch feine Abgötterei, indem sie sich auf ihre Vernunft, Kraft, Tugend, oder auf die Freundschaft anderer Menschen verlassen. Dementgegen sagt der Herr: "Ich, [wiederholt und verstärkt!] *ich* bin der Herr."

Welch ein herrlicher Gott, denn außer ihm ist kein Heiland! Als Heiland ist er unser Retter. Alle diese anderen Götter, Kreaturen und Dinge, auf welche die Menschen sich so oft verlassen, betrügen. Sie haben keine Macht; sie sind nicht imstande, die Menschen von Sünde und Tod zu retten. Unser Gott ist der einzige Helfer. Er sandte Jesum als Seligmacher. In ihm finden wir Heil, Rettung, Erlösung Trost, und Leben. Wie gut, daß wir diesen wahren Gott kennen und daß er uns zur Erkenntnis dieses Heils geführt hat!

Gott, dir sei Dank für unser Heil in Christo als dem einzigen Erlöser. Erhalte uns im Glauben an ihn! Amen.

Otto H. Schmidt

Epiphanias　　　　　　　　　　　　Lies Psalm 9, 8–13

Gott mit uns

Siehe, ich bin bei euch alle Tage bis an der Welt Ende.
Matthäus 28, 20

"Der beste Freund ist in dem Himmel," so heißt es in einem Liede. Aber der beste Freund, der uns heute anredet, versichert uns, daß er hier in diesem Augenblick für uns da ist. Gerade darin liegt der Wert eines guten Freundes, der uns mit Rat und Tat zur Seite steht und uns auch in den schwersten Stunden unseres Lebens nicht verläßt. Ein solcher Freund ist nicht mit Gold zu bezahlen. Leider werden solche Lebensgefährten, besonders bei Ehepartnern, oft für selbstverständlich hingenommen.

Kinder Gottes haben in dem Heiland Jesu Christo einen Begleiter im Leben, der die besten Menschen übertrifft, mit denen unser Leben verbunden ist. Seine tägliche Nähe wird uns mit seinem Wort versiegelt: Ich bin bei euch alle Tage, sogar bis zum Weltende. Welch eine Garantie! Gott allein kann solches versprechen. Welch ein Trost! Gott mit uns allewege und allezeit. In allen Lagen unseres Lebens ist er da.

Er ist nicht nur zu jeder Hilfe bereit, die uns fördert, sondern auch in der Lage, Undenkbares zu vollbringen. Er kennt selbst die schwachen Seiten unseres Lebens und seine Vergebung hat keine Grenzen. Seine Liebe hat Teufel, Welt und Sünde am Kreuz besiegt, damit wir in ihm getrost sein dürfen.

Wir danken dir, Herr Jesu, daß du unser aller Begleiter im Leben bist. Amen.

Horst Hoyer

Epiphanias • Lies 2. Petrus 1, 19

Laßt uns wandeln im Lichte des Herrn!

Da sie den Stern sahen, wurden sie hocherfreuet.
Matthäus 2, 10

Die Geschichte von den "drei Königen"—ist sie nicht in mancher Hinsicht auch unsere Geschichte? Unser Leben ist ein stetes Wandern, oft im finstern Tal. Manchmal meinen wir, einen Hoffnungsstern zu sehen, aber ach, er erweist sich als Irrlicht. Wir fragen da und dort um Rat, aber die Befragten können oder wollen uns keine befriedigende Auskunft geben.

Wie wichtig ist es da, dem rechten Stern zu folgen! Und den gibt es, nämlich das "prophetische Wort" der Heiligen Schrift, ein Licht, das da scheint in einem dunklen Ort. Dort wird uns berichtet vom Morgenstern, der aufgeht in unsern Herzen (2. Petrus 1, 19), und der ist kein anderer als Jesus Christus, der uns leitet von Bethlehem über Golgatha nach dem himmlischen Jerusalem, als Wegweiser und vor allem als Wegbereiter, indem er unsre Sündenschuld auf sich nahm und aus dem Wege geräumt hat, über die wir hätten stolpern und ins ewige Verderben fallen müssen.

Er sagt aber auch: Ich bin das Licht, ich leucht' euch für mit heil'gem Tugendleben. Und dieses Tugendleben hat er nicht nur gelebt zum Bewundern, sondern zum Nacheifern!

So laßt uns denn dem lieben Herrn mit Leib und Seel' nachgehen! Amen.

Erich Sexauer

Epiphanias Lies Psalm 119, 97–105

Das Licht, das im Dunkel leuchtet

… daß ihr drauf achtet als auf ein Licht das da scheinet in einem dunkeln Ort. *2. Petrus 1, 19*

Wohl ein jeder unter uns weiß, was es heißt, wenn man im Dunkeln herumtappen muß. Man verliert schließlich jegliches Gefühl der Richtung. Man kann sich nicht mehr zurechtfinden. Wie freut man sich dann, wenn ein Licht angezündet wird und man sich wieder zurechtfinden kann.

Der Apostel redet von dem Worte Gottes als von einem Licht, das da scheinet in einem dunkeln Ort, natürlich in einem viel wichtigeren Sinne als gewöhnliches Licht. Der Apostel nennt es "ein festes prophetisches Wort" (2. Petrus 1, 19). Vor allem war es das von Gott dem Heiligen Geist inspirierte und daher feste und gewisse Wort Gottes, das ihm den unwiderleglichen Beweis für die "Kraft und Zukunft unseres Herrn Jesu Christi" (2. Petrus 1, 16) brachte. Es ist das helle Licht, das alle Dunkelheit vertreibt.

In diesem Licht können wir ganz genau sehen und lernen, daß Jesus unsere einzige Hoffnung auf Seligkeit ist. Dies Licht soll auch uns dienen, daher können auch wir mit dem Psalmisten sagen: "Dein Wort ist meines Fußes Leuchte und ein Licht auf meinem Wege" (Psalm 119, 105).

Gib, lieber Herr, daß wir allezeit dem festen prophetischen Wort als einem Licht folgen mögen! Amen.

John W. Behnken

Epiphanias · Lies Epheser 5, 6–10

Nicht im Finstern tappen

Da sprach Jesus zu ihnen: Es ist das Licht noch eine kleine Zeit bei euch. Wandelt, dieweil ihr das Licht habt, daß euch die Finsternisse nicht überfallen. Wer in der Finsternis wandelt, der weiß nicht, wo er hingehet.
Johannes 12, 35

"Im Dunkeln ist gut Munkeln," so sagt ein Sprichwort, das wohl auf Diebe und üble Geschäfte zutrifft, aber vom Guten kann dabei wohl kaum die Rede sein. Wer im Dunkeln sitzt oder tappen muß, ist nicht gerade gut daran. Licht ist für unser menschliches Dasein unentbehrlich. Sogar die Uhrzeit wird vielerorts im Sommer eine Stunde vorgestellt, um das Tageslicht zu verlängern. Die Nacht wird künstlich erleuchtet, um den Bürgern Sicherheit zu garantieren und sie vor Raub und Einbruch zu schützen. Viel schwerer dagegen ist es, die geistliche Umnachtung zu überwinden, die uns Menschen trotz bester Sehkraft umgibt. Das kann nur Gott allein. Durch den Heiligen Geist hat er seine Gläubigen aus der Finsternis herausgerufen und durch sein Wort in Christus erleuchtet. Im Lichte seines Wortes läßt er uns die Gefahren erkennen, die uns für Leib und Seele drohen. Aber mehr noch. Wie Licht die Finsternis vertreibt, so vertilgt dieses Licht auch die Nacht der Sünde durch die Vergebung, die uns in Christus geschenkt wird. Solange dieses Licht an uns scheint, ist unser Lebensweg gesichert für Zeit und Ewigkeit. Laßt uns darin wandeln.

Heiliger Geist, erleuchte uns immer im Glauben an Jesum Christum! Amen.

Horst Hoyer

Epiphanias Lies Psalm 27

Der Herr ist mein Licht

Der Herr ist mein Licht und mein Heil; vor wem sollt' ich mich fürchten? *Psalm 27, 1*

Äußerliche Dunkelheit ist den meisten Menschen unbehaglich. Wir fühlen uns verlassen und den bösen Menschen verteidigungslos ausgesetzt. Dieses Gefühl trifft aber besonders auf geistliche Dunkelheit zu.

Der Herr aber ist unser Licht und unser Heil. Wenn unsere Widersacher und Feinde sich über uns behaupten wollen, brauchen wir uns nicht vor ihnen zu fürchten. Der Herr steht uns bei und hilft uns aus aller Not.

Mit dem Psalmisten bitten wir den Herrn, daß er uns im Glauben und der Anbetung erhalte. Er hilft uns, wenn wir durch Wort und Sakrament in Verbindung mit ihm bleiben.

Wenn wir in Anfechtung und Not gelangen, dürfen wir unseren Herrn um Hilfe anrufen, denn er selbst hat uns dazu eingeladen. Wir können sicher sein, daß er uns zur rechten Zeit erhören und helfen wird.

Lob sei dir für deine große Gnade und Hilfe in all unserer Not. Amen.

Jakob K. Heckert

Epiphanias   Lies 1. Korinther 1, 18–13

Die Weisheit der Kinder Gottes

Das Wort vom Kreuz ist eine Torheit denen, die verloren werden. *1. Korinther 1, 18*

Wer in dieser Welt zu Ehren kommen und von der Welt für klug und weise gehalten werden will, der darf kaum ein Christ werden. Vielmehr spricht der Apostel Paulus: "Welcher sich unter euch dünkt, weise zu sein, der werde ein Narr in dieser Welt, daß er möge weise sein" (1. Korinther 3, 18). Ein Christ und ein Narr ist also bei der Welt ein und dasselbe.

Vor Gott und seinen Engeln sind aber die Christen die rechten Weisen. Es kommt ein Tag, da wird auch die Welt die Klugheit der Kinder Gott erkennen. Warum sind sie weise? Weil sie einen Heiland haben, der ihre Sünden getragen, ihre Schulden bezahlt, Gott an ihrer Statt befriedigt, mit seinem Versöhnungsblute ihren Schuldschein durchstrichen und ihnen Gerechtigkeit, Leben und Seligkeit erworben hat.

Wer zu ihm flieht, der ist Gottes liebes Kind. Wer sich ihn zu seinem Freunde macht, der hat auch Gott zum Freunde. Daher spricht Christus selbst: "Wahrlich, ich sage euch: Wer mein Wort höret und glaubet dem, der mich gesandt hat, der hat das ewige Leben und kommt nicht in das Gericht, sondern er ist vom Tode zum Leben hindurch gedrungen" (Johannes 5, 24).

Lieber Gott, mache uns weise durch den Glauben an Christum, deinen Sohn und unseren Herrn! Amen.

C. F. W. Walther

Epiphanias · Lies Psalm 8

Wie herrlich ist Gottes Name!

Herr, unser Herrscher, wie herrlich ist dein Name in allen Landen! *Psalm 8, 10*

Mutter, Vater, Bruder, Schwester, Großmutter, Großvater, Onkel und Tante sind Worte, die lieblich in unseren Ohren klingen. Wenn wir an solche Namen denken, dann kommen uns allerlei schöne Gedanken in den Sinn. Wir denken nicht nur an diejenigen Personen, die diese Namen tragen, sondern wir denken ganz besonders daran, was diese Personen für uns getan haben oder noch tun.

Wenn wir mit dem Psalmisten das Bekenntnis ablegen, daß Gottes Name herrlich ist, dann denken wir auch an alles, was Gott für uns getan hat und noch tut. Gott ist es, der uns geschaffen hat und noch erhält. Gott ist es, der seinen eingebornen Sohn für uns aufgeopfert hat, auf daß wir durch den Glauben an ihn selig werden. Derselbe Gott ist es, der durch seinen Geist den seligmachenden Glauben anzündet und durch Wort und Sakrament stärkt und erhält. Für diese und andere großen Taten Gottes loben und preisen wir Gott, wenn wir an seinen herrlichen Namen denken. Nach diesem zeitlichen Leben werden wir ohne Ende den herrlichen Namen unseres Gottes loben und preisen mit allen Erlösten.

Herr, gib uns die Gnade, daß wir schon in diesem Leben deinen Namen preisen! Amen.

Lester H. Gierach

Epiphanias Lies Johannes 3, 1–21

Finsternis und Licht

Und wird keine Nacht da sein, und [man wird] nicht bedürfen einer Leuchte oder des Lichts der Sonne; denn Gott der Herr wird sie erleuchten. *Offenbarung 22, 5*

Besonders Kinder fürchten sich vor der Nacht und vor der Dunkelheit, und auch uns Erwachsenen ist die Finsternis, wenn wir nichts sehen können, unheimlich. Im Neuen Testament, und besonders auch in den Schriften des Apostels Johannes, wird viel von dem Gegensatz von Licht und Finsternis gesprochen.

Wir Menschen leben in der Finsternis der Sünde und im Schatten des Todes. Aber Gott hat in die Finsternis unserer Welt sein ewiges Licht hineinleuchten lassen, nämlich in seinem lieben Sohn. Im Glauben an unseren Herrn Jesum Christum leben wir nun nicht mehr in der Dunkelheit von Sünde und Tod, sondern im Lichte des ewigen Lebens.

Und von diesem Lichte spricht hier Johannes. Im ewigen Leben bei Gott, da gibt es keine Nacht and keine Finsternis mehr, denn Gott selbst ist das Licht und wir werden in seinem Lichte wohnen wie er im Lichte ist. "Vor dir ist Freude die Fülle und lieblich Wesen zu deiner Rechten ewiglich."

O Jesu Christe, wahres Licht, erleuchte die dich kennen nicht, und bringe sie zu deiner Herd', daß ihre Seel' auch selig werd'! Amen.

Manfred Roensch

Epiphanias — Lies 2. Korinther 5, 17–21

Gnädige Heimsuchung

Es kam sie alle eine Furcht an und preiseten Gott und sprachen: Es ist ein großer Prophet unter uns aufgestanden, und: Gott hat sein Volk heimgesucht. *Lukas 7, 16*

Mit diesen Worten drückten die Menschen ihre Verwunderung aus über die Auferweckung des Jünglings zu Nain. Daß ein toter Mensch auf den Befehl eines Menschen, scheinbar ihresgleichen, lebendig wurde, das war ihnen unerklärlich. So etwas hatten sie noch nicht erlebt. Daß unter solchen Umständen Furcht sie ergriff, ist wohl kein Wunder.

O daß sie alle die Wichtigkeit dieses Wunders erkannt hätten, daß Gott sie wirklich heimsuchte! Denn dieser mächtige Überwinder des Todes war der von Gott im Alten Testament verheißene Messias und Heiland dieser Menschen sowie aller Menschen.

Gott hat auch uns heimgesucht. Er hat auch uns diesen Heiland gesandt. "Derselbige ist die Versöhnung für unsere Sünde, nicht allein aber für die unsere, sondern auch für [die Sünden] der ganzen Welt." Er ist der Heiland und Seligmacher aller Sünder von Adam bis auf unsere Zeit und bis auf die Letzten, die vor Anbruch des Jüngsten Tages noch geboren werden.

Wir danken dir, treuer Gott, für die gnädige Heimsuchung. Amen.

F. Wahlers

Epiphanias　　　　　　　　　　　　　　Lies Psalm 18

Licht in Finsternis

Du erleuchtest meine Leuchte; der Herr, mein Gott, macht meine Finsternis licht. *Psalm 18, 29*

"Ob ich schon wanderte im finstern Tal, fürchte ich kein Unglück; denn du bist bei mir, dein Stecken und Stab trösten mich." So singen und sagen alle Kinder Gottes mit gewisser Zuversicht. Kinder Gottes wissen, daß Gott im Himmel ihre Zuflucht und Stärke ist, sogar in den allergrößten Nöten. Ihr Wahlspruch im Leben ist: Nichts auf Erden, nichts Gegenwärtiges und Vergangenes und Zukünftiges, kann uns von Gottes Liebe scheiden.

Auch du und ich können mit solcher Gewißheit durch das Leben gehen. Wir wissen, daß Gott seines eigenen Sohnes nicht verschonet hat. Er hat ihn für uns alle dahingegeben. Darum gibt er uns auch alles andere, was für unser Seelenheil gut und heilsam ist. So wie ein Licht in der Finsternis uns den Weg weist, so leitet und führt uns Gott durch das Leben, denn sein Wort ist "meines Fußes Leuchte."

Selig sind wir, die dies Licht kennen. Im Licht des göttlichen Wortes sehen wir wie wir glücklich leben und selig sterben können. Dies Wort wollen wir gerne hören und lernen und andern mitteilen.

O Herr Jesu, du wahres, ewiges Licht, erleuchte uns durch deinen Geist! Amen.

Lester H. Gierach

Epiphanias Lies Matthäus 8, 14–17

Unser himmlischer Arzt

Ich bin der Herr, dein Arzt. 2. Mose 15, 26

Durch den Sündenfall unserer ersten Eltern ist der Tod und alles, was zum Bereich des Todes gehört— Krankheit, Elend, Jammer—in die Welt gekommen. Die Sünde hat den Leib und die Seele des Menschen vergiftet. "Durch *einen* Menschen die Sünde ist kommen in die Welt und der Tod durch die Sünde, und ist also der Tod zu allen Menschen durchgedrungen, dieweil sie alle gesündiget haben" (Römer 5, 12). So gewiß alle Menschen Sünder sind, so gewiß bedürfen sie eines Arztes.

Es gibt nur einen Arzt, der alle Krankheiten des Leibes und der Seele gründlich und für immer heilen und so vom zeitlichen und ewigen Tode erretten kann, und das ist Jesus Christus, Gott und Mensch in einer Person. Um der Arzt der Kranken zu sein ist er in diese Welt gekommen—ist ein Mensch geworden wie wir, nur ohne Sünde. Er hat unsere Sünde auf sich genommen und alle Strafen und Folgen derselben getragen und erduldet. Dadurch hat er uns volle Vergebung aller Sünden, vollkommene Gerechtigkeit vor Gott und das ewige Leben bei Gott erworben.

Wer nun an diesen Jesum als an seinen göttlichen Arzt und Heiland glaubt, den hat Gott um Christi willen für gerecht erklärt.

Herr, dein Wort macht Leib und Seel' gesund. Amen.

Paul W. Hartfield

Epiphanias · Lies Philipper 1, 3–11

Lichter der Welt

Seid ... Gottes Kinder, unsträflich mitten unter dem unschlachtigen und verkehrten Geschlecht, unter welchem ihr scheinet als Lichter in der Welt. *Philipper 2, 15*

Freue dich! In allen Ecken der Welt gehen die Lichter auf. In den Geschäften, Häusern, und Kirchen wird alles heller durch bunte Lichter und Verzierungen. Eine gute Stimmung setzt ein. Augen glänzen, Gesichter lächeln und Leute grüßen einander, ob sie sich kennen oder nicht. Es wärmt das Herz, solch eine Verwandlung unter den Menschen zu sehen.

Aber wir müssen weiter und tiefer schauen. Es gibt viele Orte, wo alles nicht so frohlockend ist. Die Einsamen im Krankenhaus, Altersheim, Gefängnis, Waisenhaus und sogar zu Hause finden oft sehr wenig, worüber sie sich freuen können. Jeden Tag hören wir von unzähligen Menschen, die vor Hunger oder an einer Krankheit sterben müssen. Und wie können wir uns freuen, wenn wir wissen, daß jeden Tag Millionen ohne die Kenntnis der Liebe und der Versöhnung Jesu Christi leiden?

Wir dürfen glücklich sein, wenn wir das wahre Wunder der Liebe Gottes erfahren haben. Je mehr wir unsere Freude teilen, desto größer wird sie. Darum, als Kinder Gottes, können wir auch als Lichter in der Welt seine Liebe in Christo verbreiten.

Herr Jesu, laß uns Lichter deiner Liebe in unserer dunklen Welt sein! Amen.

Ruth L. Krueger

Epiphanias — Lies Jesaia 40, 1–11

Gottes Wort bleibt ewiglich

Das Heu verdorret, die Blume verwelket; aber das Wort unsers Gottes bleibet ewiglich. *Jesaia 40, 8*

"Zion, du Predigerin, steig auf einen hohen Berg! Jerusalem, du Predigerin, hebe deine Stimme auf mit Macht, heb auf und fürchte dich nicht; sage den Städten Judas: Siehe, da ist euer Gott." Solchen Aufruf läßt Gott an Israel ergehen inmitten einer herrlichen Weissagung vom Messias. Weil alles Menschliche vergänglich ist und weil Gottes Wort ewiglich bleibt, soll die Kirche Gottes mit lauter Stimme, sozusagen von Bergeshöhen, verkündigen: "Siehe, da ist euer Gott!" Vom Erlöser sagt der Prophet: "Die Herrlichkeit des Herrn soll offenbaret werden." Darauf antwortet St. Johannes: "Wir sahen seine Herrlichkeit, eine Herrlichkeit als des eingebornen Sohnes vom Vater, voller Gnade und Wahrheit." In einem herrlichen Offenbarungsgesicht erblickt Jesaia den Messias Jesum Christum und ermahnt die Kirche Gottes, ihn und sein Evangelium in aller Welt zu predigen.

Solche Erlöserbotschaft, für die ganze Welt bestimmt, ist das ewige Wort Gottes. "Einen andern Grund kann zwar niemand legen außer dem, der gelegt ist, welcher ist Jesus Christus."

> **Für solches Heil sei, Herr, gepreist,**
> **Laß uns dabei verbleiben**
> **Und gib uns deinen guten Geist,**
> **Daß wir dem Worte gläuben,**
> **Dasselb' annehmen jederzeit**
> **Mit Sanftmut, Ehre, Lieb' und Freud',**
> **Als Gottes, nicht der Menschen. Amen.**
>
> **Herbert D. Poellot**

Epiphanias Lies Johannes 9, 1–38

Erkannt von einem Blinden

Von der Welt an ist's nicht erhöret, daß jemand einem gebornen Blinden die Augen aufgetan habe. Wäre dieser nicht von Gott, er könnte nichts tun. *Johannes 9, 32–33*

Wie viele Christen heutzutage, so hatten die Jünger Jesu von der Gnade Gottes und seiner Absicht—besonders in seinem Verhandeln mit den Folgen der Sünde—immer noch viel zu lernen.

Eines Tages haben die Jünger einen angebornen Blinden gesehen. Nach menschlicher Vernunft läßt sich aus seinem Zustand folgern, daß er oder die Eltern grob gesündigt haben, so daß Gott ihm die Sehkraft versagt hatte. Ungesprochen, aber selbstverständlich, ist ihre Meinung wahrzunehmen, daß sie besser als dieser Mann oder die Eltern wären.

Nein, sagte Jesus. Dieser Geburtsfehler findet statt, um Gottes Werk zu veröffentlichen und ihn als Heiland zu enthüllen. Das hat sogar der Blinde in seiner Rede vor den Feinden des Herrn bekannt. Keiner ist vor Gott gerecht; wenn Jesus ein Sünder wäre, hätte er keine Kraft noch Gnade von Gott erwarten können. Jesus aber ist Gottes Sohn, und deswegen konnte er dem Blinden die Sehkraft verschaffen. Durch dieses Wunder offenbart sich der Heiland, der uns auch die geistliche Sehkraft gegeben hat, ihn vor der Welt zu bekennen.

O Jesu, ich möchte dich im Glauben sehen. Amen.

Donald L. Pohlers

Epiphanias Lies Markus 2, 1–12

Erkannt bei dem Gichtbrüchigen

Er sprach zu dem Gichtbrüchigen: Ich sage dir, stehe auf, nimm dein Bett und gehe heim! *Markus 2, 10–11*

Der Gichtbrüchige hatte gute Freunde. Sie haben keine Mühe gespart, ihm zu helfen. Deshalb haben sie ihn zu Jesu getragen, und wenn sie durch die Tür, wegen der Menschenmasse, nicht eingehen könnten, haben sie die Dachbretter abgenommen und das angeseilte Bett des Freundes hinuntergelassen.

Der Herr hat die Liebe der Freunde eingesehen und hat genau verstanden, was für Hilfe sie suchten. Sie interessierten sich leider nur für die körperliche Gesundheit des Gichtbrüchigen. Jesus aber wußte, daß er einer anderen Gesundheit bedarf, nämlich die geistliche. Weil er ihn liebhatte und sich in dieser Lage als Herrn und Heiland offenbaren wollte, hat er sich gegen das größte Problem gewandt: die Sünde.

Die Zuhörer glaubten nicht, daß Jesus der Heiland wäre. Also haben sie nicht glauben wollen, daß er die Autorität hätte, Sünden zu vergeben. Mit einem Wort hat er ihnen den Zweifel entnommen. Er hat den Mann geheilt, um Beweis anzubieten, daß er auch die Macht hat, Sünden zu vergeben. Diese Macht hat er für uns alle ausgeübt, da er für uns gestorben und auferstanden ist. Deshalb freuen wir uns. Auch wir sind vergeben.

O Jesu, deine Vergebung ist mein Schatz. Amen.

Donald L. Pohlers

Epiphanias Lies Jesaia 52

Dein Gott ist König

Wie lieblich sind auf den Bergen die Füße der Boten, die da Frieden verkündigen, Gutes predigen, Heil verkündigen, die da sagen zu Zion: Dein Gott ist König. *Jesaia 52, 7*

"Dein Gott ist König." So sollten die Friedensboten dem Volk Israel zurufen. Der Prophet sieht, wie das gefangene Jerusalem aufsteht aus dem Staub und die gefangene Tochter Zion die Bande ihres Halses los wird.

"Dein Gott ist König." So rufen heute noch die Friedensboten, die Prediger der Freiheit der Kinder Gottes aus. Wie die Gefangenen in Babel waren wir durch die Sünde Leibeigene des Teufels, aber unser viel größerer Retter hat die Ketten unserer Sündenknechtschaft zerrissen. Wir sind frei, erlöst, selig, obwohl es unserm Heiland das Leben gekostet hat. Aber gottlob! der Gekreuzigte ist vom Tode wieder auferstanden. Durch seinen Tod hat er dem Tode die Macht genommen.

"Dein Gott ist König," das soll nun hinausschallen in alle Lande, "vor den Augen aller Heiden, daß aller Welt Ende siehet das Heil unseres Gottes." Wir Christen haben noch eine große Aufgabe vor uns, nämlich diese frohe Botschaft vom ewigen Frieden mit Gott allen Menschen in der Welt zu bringen und sie der ewigen Seligkeit teilhaftig zu machen.

Hilf, daß ich dich erkenne und mit der Christenheit dich meinen König nenne jetzt und in Ewigkeit! Amen.

Herman A. Mayer

Epiphanias　　　　　　　　　　　　　　Lies Römer 5, 1–8

Das Kennzeichen der Liebe Gottes

Daran ist erschienen die Liebe Gottes gegen uns, daß Gott seinen eingebornen Sohn gesandt hat in die Welt, daß wir durch ihn leben sollen. *1. Johannes 4, 9*

Liebe kann nicht immer nur in Worten beteuert werden; sie muß sich auch durch die Tat erweisen. Gott hat das getan. Er hat seine Liebe zu uns ein für allemal bewiesen, als er seinen Sohn in die Welt gesandt hat, als er ihn Mensch werden ließ, als er ihn am Kreuz auf Golgatha für unsere Sünden sterben ließ, damit wir durch ihn das ewige Leben hätten.

Wenn wir uns darum einmal mit der Frage herumquälen sollten, ob Gott uns wirklich liebt, wenn wir uns einmal so ganz und gar von Gott verlassen fühlen sollten, dann dürfen wir uns das immer wieder sagen: Gott liebt mich, er hat mir den Beweis dafür erbracht, er hat mir seinen Sohn gesandt, er hat ihn für mich sterben lassen, er hat ihn auferweckt von den Toten und er wird auch mich einst auferwecken zum ewigen Leben. "Sollt' uns Gott nun können hassen, der uns gibt, was er liebt, über alle Maßen?" Nein, Gott liebt uns, und nichts darf uns daran irre machen.

Dank sei dir, o himmlischer Vater, für die unendliche Liebe, die du uns in Jesum Christum, deinem Sohn, erwiesen hast. Amen.

Manfred Roensch

Epiphanias Lies Johannes 5, 1–14

Jesus, Heiler der Kranken

Jesus spricht zu ihm: Stehe auf, nimm dein Bett und gehe hin! *Johannes 5, 8*

Jesus ist der allmächtige Helfer, ein treuer Heiland. Das zeigt diese Geschichte. Wer so helfen kann, vor dem muß auch die noch größere geistliche Not des Menschen weichen. Um dieser willen, vor allem, ist er ja in die Welt gekommen. Wie Jesus durch sein Wort diesen Menschen leiblich geheilt hat, so heilt er auch von der Sündenkrankheit durch dasselbe Mittel. Durch die Predigt seines Evangeliums kommt Jesus und sucht die Sünder und wendet sich ihnen zu. Mit den Sündern, die ihr geistliches Elend fühlen, redet der Herr Christus freundlich. Er spricht von ihrer Not, zeigt sein herzliches Mitleid und bietet ihnen Hilfe an, wie einst zu dem Gichtbrüchigen: "Deine Sünden sind dir vergeben!"

Was kann es für den Sünder Süßeres geben als die Botschaft: Gott ist mir Sünder gnädig, Gott ist mit mir versöhnt? Da regt sich Verlangen, Vertrauen, Hoffnung. Da kommt der Seufzer aus dem Herzen, "Ach Herr, erbarme dich mein!" Wenn wir Christen das Evangelium hören, so hat es bei uns immer wieder diese Wirkung. Nur so bleiben wir im Glauben.

Herr, erhalte uns in diesem Glauben, und in dieser deiner Gnade, die uns selig macht! Amen.

Walter H. Bouman

Epiphanias — Lies Jesaia 61

Der Freudenbringer

Zu schaffen den Traurigen zu Zion, daß ihnen Schmuck für Asche und Freudenöl für Traurigkeit und schöne Kleider für einen betrübten Geist gegeben werden. *Jesaia 61, 3*

Als der Heiland in der Synagoge zu Nazareth sein öffentliches Predigtamt antrat, las er aus diesem Kapitel vor und sagte: "Dies Wort gilt mir. In mir erfüllt sich, wovon der Prophet redet. Ich bin der Gesalbte Gottes, ich predige den Elenden, ich verbinde die zerbrochenen Herzen, ich öffne das Gefängnis und predige das gnädige Jahr des Herrn." Die Juden dachten bei dieser Weissagung nur an die Befreiung aus der babylonischen Gefangenschaft. Aber damit wird man dieser Weissagung nicht gerecht. Keine irdische Befreiung befriedigt das tiefe Verlangen der Seele und die Sehnsucht nach der völligen Befreiung aus der Sündennot. Erst in Jesu findet dieses Wort seine Erfüllung.

Hier wird die Freude der Errettung geschildert. Die Traurigen streuten damals Asche aufs Haupt, waren ungewaschen, trugen alte Kleider. Dann kommt Jesus. Anstelle der Asche legt er den Trauernden einen Blumenkranz aufs Haupt, das Gesicht wird mit Öl gesalbt; anstatt der Trauerkleider gibt's jetzt Festgewänder. Die Braut in ihrem Geschmeide geht nun dem himmlischen Bräutigam entgegen. Da muß alle Trauer weichen.

Ich freue mich in dem Herrn und meine Seele ist fröhlich in meinem Gott. Amen.

Herman A. Mayer

Epiphanias Lies Jesaia 50, 1–11

Worte für die Müden

Der Herr hat mir eine gelehrte Zunge gegeben, daß ich wisse, mit den Müden zu rechter Zeit zu reden. *Jesaia 50, 4*

Hier wird uns einer mit einer gelehrten Zunge vorgeführt, also ein Weiser und Gelehrter. Das ist kein anderer als unser Heiland. In ihm wohnt ja die ganze Fülle der Gottheit. Auf ihm ruhte der Geist der Weisheit und des Verstandes, der Erkenntnis und der Furcht Gottes. Das Volk, das seine Predigten hörte, fragte erstaunt: "Woher kommt diesem solche Weisheit?"

Wozu die gelehrte Zunge? "Damit ich wisse, mit den Müden zu reden." Unsere Bibliotheken sind voller Bücher, viele sehr gelehrt, aber trotz aller Gelehrsamkeit enthalten sie nicht immer Worte, die Müden aufzurichten, die Betrübten zu trösten, die Verirrten wieder auf den rechten Weg zu bringen. Solche Worte hat nur der Heiland.

Jesu Worte sind nicht nur Worte, sondern Taten. Er lehrt nicht nur das Gesetz, sondern er erfüllt es auch vollkommen. Er lehrt nicht nur, daß auf Sünde Strafe folgt und daß die Strafe der Sünde der Tod ist, sondern er nimmt die Strafe auf sich und geht in den Tod an der Sünder Statt. So redet Jesus mit den Müden zu rechter Zeit. Gerade wenn sie mühselig und beladen sind, wenn die Last ihrer Sünde sie drückt, ruft er sie zu sich und redet ihnen freundlich zu.

Ich bin krank, komm, stärke mich, meine Stärke;
Ich bin matt, erquicke mich, süßer Jesu! Amen.

Herman A. Mayer

Epiphanias · Lies Lukas 15, 1–10

Christus nimmt die Sünder an

Die Pharisäer und Schriftgelehrten murreten und sprachen: Dieser nimmt die Sünder an und isset mit ihnen. *Lukas 15, 2*

Als einst allerlei Zöllner und Sünder sich zu Christo nahten, daß sie ihn hörten, und Christus dieselben ohne Ausnahme freundlich aufnahm, da riefen die Feinde mit der Miene der Verachtung und des Hohnes: "Dieser nimmt die Sünder an!" Jesus bestätigte die Aussage als in der Wahrheit gegründet durch die drei Gleichnisse: vom verlornen Schaf, vom verlornen Groschen und vom verlornen Sohn. Er sagt: Ja, ja, so ist's; ich nehme die Sünder an; ich kann ja nicht anders.

O wie viele Millionen von armen, von ihren Sünden tief niedergebeugten Sünder haben sich daher schon an dem Ausspruch: "Jesus nimmt die Sünder an," aufgerichtet! Wie viele Prediger des Evangeliums haben schon in diesen Worten tief verwundete Gewissen geheilt, die nichts anderes heilen wollte! Wie viele, die schon am Rande der Verzweifelung standen und meinten, für sie sei keine Hilfe mehr, hat schon dieses Wort von dem furchtbaren Abgrund zurückgezogen und ihnen die arme, zerrissene Seele mit dem Trost, daß auch für sie noch Gnade sei—und mit der Hoffnung der Seligkeit erfüllt! Wer von uns hat nicht schon diese Süßigkeit geschmeckt: Jesus, mein Heiland, nimmt mich an!

Herr Jesu, vergib uns unsere Sünden! Amen.

C. F. W. Walther

Epiphanias Lies Johannes 3, 16–21

Das Licht der Welt

Ich bin das Licht der Welt; wer mir nachfolget, der wird nicht wandeln in Finsternis, sondern wird das Licht des Lebens haben. *Johannes 8, 12*

Wenn wir auf einem Krankenbett während der Nacht große Schmerzen aushalten müssen, wie freuen wir uns nicht, wenn es hell wird und wir das Tageslicht wieder sehen! Vielmehr sollten wir uns aber in Jesu, als dem Licht der Welt, freuen! Er ist eben das Licht, welches uns sicher leuchtet auf dem Weg in den Himmel. Er zeigt uns deutlich, wie wir zu wandeln haben, so daß wir nicht straucheln. Wenn wir uns auf das Licht verlassen, welches er uns ist, dann tun wir keine Fehltritte sondern werden unseren Weg unsträflich gehen. Er führt uns an das Ziel. Er führt uns nie in Versuchung zum Bösen, nie in die Sünde.

Hier auf Erden fürchten wir uns immer, daß das Licht in einem Sturm ausgehen wird. Das geschieht nie bei Jesu, denn er ist unveränderlich dasselbe Licht zu aller Zeit. So sollen wir uns getrost auf ihn verlassen als das Licht, das uns in die Seligkeit führt. Halten wir uns fest an ihn— folgen wir dem Licht, das er uns gibt—dann verirren wir uns nicht, sondern wir bleiben auf dem Weg, der in den Himmel führt.

Herr Jesu, hilf uns, daß wir immer dem Licht getreulich folgen, welches du uns leuchten lässest! Amen.

Gerhard C. Michael

Epiphanias Lies Epheser 1, 3–14

Gottes Liebe ist von Ewigkeit

Wie er uns denn erwählet hat durch denselbigen, ehe der Welt Grund gelegt war. *Epheser 1, 4*

Die älteste Liebe, welche wir Menschen untereinander kennen, ist die Elternliebe. Ehepaare, Mann und Weib, gute Freunde lieben einander vielleicht für viele Jahre.

Doch die Liebe unter den Menschen, welche gewiß die längste ist in Bezug auf Zeit, ist die Liebe der Eltern für ihre Kinder. Väter und Mütter lieben ihre Kinder von Geburt an, ja schon vor der Geburt.

Gibt es eine Liebe, die noch älter ist als Elternliebe? Ja gewiß. Das ist Gottes Liebe für uns. Gott hat uns vor Anbeginn der Welt, ja von aller Ewigkeit, geliebt. Der Apostel Paulus schreibt: "Gott hat uns erwählet durch Christum, ehe der Welt Grund gelegt war."

Die Zeit vor der Schöpfung der Welt bringt uns zurück in die unendliche Ewigkeit Gottes. So lange zurück hat uns Gott geliebt.

Da muß unser Verstand weichen, wenn wir hören wie Gott uns zuruft: "Ich habe dich je und je geliebet" (Jeremia 31, 3).

Damit wird all unser Tun und Ruhm zunichte gemacht. Es ist Gottes Liebe allein, die uns erwählet hat durch Jesus Christum.

Gott, du hast in deinem Sohn
Mich von Ewigkeit erwählet. Amen.

William Boehm

Epiphanias   Lies Philipper 3, 1–12

Jesus, unsere Gerechtigkeit

Dies wird sein Name sein, daß man ihn nennen wird: Herr, der unsere Gerechtigkeit ist. *Jeremia 23, 6*

Was liegt im Namen? Unter Menschen, nicht immer viel. Ein Mann mag den Namen "Gottlieb" tragen und Gott doch nicht lieben. Eltern mögen ihren Sohn "Theodor" nennen, aber sie sehen ihn nicht an als "Gabe Gottes." Bei Jesu Christo ist es nicht so. Sein Name sagt uns wer er ist und was er für uns tut. Er heißt "Jesus," und das meint "Seligmacher."

Die obige Aussage des Propheten ist messianisch. Der Heiland, von einer Jungfrau geboren, hat nebst seiner menschlichen Natur auch eine göttliche, denn er ist nicht nur Mensch, sondern auch "Herr." Was sein Amt betrifft, ist er Gottes Lamm. Am Kreuz wird er hingerichtet, und am Ostermorgen steht er wieder auf. Durch seinen Verdienst, den wir mit der Glaubenshand ergreifen, sind wir vor Gott gerecht. Er ist unsere Gerechtigkeit.

Jesus Christus, in dem alle Weissagungen erfüllt sind, trägt viele göttliche Namen. Er heißt "Wunderbar, Rat, Kraft, Held, Ewigvater, Friedefürst." Er ist wahrer Mensch, dennoch "der wahrhaftige Gott und das ewigen Leben." Aber kein Name enthält mehr Evangelium als dieser: "Herr, der unsere Gerechtigkeit ist."

Herr Jesu, bekleide uns mit deiner Gerechtigkeit! Amen.

Rudolph F. Norden

Epiphanias Lies Jesaia 52, 6–12

Selige Botschaft

Ich bin dazu geboren und in die Welt kommen, daß ich die Wahrheit zeugen soll. *Johannes 18, 37*

Unser Heiland ist vom Himmel herabgekommen, um den Menschen eine ganz besondere Botschaft zu bringen. Weil diese Botschaft von Gott kommt, ist sie unerschütterliche Wahrheit. Der Kern dieser Wahrheit ist, daß Gott gnädig und barmherzig ist, daß er seinen eingebornen Sohn dahingegeben hat, uns von Sünde, Tod und Teufel zu erlösen; daß endlich alle, die das im Glauben annehmen, Vergebung der Sünden und ewiges Leben haben.

Diese große, herrliche, selige Wahrheit hat unser Heiland drei Jahre lang auf Erden bezeugt. Viele haben darauf gehört, haben seine holdseligen Worte angenommen.

Unser Heiland hat dafür gesorgt, daß auch wir jetzt noch seine Stimme hören können. Wenn wir unsre Bibel lesen, wenn wir am Sonntag unsern Pastor Gottes Wort predigen hören, dann hören wir Jesu Stimme. "Wer euch höret, der höret mich," sagt er von allen treuen Predigern. Wenn der Heilige Geist uns das Herz aufgetan hat, daß wir uns unsers lieben Heilandes freuen und trösten, dann achten wir es für eitel unverdiente Gnade, daß wir heute noch seine Stimme hören können.

Heilige uns in deiner Wahrheit; dein Wort ist die Wahrheit. Amen.

Walter H. Bouman

Epiphanias Lies Johannes 8, 41–59

Vom Vater geboren

Also hat Gott die Welt geliebet, daß er seinen eingebornen Sohn gab. *Johannes 3, 16*

Wir bekennen von Jesu: "Empfangen von dem Heiligen Geist, geboren aus Maria der Jungfrau." Das war nicht sein Anfang, sondern seine Menschwerdung. Er selbst ist ewig, wie sein Vater. Von ihm sagt St. Johannes: "Im Anfang war das Wort, und das Wort war bei Gott, und Gott war das Wort." Derselbe Apostel schreibt von Jesus: "Das Leben ist erschienen, und wir haben gesehen und zeugen und verkündigen euch das Leben, das ewig ist, welches war bei dem Vater und ist uns erschienen."

Die Kirche hat das Geheimnis der wunderbaren Person unseres Heilandes ausgedrückt in den Worten des Bekenntnisses: "Der vom Vater geboren ist vor der ganzen Welt." Er ist Gottes eingeborner Sohn. Er ist vor der Welt. Er ist ewig. Mehr können wir nicht sagen auf Grund der Schrift; weniger dürfen wir nicht sagen. Darum bekennen wir mit der ganzen Kirche aller Zeiten: "Ich glaube an einen einigen Herrn Jesum Christum, Gottes einigen Sohn, der vom Vater geboren ist vor der ganzen Welt." Wir fügen hinzu, was Martin Luther von ihm bekennt: Dieser ist "mein Herr."

Hilf mir, lieber Gott, aller Welt zu trotz deinen eingebornen Sohn allezeit zu bekennen! Amen.

Fred Kramer

Epiphanias Lies Markus 2, 14–17

Jesus, unser Seelenarzt

Ist denn keine Salbe in Gilead? oder ist kein Arzt nicht da? *Jeremia 8, 22*

Jeder Mensch ist von Natur ein Sünder und daher geistlich krank, wie Jesaia spricht: "Von der Fußsohle bis aufs Haupt ist nichts Gesundes an ihm, sondern Wunden und Striemen und Eiterbeulen" (1, 6). Wer kann sein Heiler und Helfer sein? Kein Mitmensch, denn alle Menschen sind Mitsünder. Als solche befinden sie sich in derselben Lage. Es sagt der Psalmist: "Kann doch ein Bruder niemand erlösen noch Gotte jemand versöhnen." Wie kein Mensch ein Arzt der Seele sein kann, so gibt es auch kein irdisches Heilmittel, keine Salbe, für Sündenkrankheit.

Gott allein kann und will die Sünder heilen. Er sandte seinen Sohn, "die zerbrochenen Herzen zu verbinden." Dieser Heiler und Verbinder der Herzen ist Jesus Christus, dessen Blut uns rein macht von aller Sünde. Er, der rechte Seelenarzt, spricht zu allen Leidenden: "Kommet her zu mir, alle, die ihr mühselig und beladen seid, ich will euch erquicken."

Wenn Jeremia fragt, ob da Salbe ist, so ist die Antwort: Ja, da ist Salbe—Christi Evangelium, Gottes Wort, welches Leib und Seele gesund macht. Und er, der uns dieses Heilmittel anbietet, ist Jesus Christus, unser Heiland.

Herr, heile und heilige uns durch dein Wort! Amen.

Rudolph F. Norden

Epiphanias　　　　　　　　　　Lies 1. Mose 3, 8–24

Gott ist den Sündern gnädig

Derselbe soll dir den Kopf zertreten. *1. Mose 3, 15*

"Dazu ist erschienen der Sohn Gottes, daß er die Werke des Teufels zerstöre" (1. Johannes 3, 8). Und was sind die Werke des Teufels? Er hat Adam und Eva betrogen. So hat das ganze Menschengeschlecht das Paradies verloren und den Zorn Gottes auf sich geladen. Somit war es nicht nur dem zeitlichen Tod verfallen, sondern konnte auch dem ewigen Tod nicht entfliehen.

Aus Gnaden ist der liebe Gott jedoch Adam und Eva hilfreich entgegengekommen und hat in aller Freundlichkeit ihnen Befreiung von ihren Sünden und Bewahrung vor dem ewigen Tod verheißen.

Gott wandte sich an "die alte Schlange, die da heißt der Teufel" (Offenbarung 12, 9), und sprach: "Ich will Feindschaft setzen zwischen dir und dem Weibe, und zwischen deinem Samen und ihrem Samen. Derselbe soll dir den Kopf zertreten, und du wirst ihn in die Ferse stechen." Der Weibessame, geboren von der Jungfrau Maria, muß im Kampfe mit dem Teufel schwer leiden; aber er überwindet den Erzfeind. So werden die Menschen erlöst. So wird ihnen der Himmel eröffnet. Das ist die erste Gnadenverheißung. Gott ist uns Sündern gnädig.

Herzlichen Dank, lieber Gott, für deine Gnadenverheißung und Erfüllung derselben durch Christum. Amen.

Arnold H. Gebhardt

Epiphanias　　　　　　Lies Matthäus 6, 25–34;
　　　　　　　　　　　　Lukas 12, 22–32

Falsche und rechte Sorgen

Fürchte dich nicht, du kleine Herde. *Lukas 12, 32*

Beide obenerwähnte Schriftlektionen berichten des Heilands Ermahnung, wir müssen unterscheiden zwischen falschen und rechten Sorgen. Menschen haben, zwar, ihre Sorgen; Christen müssen aber lernen, nicht über Essen und Kleidung zu sorgen, denn andere Sachen sind viel wichtiger. Jesus sagt, "Sorget nicht für euer Leben, was ihr essen sollet; auch nicht für euren Leib, was ihr antun sollet. Das Leben ist mehr denn die Speise und der Leib mehr denn die Kleidung."

Dann erinnert uns der Heiland, daß Gott die Lilien auf dem Feld und das Gras wachsen läßt und die Vögel füttert; darauf sagt er: "Wieviel aber seid ihr besser denn die Vögel!" Wieder: Wenn nun Gott "das Gras, das heute auf dem Felde stehet und morgen in den Ofen geworfen wird ... also kleidet, wieviel mehr wird er euch kleiden, ihr Kleingläubigen!" Über solches sorgen wir nicht.

Wir sollen aber bekümmert sein über unser Seelenheil, über unsere Kirchengemeinde, über unsere Missionare usw. Das sind die Sachen, die Jesus meint wenn er sagt, "Trachtet am ersten nach dem Reich Gottes... so wird euch solches alles zufallen." Nur dann folgen die Worte: "Fürchte dich nicht, du kleine Herde."

Herr Gott, hilf mir am ersten nach deinem Reich zu trachten und nicht um Kleinigkeiten zu sorgen! Amen.

Edwin W. Leverenz

Epiphanias   Lies 2. Timotheus 3, 14—17

Worte des ewigen Lebens

Herr, wohin sollen wir gehen? Du hast Worte des ewigen Lebens. *Johannes 6, 68*

Der Mensch unserer Tage befindet sich ständig in Bewegung. Er ist dauernd im Gang. Trotzdem befindet er sich auf der Suche—auf der Suche nach neuen Erfindungen, die seinen Leib mit all seinen körperlichen und sinnlichen Bedürfnissen befriedigen sollen. Aber wann und wo erreichen wir das Ziel, wo wir sagen können, daß wir den Höhepunkt unseres Lebens erreicht haben? Gibt es denn so etwas überhaupt? Aus unseren irdischen Erfahrungen müssen wir diese Frage mit nein beantworten. Erfüllung kann uns da nur Gott schenken. Das hat Petrus erfahren, als er in die Gemeinschaft mit Jesu kam. Hier war die Suche zu Ende. Im lebendigen Wort Jesu fand er die Erfüllung seines Lebens. In diese Erfahrung sind auch wir eingeladen. Die ewigen Lebensworte sind ja von Ewigkeitscharakter und deshalb auch für uns moderne Menschen in gleicher Weise lebendig, weil wir die gleichen Nöte und Bedürfnisse in uns tragen. Sie sind uns in der Bibel erhalten, wo uns derselbe Herr Jesus mit seinem Wort ewigen Lebens begegnet und in Liebe und Vergebung mit uns handelt.

Erhalt uns, Herr, bei deinem Wort! Amen.

Horst Hoyer

Epiphanias   Lies 1. Petrus 1, 3–9

Zum Leben geboren

Wie viele ihn aber aufnahmen, denen gab er Macht, Gottes Kinder zu werden ... welche nicht von dem Geblüt, noch von dem Willen des Fleisches, noch von dem Willen eines Mannes, sondern von Gott geboren sind. *Johannes 1, 12–13*

Von der Wiege bis zum Grabe—so beschreibt die Welt im allgemeinen die Zeitspanne unseres Lebens. Nach unseren menschlichen Erfahrungen scheint man damit ganz recht zu haben. Wir werden geboren, um mit jedem Tage unseres Lebens dem Grabe einen Schritt näher zu kommen. Ist das der Sinn des Lebens? Wohl kaum. Jedes Lebewesen hat ja doch den Drang, sein Leben weiter zu führen und ist besorgt um sein Wohl. Der Grund dafür liegt in der Tatsache, daß Gott, der ja selber das Leben ist, uns zum Leben und nicht zum Tode geboren werden läßt und aus seiner Liebe zum Leben in Jesu Christo uns ein Heilmittel anbietet, das uns selbst gegen den ewigen Tod immunisieren kann. Wer diesen Jesum Christum, Heilmittel und Heiland Gottes, aufgenommen hat, der ist jetzt schon seinem Wesen nach ein Kind des Lebens, das heißt, er ist aus dem Leben zum Leben geboren. Zu dieser Schar sollen und dürfen wir alle gehören und uns seines Lebens erfreuen.

Jesu, wir danken dir, daß wir durch dein Verdienst Gottes Kinder geworden und zum Leben geboren sind. Amen.

Horst Hoyer

Epiphanias — Lies Psalm 23

Was erwartest du vom Leben?

Ich bin kommen, daß sie das Leben und volle Genüge haben sollen. *Johannes 10, 11*

Was erwartest du vom Leben? Die Beantwortung dieser Frage muß so verschieden ausfallen, wie wir Menschen sind. Da hat jeder seine Erwartungen, die er an das Leben stellt, Erwartungen der Kindheit und Entwicklung, der Erfolge im Berufsleben, der Ausbildung, der Wahl des Lebensgefährten, der Familie usw. Wie weit dabei unsere Erwartungen erfüllt werden, ist ein Geheimnis, das wir nur in Gott ergründen können, wenn wir uns Enttäuschungen ersparen wollen. Unser Textwort gibt uns dazu den Schlüssel.

Wenn wir an den glauben, der das Leben selber ist, werden wir nie enttäuscht werden. Denn dazu ist er ja gekommen, daß wir das Leben und darin volle Genüge haben sollen. Er will uns also mit allem versorgen, was wir zum Leben in seiner Gemeinschaft brauchen. In unserer heutigen Lesung wird uns ein leuchtendes Beispiel gegeben von allem, was wir von dem guten Hirten, Jesu Christo, erwarten dürfen in voller Gewißheit unseres Glaubens, der nicht zu Schanden werden läßt. Wenn unsere wahre Lebenserwartung in ihm verankert ist, dann ist sie jetzt schon erfüllt.

Herr, du bist mein Hirte; mir mangelt nichts. Amen.

Horst Hoyer

Epiphanias — Lies Johannes 10, 1–11

Die Tür zu den Schafen

Wahrlich, wahrlich, ich sage euch: Ich bin die Tür zu den Schafen. *Johannes 10, 7*

In unserem Textkapitel vergleicht Jesus sein Gnadenreich mit einem Schafstall. In dem Schafstall gab es eine Tür, durch die die Schafe eingingen. Er sagt uns, daß er die einzige Tür zum Schafstall ist. Wollen wir deswegen in sein Gnadenreich—in die heilige, christliche Kirche—eingehen, dann kann das nur durch Jesum Christum geschehen als die Tür.

Wir gehen nun durch diese Tür ein, wenn wir ihn im Glauben angenommen haben als unseren einzigen Herrn und Heiland. Wir dürfen uns nicht auf unsere guten Werke verlassen, denn wir können nur aus Gottes Gnade selig werden. Wer auf eine andere Weise in den Himmel kommen will, der hat Christum nicht erkannt als den Weg. Der ist noch außerhalb dem Reiche Gottes. Nur durch die Wirksamkeit des Heiligen Geistes in unseren Herzen kommt man zu der Erkenntnis, daß Jesus Christus der Weg ist, der in das Gnadenreich führt. Der Geist kommt in uns durch die Gnadenmittel, durch Wort und Sakrament. Gott helfe uns, daß wir uns fleißig zu den Gnadenmitteln halten!

Herr, erleuchte mein Herz durch deinen Heiligen Geist, daß ich Jesum erkenne als die einzige Tür, die zur ewigen Seligkeit führt! Amen.

Gerhard C. Michael

Epiphanias　　　　　　　　　　Lies Psalm 103, 1

Wir loben den Herrn

Lobe den Herrn, meine Seele, und vergiß nicht, was er dir Gutes getan hat. *Psalm 103, 2*

Der Psalmist preist die Güte Gottes. Er hat viel Gutes von seinem Schöpfer bekommen. Sein Herz jubelt. Er bricht in den lieblichen Lobgesang aus: "Lobe den Herrn, meine Seele, und was in mir ist, seinen heiligen Namen!" Wie ein Strom ergießen sich seine Worte—Worte, die überströmen von Dankbarkeit, wenn er die wunderbaren Dinge aufzählt, mit denen Gott ihn gesegnet hat. Unter allen Wohltaten steht an erster Stelle die Vergebung der Sünden und was darauf folgt: der Friede mit Gott, ein Friede, den die Welt nicht geben kann.

Wie der Psalmist sollen auch wir Gottes Güte loben. Seine Freude ist auch unsere Freude. Was der Gottesmann nur aus den Weissagungen von seinem Messias wußte, das sehen wir im Neuen Testament im Lichte der Erfüllung. Im Geiste können wir den Jungfrauensohn begleiten von der Krippe bis zum Kreuz, vom offenen Grab bis zum Berge der Himmelfahrt. Über alle Himmel aufgefahren ist der höchste Herr, um uns in seinem Reich die Stätte zu bereiten. Wer kann die Wundertaten seines Gottes genugsam preisen! Ach, lallen nur kann ich armes Menschenkind, aber laß dir, Herr, dies Lallen wohlgefallen.

Herr, wir preisen dich für deine Wohltaten. Amen.

Elmer Reimnitz

Epiphanias   Lies Matthäus 14, 22–32

Jesus, unser Retter

Seid getrost, ich bin's. *Matthäus 14, 27*

Bei dieser Gelegenheit war Jesus nicht mit seinen Jüngern im Schiff, da sie gegen Wind und Wellen zu kämpfen hatten. In der vierten Nachtwache kam Jesus zu ihnen und ging auf dem See. Die Jünger erschraken und sprachen: "Es ist ein Gespenst!" Aber Jesus redete zu ihnen und sprach: "Seid getrost, ich bin's; fürchtet euch nicht!" Dann stillte er den Sturm, und die Jünger bekannten: "Du bist wahrlich Gottes Sohn!"

Jesus ist wahrlich des Vaters eingeborner Sohn. Sein Gottesauge sieht die Seinen in ihrer Not. Er eilt ihnen zu Hilfe. Aber wenn er kommt, so erkennen die Seinen ihn oft nicht in seinen Wunderwegen, meinen vielleicht, die Hölle sei ihnen nahe, und fürchten sich sehr. Da sollen sie aber auf seine Stimme Hören: "Seid getrost, ich bin's; fürchtet euch nicht!" Sie sollen mutig und getrost werden und nichts fürchten, sich nur auf ihn und sein Wort verlassen. Aber wie leicht entschwindet solcher Glaubenstrost wieder, wenn eine neue Woge des Unglücks droht! Da bleibt denn nur ein "Herr, hilf mir!" Der Herr wird uns erhören. Er reicht seine Hand und hilft uns, immer bis ins ewige Leben.

Herr, ziehe deine gnädige Hand nicht von uns ab! Amen.

Carl Manthey-Zorn

Epiphanias　　　　　　　　Lies 1. Korinther 3, 6–13

Ein köstlicher Eckstein

Siehe, ich lege in Zion einen Grundstein, einen bewährten Stein, einen köstlichen Eckstein, der wohl gegründet ist. *Jesaia 28, 16*

Der Herr Jesus redete einst von einem klugen Mann, der sein Haus auf einen Felsen baute. In dem obigen Text sagt uns der Herr, daß er in Zion einen Eckstein gelegt hat, der bewährt und vertrauenswürdig ist. Das ist sein Sohn, Jesus Christus.

Er ist bewährt. Durch alle diese Jahrhunderte hat er sich als durchaus zuverlässig erwiesen. Auf ihn kann die Kirche ihr Werk bauen. Auf ihn kann unser Glaube sich verlassen.

Er ist ein köstlicher Eckstein—heilig, ohne Fehl oder Makel, aller Ehren wert, völlig imstande, das Werk auszuführen, welches der Vater ihm aufgetragen hat. Und er ist der einzige Eckstein; kein anderer—nichts anderes—kann als Grund für die Hoffnung und das Werk der Kirche dienen.

Welch ein Segen, solch einen sicheren Eckstein zu haben in unserer verworrenen und unsicheren Zeit, da besonders die Jugend so oft keinen Halt zu haben scheint! Ach, daß doch alle diesen bewährten Grundstein finden und auf ihn ihr Leben bauen möchten!

Herr, ich habe nun den Grund gefunden, der meinen Anker ewig hält. Amen.

Otto H. Schmidt

Epiphanias Lies 1. Korinther 1, 18–23

Die echte Weisheit: Jesum erkennen

Siehe, die Furcht des Herrn, das ist Weisheit. *Hiob 28, 28*

Die sogenannte "Weisheitsliteratur" in der Bibel besteht aus den Büchern Hiob, Sprüche Salomo und Prediger Salomo. Ersteres ist ein dramatisches Gedicht, welches das alte Thema vom Leiden behandelt. Hiob ist der Leidende, der trotz allem Übel sich völlig dem Herrn übergibt. Schon im 19. Kapitel singt er das herrliche Lied: "Ich weiß, daß mein Erlöser lebet....in meinem Fleisch werde ich Gott sehen." Hiob fragt: "Wo will man ... Weisheit finden, und wo ist die Stätte des Verstandes?" Er antwortet: "Man kann nicht Gold um sie geben, noch Silber darwägen, sie zu bezahlen.... Die Weisheit ist höher zu wägen denn Perlen." Wieder: "Gold und Demant mag ihr nicht gleichen." Echte Wahrheit "ist verhohlen vor den Augen aller Lebendigen."

Dann faßt Hiob diesen wunderbaren Schluß: "Siehe, die Furcht des Herrn, das ist Weisheit, und meiden das Böse, das ist Verstand." Wo ist Weisheit? Hiob antwortet weiter: "Gott weiß den Weg dazu und kennt ihre Stätte." Deswegen finden kluge Menschen nur in Gott echte Wahrheit und Weisheit. Die Wahrheit von Christi Erlösung allein bietet Sicherheit und Zuverlässigkeit. Siehe! Merke wohl!

Lieber Gott, hilf mir über alles Menschliche zu greifen und göttliche Weisheit zu fassen! Amen.

Edwin W. Leverenz

Epiphanias Lies Johannes 8, 46–59

Der Sündlose an der Sünder statt

Welcher unter euch kann mich einer Sünde zeihen?
Johannes 8, 46

Jesus war der einzige heilige, sündlose Mensch auf Erden, der vor seine Feinde hintreten und sie auffordern konnte, ihm eine einzige Sünde zuzuschreiben. Kein gewöhnlicher Mensch kann das. Aber Jesus war kein gewöhnlicher Mensch. Gerade seine Sündlosigkeit ist ein Beweis seiner Gottheit. "Du bist allein heilig," heißt es in der Offenbarung von ihm. Er war "heilig, unschuldig, unbefleckt, von den Sündern abgesondert"; "versucht ... allenthalben gleich wie wir, doch ohne Sünde." Die Pharisäer versuchten vergebens ihm irgendein Unrecht anzuhangen. Pilatus fand keine Schuld an ihm. Der Schächer am Kreuz muß gestehen, er habe nichts Ungeschicktes gehandelt. Die Schrift bezeugt, daß er keine Sünde getan hat, ist auch kein Betrug in seinem Munde erfunden worden. Sein Wort war Wahrheit. Er ist die Wahrheit.

Es ist wichtig, daß wir das erkennen und glauben. Denn ist Jesus nicht der heilige, sündlose Gottessohn, dann ist er nicht unser Heiland. Dann steht er selbst unter dem Fluch des Gesetzes. Aber Gott sei Dank! wir sind erlöst, "mit dem teuren Blut Christi, als eines unschuldigen und unbefleckten Lammes."

Wir danken dir, daß Jesus für uns zur Sünde gemacht ist und wir in ihm völlige Gerechtigkeit haben. Amen.

Thomas Green

Epiphanias   Lies Psalm 72

Neue Barmherzigkeit

Seine Barmherzigkeit hat noch kein Ende, sondern sie ist alle Morgen neu. *Klaglieder 3, 22–23*

"Die helle Sonn' leucht't jetzt herfür," singen wir in einem Morgenlied. Alle Morgen, seit dem vierten Tage der Schöpfungswoche, geht die Sonne auf und läßt ihr Licht scheinen. Bis daß der Tag kommt, da nach Gottes Willen sie ihren Schein verlieren wird (Matthäus 24, 29), wird sie uns ihr Licht geben.

Es ist auch so mit Gottes Barmherzigkeit. Sie ist unerschöpflich; sie ist alle Morgen neu. Sie ist wie ein Brunnen, dessen Wasser nie aufhört. Der Psalmist sagt: "Bei dir ist die lebendige Quelle, und in deinem Licht sehen wir das Licht."

Gottes Barmherzigkeit ist wie seine Liebe und Gnade, von der Johannes schreibt: "Von seiner Fülle haben wir alle genommen Gnade um Gnade," denn der Sohn Gottes, den der Vater als Erlöser sandte ist "voller Gnade und Wahrheit." So zeugt auch Paulus im Römerbrief: "Wo aber die Sünde mächtig worden ist, da ist doch die Gnade viel mächtiger worden." Daher, bereuen wir unsere Sünden und kommen im Glauben zu Jesu Kreuz, so empfangen wir ohne Maß Vergebung der Sünden, Leben und Seligkeit. Diese sind alle Morgen neu.

Himmlischer Vater, der du uns unser tägliches Brot gibst, laß uns auch deine Gnade täglich erfahren! Amen.

Rudolph F. Norden

Epiphanias　　　　　　　　　　　　Lies Lukas 15, 1–10

Suchende Liebe

Des Menschen Sohn ist kommen, zu suchen und selig zu machen, was verloren ist. *Lukas 19, 10*

Wir stehen in der Hut eines sehr guten Hirten. Er ist stets darauf bedacht, zu bewahren, was durch den Glauben seiner Herde einverleibt ist, und zu suchen und zu retten, was verloren ist. Mit unendlicher Geduld und Liebe geht er den Verlornen nach, bis er sie findet.

Von seinen Mitarbeitern und Unterhirten verlangt Jesus dasselbe Verständnis, dieselbe Ausdauer und dieselbe anhaltende und sorgfältige Arbeit. Ein kleines Mädchen fragte ihren Vater, einen Pastor: "Vater, gehen wirklich alle die vielen Heiden verloren?" "Ja, mein Kind." "Warum geht nicht jemand hin und sagt ihnen das?" rief sie aus.

Wenn wir, so oft wir Leute sehen, die in der Irre gehen, es doch immer bedächten, daß es Seelen sind, die erkauft sind und verloren gehen! Dann würden wir doch ganz anders arbeiten, viel brünstiger beten, viel reichlicher opfern, viel vorsichtiger wandeln, viel öfter vom Heile reden, viel mehr die Werbetrommel für unsern Herrn rühren. Gott gebe es!

O öffne das Verständnis vom herrlichen Bekenntnis, das unsre Kirche ziert, damit auch wir die Heiden zur vollen Wahrheit leiten, die sie zum vollen Heile führt! Amen.

N. P. Uhlig

Epiphanias   Lies Hosea 2, 23

Gottes Volk

Ein Ochse kennet seinen Herrn und ein Esel die Krippe seines Herrn; aber Israel kennet es nicht, und mein Volk vernimmt es nicht. *Jesaia 1, 3*

Beim ersten Anblick malt dieser Vers eine trübe, traurige, freudlose Aussicht. Israel ist schlimmer als ein Ochs und ein Esel. Das Volk kennt nicht seinen Herrn und vernimmt nicht seines Herrn Krippe.

Der Prophet Jesaia schildert ein wahres Bild seiner Zeit. Das Volk war vom Herrn weit abgefallen (Jesaia 1, 2). Wie weit? "Das ganze Haupt ist krank, das ganze Herz ist matt. Von der Fußsole bis aufs Haupt ist nichts Gesundes an ihm" (V. 5–6). Solche Geschehnisse und Umstände verdienen scharfen Tadel.

"Wo soll ich fliehen hin, weil ich beschweret bin, mit viel und großen Sünden? Wo kann ich Rettung finden?" singen wir mit Johann Heermann und finden die Antwort in Gottes Gnade. "*Mein* Volk," sagt Gott. Er hat es nicht auf ewig verworfen. In ihm ist Vergebung für alle die sich zu ihm bekehren (5. Mose 4, 29–31).

> **Der Herr ist noch und nimmer nicht**
> **Von seinem Volk geschieden,**
> **Er bleibet ihre Zuversicht,**
> **Ihr Segen, Heil und Frieden.**
> **Mit Mutterhänden leitet er**
> **Die Seinen stetig hin und her.**
> **Gebt unserm Gott die Ehre! Amen.**

Luther Poellot

Epiphanias Lies Lukas 18, 31–43

Die Schrift zeugt von Christo

Sie werden ihn geißeln und töten. Und am dritten Tage wird er wieder auferstehen. *Lukas 18, 33*

Das Leiden, Bluten und Sterben unseres Herrn Jesu Christi am Kreuz wird in der Heiligen Schrift immer als der vornehmste und wichtigste Gegenstand des christlichen Glaubens dargestellt. Will die Schrift die ganze christliche Lehre kurz bezeichnen, so nennt sie sie geradezu "das Wort vom Kreuz" (1. Korinther 1, 18), gleich als ob in dem Evangelio von nichts die Rede sei als von dem Kreuzestode Christi. St. Paulus spricht daher: "Wir ... predigen den gekreuzigten Christum" (1. Korinther 1, 23); ja er setzt hinzu: "Ich hielt mich nicht dafür, daß ich etwas wüßte unter euch, ohn' allein Jesum Christum, den Gekreuzigten" (1. Korinther 2, 2).

Soll ferner die durch Christum geschehene Erlösung beschrieben werden, so heißt es: "Wisset, daß ihr nicht mit vergänglichem Silber oder Gold erlöset seid von eurem eitlen Wandel nach väterlicher Weise; sondern mit dem teuren Blut Christi, als eines unschuldigen und unbefleckten Lammes" (1. Petrus 1, 18–19). Auch Christus selbst, wenn er den Zweck seines Kommens in die Welt angeben will, erwähnt daher nur sein Leiden und Sterben und spricht: "Des Menschen Sohn ist ... kommen, daß er ... diene und gebe sein Leben zur Bezahlung für viele" (Markus 10, 45).

Christe, du Lamm Gottes, der du trägst die Sünd' der Welt, erbarm' dich unser! Amen.

C. F. W. Walther

Epiphanias Lies Matthäus 17, 1–9

Die Verklärung Christi

Wir haben seine Herrlichkeit selber gesehen.
2. Petrus 1, 16

Auf dem Berge der Verklärung strahlte Christi Angesicht wie die helle Sonne. Ja eine Flut von Licht durchdrang seinen ganzen Körper. Sogar die Kleider wurden miterleuchtet und glänzten wie ein Licht, wurden weiß wie der Schnee. In diese Himmelsherrlichkeit werden die Gläubigen einst eingehen. Mose und Elias, selig vollendete Gläubige aus dem Alten Testament, sind hier bei dem Herrn, und zwar erscheinen sie in Klarheit, mit verklärtem Leibe ähnlich dem des Heilandes, und reden vertraulich mit ihm.

Ja, es gibt ein Leben nach dem Tode. Mose und Elias sind Vertreter der Gläubigen in der Ewigkeit. Mit dem Tode ist nicht alles aus. "Meine Lieben, wir sind nun Gottes Kinder, und ist noch nicht erschienen, was wir sein werden. Wir wissen aber, wenn es erscheinen wird, daß wir ihm gleich sein werden, denn wir werden ihn sehen, wie er ist." Er wird nämlich am Jüngsten Tage unsern nichtigen Leib verklären, daß er ähnlich werde seinem verklärten Leibe. Petrus und die andern werden erfüllt mit entzückender Freude, wollen die Erscheinung festhalten. Ja, im Himmel werden wir mit Freuden den Heiland schauen an, der durch sein Blut und Leiden den Himmel aufgetan.

Wer hier ermüden will, der schaue auf das Ziel; da ist Freude. Amen.

Paul F. Koenig

Epiphanias · Lies Jesaia 9, 1–7

Christus—der Sohn Gottes

Petrus ... sprach: Du bist Christus, des lebendigen Gottes Sohn. *Matthäus 16, 16*

Bezweifelt und geleugnet wird die Gottheit Christi von vielen in unserer Zeit. Man lobt ihn als einen außerordentlichen Lehrer, als einen großen Propheten, als ein herrliches Exempel in seinem Benehmen und Verhältnis zu den Menschen, aber man will nicht zugeben, daß er wahrer Gott sei. Die Verleugnung der Gottheit Christi bedeutet aber auch zugleich die Verleugnung der Wunderwerke Jesu und der Wahrheit der ganzen Heiligen Schrift.

Was hält nun Jesus selbst von Petri Wort? Er sprach: "Selig bist du, Simon, Jonas Sohn; denn Fleisch und Blut hat dir das nicht offenbart, sondern mein Vater im Himmel."

Unser Christenglaube ruht nicht auf leeren Äußerungen eines Menschen, sondern auf dem unverbrüchlichen Wort Gottes und dem Zeugnis des Sohnes Gottes. Sein Wort ist die ewige Wahrheit. Er spricht: "Ich bin der Weg und die Wahrheit und das Leben; niemand kommt zum Vater denn durch mich." Daher steht es fest: Jesus Christus ist der Sohn des lebendigen Gottes.

Ich trau' auf dich, mein Gott und Herr!
Wenn ich dich hab', was will ich mehr?
Ich hab' ja dich, Herr Jesu Christ,
Du mein Gott und Erlöser bist. Amen.

Herbert D. Poellot

Epiphanias   Lies Markus 10, 32–34

Der Leidensweg angekündigt

[Jesus sprach:] Siehe, wir ziehen hinauf gen Jerusalem.
Matthäus 20, 18

Jerusalem war für den Durchschnittsjuden ein Freudenort. Der Psalmist sehnt sich nach dem Berge Zion und den schönen Gottesdiensten dort: "Ich wollte gerne hingehen mit dem Haufen und mit ihnen wallen zum Hause Gottes mit Frohlocken und Danken." Und David singt: "Ich freue mich deß, das mir geredet ist, daß wir werden ins Haus des Herrn gehen, und daß unsere Füße werden stehen in deinen Toren, Jerusalem." Auch der zwölfjährige Jesus empfand es als störend, nicht bleiben zu dürfen, wie er sagt, "in dem, das meines Vaters ist," nämlich im Tempel zu Jerusalem.

Und doch mußte Jesus über diese "Friedensburg" klagen: "Jerusalem, du tötest die Propheten und steinigest, die zu dir gesandt sind!" Aber er wußte auch, daß trotz der Verwerfung es zu dem Heil kommen würde, das längst verheißen war. Der Prophet Joel spricht: "Auf dem Berge Zion und zu Jerusalem wird eine Errettung sein, wie der Herr verheißen hat." Deshalb kann Jesus seine Jünger einladen, mit nach Jerusalem hinaufzugehen und seinem Leiden und Sterben dort entgegenzugehen. Er ladet auch uns ein, mitzuziehen, und wir wissen, daß "sein Tod uns vom andern Tod rettet und vom Seelverderben, von der ewiglichen Not."

In dem Bild jetzund erschein, Jesu, meinem Herzen, wie du ... littest alle Schmerzen! Amen.

Hilton C. Oswald

Aschermittwoch Lies Lukas 18, 31–43

Jesus geht nach Jerusalem, um zu leiden

Es wird alles vollendet werden, was geschrieben ist durch die Propheten von des Menschen Sohn. *Lukas 18, 31*

Schon in der ersten Verheißung Christi ist es geoffenbart worden, daß der Heiland der Menschen ein leidender Heiland sein werde, denn es heißt von ihm, die Schlange werde ihn in die Ferse stechen. Lesen wir aber die Psalmen und Propheten, in welchen der schon im Paradies verheißene Erlöser der Welt immer deutlicher abgebildet wird, so erblicken wir ihn immer deutlicher in dem Bilde eines Lammes, auf welches der Herr alle unsere Sünden werfen und das zur Schlachtbank geführt werden solle.

In dem oben angedeuteten Schriftabschnitt lesen wir die Weissagung Christi von seinem nahe bevorstehenden Leiden. Er sagt den Zwölfen: "Des Menschen Sohn ... wird überantwortet werden den Heiden; und er wird verspottet und geschmähet und verspeiet werden; und sie werden ihn geißeln und töten, und am dritten Tage wird er wieder auferstehen." Sehr deutlich und ausführlich redet Christus von seinem Leiden zu seinen Jüngern. Wer Christi Leiden betrachtet und anwendet, den führt es zu ewigen Freuden. So begleiten wir im Geiste unseren Heiland auf seiner Schmerzensbahn und danken ihm für sein Leiden.

Herr Jesu, wir bereiten uns vor, mit dir nach Jerusalem zu gehen. Amen.

C. F. W. Walther

Tot—lebendig

Dieser mein Sohn war tot und ist wieder lebendig worden. *Lukas 15, 24*

Das Gleichnis vom verlornen Sohn zeigt uns, daß der Heiland selbst einen in den tiefsten Morast der Sünde Gesunkenen in das völlige Sohnesrecht wiedereinsetzen will. Jesus gebraucht die Beschreibung: "Er war tot und ist wieder lebendig worden." Das ist eine genaue Beschreibung eines verlornen Sünders, der Buße tut. In Römer 6, 23, lesen wir: "Der Tod ist der Sünde Sold; aber die Gabe Gottes ist das ewige Leben in Christo Jesu, unserm Herrn."

Der verlorne Sohn kehrte in ernster Buße zurück zum Vaterhause. Er erklärte, daß er nicht mehr wert sei, ein Sohn genannt zu werden. Er bat, nur ein Tagelöhner sein zu dürfen. Aber der Vater war alsbald bereit, ihm alles zu vergeben. Er gab ihm die besten Kleider. Er bereitete ihm eine Festmahlzeit. Er war fröhlich. Genau so ist Gott gegen uns gesinnt. Er will, daß wir als Bußfertige zu ihm kommen. Er selbst will uns vergeben. Er will uns aus dem Tod erretten und uns lebendig machen. Er sagt in Kolosser 2, 13: "Und hat euch auch mit ihm lebendig gemacht, da ihr tot waret in den Sünden." Um Jesu willen vergibt uns Gott. Er schenkt uns das vollkommene Kleid der Gerechtigkeit Christi.

Wir danken dir, himmlischer Vater, daß du uns, die wir tot waren in Sünden, um Christi willen lebendig gemacht hast. Amen.

John W. Behnken

Passion   Lies Johannes 12, 41–50

Das Sühnopfer für die Sünde

Siehe, hiemit sind deine Lippen gerühret, daß deine Missetat von dir genommen werde und deine Sünde versöhnet sei. *Jesaia 6, 7*

"Ob bei uns ist der Sünden viel, bei Gott viel mehr Gnade." Das dringt immer wieder durch, wenn wir den Propheten Jesaia lesen. Als derselbe die Vision von der göttlichen Heiligkeit schaute, hielt er sich für verloren, denn er war ein Sünder und stammte aus einem sündigen Volk. Aber er wird sofort aufgerichtet und getröstet. Die Ursache seiner Furcht wird ihm genommen. Dort im Heiligtum steht ein Altar, und einer der Engel nimmt mit der Zange eine glühende Kohle vom Altar und berührt seine Zunge.

Das ist herrliche, bildliche Rede. Der Altar im Heiligtum deutet auf ein Opfer hin, durch welches die Sünde gesühnt werden kann. Aus dem Neuen Testament wissen wir, daß Jesus Christus das Lamm Gottes ist, am Stamm des Kreuzes für uns geopfert. Das Leiden des Heilandes wird hier angedeutet. Er mußte die Glut des höllischen Feuers über sich ergehen lassen, um die Sünde der Welt zu sühnen. "Das Blut Jesu Christi, des Sohnes Gottes, macht uns rein von aller Sünde." Auf dies Sühnopfer auf Golgatha weist der ganze Opferkultus des Alten Testaments, hin wie die Apostel des Neuen Testaments bezeugen. Das ist unser Trost im Leben und im Sterben.

Entsündige mich mit Ysopen, daß ich rein werde; wasche mich, daß ich schneeweiß werde! Amen.

Herman A. Mayer

Passion • Matthäus 5, 17–19

Vollendet!

[Jesus] nahm ... zu sich die Zwölfe und sprach zu ihnen: Sehet, wir gehen hinauf gen Jerusalem, und es wird alles vollendet werden, was geschrieben ist durch die Propheten von des Menschen Sohn. *Lukas 18, 31*

Das Leiden und Sterben des Heilandes, so wie seine Auferstehung, war eine "Vollendung." Die Heilige Schrift ist die Offenbarung Gottes. Der liebe Gott redet mit uns durch sein Wort von unserem Heil in Christo. Die Heilige Schrift ist von Gott eingegeben. Kein sterblicher Mensch hätte Jahrhunderte zuvor von den Ereignissen, die mit Jesu Leiden und Sterben zu tun haben, reden können. Diese Weissagung mußte durch Eingebung des ewigen Gottes geschehen. So heißt es von dem Alten Testament: "Die heiligen Menschen Gottes haben geredet, getrieben von dem Heiligen Geist" (2. Petrus 1, 21).

Im Alten Testament wird uns auch die Frucht der Passion des Heilandes gelehrt. So sagt der Prophet Jesaia: "Wir gingen alle in der Irre wie Schafe, ein jeglicher sah auf seinen Weg; aber der Herr warf unser aller Sünde auf ihn" (53, 6).

Möge der Heilige Geist in dieser Passionszeit durch Gottes Wort mächtig in uns wirken!

Nun siegelst du die Schriften der Propheten. Nun wird man dich verhöhnen, martern, töten. Nun wirst du als ein Fluch ans Kreuz geschlagen, ins Grab getragen. Amen.

Adolph M. Bickel

Passion   Lies Lukas 6, 36–42

Barmherzigkeit, Frucht des Glaubens

Seid barmherzig, wie auch euer Vater barmherzig ist.
Lukas 6, 36

Mancher hat schon gesagt: Alle, die an Christum glauben, brauchen gar keine guten Werke tun. Gewiß, um dadurch vor Gott gerecht, fromm und selig zu werden, ist die Antwort nein.

Aber ein Christ, der durch den Glauben schon alles hat, was er zum Seligwerden bedarf, lebt hier noch unter Menschen, die seiner bedürfen; da ist nun Zeit und Ort, durch gute Werke seinem Nächsten zu zeigen, daß er im Glauben stehe. So gewiß es ist, daß ein gläubiger Christ der guten Werke nicht für sich bedarf, so gewiß ist es auch, daß derjenige, welcher durch den Glauben von Gott alles empfangen hat, nun auch aus freier Liebe an seinem Nächsten tun wird, wie Gott an ihm getan hat.

Ein Christ bedarf nach seinem Glauben keines guten Werkes, aber die unendliche Liebe, die er erfahren hat, hat auch sein Herz mit einer solchen Liebe erfüllt, daß er nicht anders kann, er muß seinem Nächsten alles Gute tun. St. Johannes sagt: "Daran wird's offenbar, welche die Kinder Gottes und die Kinder des Teufels sind. Wer nicht recht tut, der ist nicht von Gott, und wer nicht seinen Bruder lieb hat" (1. Johannes 3, 10). Auch bekennt St. Paulus: "Wiewohl ich frei bin von jedermann, hab' ich mich doch selbst jedermann zum Knechte gemacht" (1. Korinther 9, 19).

Lieber Vater, sei uns barmherzig! Amen.

C. F. W. Walther

Passion   Lies 1. Petrus 2, 6–10

Bekenntnis der Sünden

Denn da ich's wollte verschweigen, verschmachteten meine Gebeine durch mein täglich Heulen. *Psalm 32, 3*

Nach Davids schwerem Sündenfall wurde ihm nichts schwerer, als seine Sünde vor Gott zu bekennen. Dem allwissenden Gott waren ja seine Sünden bekannt. Wer kann den allwissenden Gott täuschen? Es scheint zuweilen, als ob Gott nichts davon wüßte. In seiner großen Langmut und Geduld läßt er den Sünder dahingehen und straft ihn nicht auf frischer Tat. Es geht dem Sünder wohl gut im Irdischen, er steht in Ansehen, kein Mensch kann ihm etwas vorwerfen. Aber es kommt ein Tag, da wird Gott ans Licht bringen, was im Finstern verborgen war, und den Rat der Herzen offenbaren.

O, bekennen wir doch aufrichtig und bußfertig Gott unsere Sünden! Wir brauchen uns vor Gott nicht zu fürchten. Auf unser Bekenntnis hin spricht uns Gott los, schließt uns in seine Arme und spricht: "Deine Sünden sind dir vergeben." Wer seine Sünden verschweigt oder leugnet, kommt nie zur Ruhe des Gewissens und zum Frieden der Seele. Wer seine Sünden bekennt, erlangt Barmherzigkeit, denn Christus, das Lamm Gottes erbarmt sich unser und gibt uns seinen Frieden.

Gott, ich habe oft und viel gesündigt. Das tut mir leid. Um Christi willen vergib mir's! Amen.

George A. Beiderwieden

Passion — Lies Apostelgeschichte 4, 5–12

Es ist in keinem andern Heil

Ich trete die Kelter allein. Jesaia 63, 3

So spricht der Messias und bezeugt damit, daß er allein der Schlange den Kopf zertreten, allein das Werk der Erlösung ausführen, allein der gefangenen und verlornen Menschheit die Seligkeit wieder erwerben werde.

Es konnte nicht anders sein. Gott ist gerecht. Er muß daher die Sünde strafen, und mit dem ewigen Leben kann er nur den krönen, der seinen ganzen Willen getan hat und vollkommen gerecht ist. Wer daher uns gefallene Menschen aus der Not unserer Sünden erlösen und die verlorne Seligkeit wiederbringen wollte, mußte ein vollkommen heiliger und reiner Mensch sein, um an unserer Statt unschuldig leiden und sterben zu können. Er mußte aber auch Gott selbst sein, um Gottes Gesetz, ohne es selbst für sich schuldig zu sein, für uns erfüllen, Sünde, Tod und Hölle überwinden und vollkommene Gerechtigkeit, Unschuld und Seligkeit uns erwerben zu können.

Dieses Werk konnte daher kein Engel, geschweige denn der schuldbeladene, sündige Mensch selbst vollbringen. Dies konnte allein Jesus Christus, Gott und Mensch in einer Person. Und er tat es auch. Er trat die Kelter des Zornes Gottes allein—für uns.

Herr Jesu, durch dich allein kommt mein Heil. Amen.

C. F. W. Walther

Passion   Lies Lukas 18, 9–14

Gottes Gnade bedeckt jede Sünde

Der Zöllner ... schlug an seine Brust und sprach: "Gott, sei mir Sünder gnädig!" *Lukas 18, 13*

Manch ein Mensch glaubt, daß er nie Vergebung finden könne, denn seine Sünden seien zu zahlreich und zu groß. Das stimmt aber nicht mit der Macht der Gnade Gottes. Das erkennen wir aus unserem Text. Die Zöllner waren die Steuereinnehmer und waren weit und breit bekannt als Diebe, Lügner und Betrüger. Sie forderten weit mehr als ihnen zukam. Also wurden sie bald sehr reich und herzlich gehaßt. Die Pharisäer waren eine Sekte, die behaupteten, sie könnten sich die Seligkeit durch ihre Werke verdienen. Sie verachteten viele ihrer Mitmenschen, besonders die "gottlosen" Zöllner.

Dieser Zöllner erkannte seine Sünden und bat Gott demütiglich um Vergebung und Gnade. Und der Herr selber sagt: "Dieser ging hinab gerechtfertigt in sein Haus vor jenem."

So steht es auch heute noch. Was du auch verübt hast, wie groß und verdammlich deine Sünden erscheinen mögen, verzage nicht! Gottes Gnade ist noch viel größer! Schon im Alten Testament sagt er durch den Propheten Jesaia (1, 18): "Wenn eure Sünde gleich blutrot ist, soll sie doch schneeweiß werden, und wenn sie gleich ist wie Rosinfarbe, soll sie doch wie Wolle werden."

Herr Gott, himmlischer Vater, um Jesu willen sei mir Sünder gnädig! Amen.

Ernst H. Mueller

Passion   Lies Psalm 5, 1–11

Bußgebet

Gott, sei mir gnädig nach deiner Güte, und tilge meine Sünden nach deiner großen Barmherzigkeit!
Psalm 51, 3

Der Apostel Petrus schreibt: "Der Herr will, daß sich jedermann zur Buße kehre." Alle bedürfen der Buße, denn alle haben gesündigt. Der bußfertige Zöllner betete im Tempel: "Gott, sei mir Sünder gnädig!" Es hat ihm leid getan, daß er sich an seinem Gott so versündigt hatte. Darum bat er um Erbarmen. Mancher mag meinen, seine Sünden seien zu groß oder zu vielfältig, daß sie vergeben werden könnten. Man denkt an den Schaden, der durch das Vergehen verursacht wurde. Oder man schämt sich selbst, vor Gott die Sünde zu bekennen.

Aber, willst du den Engeln im Himmel eine Freude bereiten? Willst du zu gleicher Zeit eine schwere Last von deinem Gewissen nehmen? Dann höre, was Jesus sagt: "Es wird Freude sein vor den Engeln Gottes über einen Sünder, der Buße tut." Diese Freude werden auch wir erfahren, wenn der Herr uns sagt: "Dir sind deine Sünden vergeben."

Darum sollen wir getrost dem Herrn unsere Sünden bekennen, wie groß und vielfältig sie auch sein mögen.

Gott, sei mir gnädig nach deiner Güte und tilge meine Sünden nach deiner großen Barmherzigkeit! Amen.

Albert T. Bostelmann

Passion — Lies Psalm 51, 1–13

Bußgebet eines Kindes Gottes

Gott, sei mir gnädig nach deiner Güte! *Psalm 51, 3*

David fleht zu Gott nach seinem tiefen Fall. Er hat durch Mord und Ehebruch sich schwer an Gott und Menschen versündigt. Was sollte er nun tun? Wie konnte er je wieder Ruhe finden für seine Seele? Nicht aus sich selbst. Weder dadurch, daß er die Sache totschweigen wollte, noch durch gute Werke. Da konnte nur Gott helfen, und zwar nur ein gnädiger Gott. Hätte Gott ihn nach Verdienst belohnt, wäre er verloren gewesen. Nur durch seine große Barmherzigkeit konnte Gott Davids Sünde tilgen.

Wir sind nicht nur Sünder von Natur, sondern täglich beleidigen wir unsern Gott durch das, was wir tun oder nicht tun. Wir hätten darum verdient, von Gott ewig verstoßen zu werden. Lernen wir daher immer wieder von David, uns vor Gott zu demütigen und ihn um Gnade und Erbarmen anzurufen. Um Christi willen ist er ein gnädiger Gott, der Missetat, Übertretung und Sünde vergibt. Darum beichten wir in jedem Gottesdienst, darum beten wir täglich die fünfte Bitte, darum sagen wir: "Christe, du Lamm Gottes, erbarme dich unser!"

Erbarme dich, Herr, mein Erbarmer, über mich! Amen.

Paul F. Koenig

Passion — Lies Matthäus 26, 47–56

Der Preis unserer Erlösung

Des Menschen Sohn ist nicht kommen, daß er ihm dienen lasse, sondern daß er diene und gebe sein Leben zur Bezahlung für viele. *Markus 10, 45*

Kann man das ewige Leben in Monatsraten abzahlen? So würden wir heute die Frage formulieren, die man zur Zeit der ersten Christenheit so gestellt hat: Was muß ich tun, daß ich das ewige Leben ererbe? Ganz gleich wie man die Worte anders formuliert, inhaltlich bleiben sie doch dieselben.

Wenn wir nun vom Worte Gottes her an diese Frage herantreten und sie mit einem kategorischen Nein beantworten müssen, so sollen wir dabei nicht den Trugschluß ziehen, dem leider viele Menschen zum Opfer fallen, das ewige Leben sei billig, weil es einem ohne sein Zutun von Gott geschenkt werden kann. Die Passionszeit, in der wir stehen, will uns wieder vor Augen stellen, wieviel es Jesum gekostet, daß wir erlöset sind. Das ewige Leben für sterbliche Sünder ist durchaus keine leichte Sache. Es ist so teuer, daß es dem Sohn Gottes sein Leben kostete. Kann man das billig nennen? Vergängliches Geld und Gut hätte nie gereicht, uns die Seligkeit zu erkaufen. Erkennen wir deshalb, welch einen unbezahlbaren Reichtum wir in Christo haben! Er ist der Kaufpreis unserer Erlösung. Gott hat ihn bezahlt.

Herr Jesu, laß mich nicht vergessen, wieviel es dich gekostet, daß ich erlöset bin! Amen.

Horst Hoyer

Passion — Lies Epheser 2, 11–18

Teuer erkauft

Ich, ich tilge deine Übertretung um meinetwillen.
Jesaia 43, 25

Ein Adjutant des russischen Kaisers Nikolaus hatte sich durch Glücksspiel tief verschuldet. Eines Abends saß er vor dem Tisch, auf dem die Schuldscheine lagen. Auf einem Zettel hatte er gerechnet. In Verzweiflung stierte er die gewaltige Summe an und schrieb drunter: "Wer kann das bezahlen?" Mit Selbstmordgedanken ergriff er seine Pistole, legte den Kopf auf den Tisch und sann. Darüber schlief er ein. Als er erwachte, fiel sein Auge auf den Zettel. Unter seiner Frage stand in des Kaisers wohlbekannter Handschrift "Nikolaus," der in der Nacht ins Zimmer seines Offiziers gekommen war. Und am Morgen brachte ein Bote das Geld.

Im Schulbuch Gottes standen wir mit einer großen unbezahlten Schuld. In der Passionszeit sehen wir, wie unsere Sündenschuld aus Liebe bezahlt wird. Wir sehen seine Hände am Kreuz ausgestreckt und durchbohrt, aber wir sehen auch unsere Namen in dieselben geschrieben. Laßt uns im Glauben bitten: "Hand, die nicht läßt, halte mich fest!"

Hier hast du meine beiden Hände,
Ich kann doch nichts mit eigner Kraft,
Du weist den Weg, du weißt das Ende,
Führ du mich durch die Pilgerschaft! Amen.

N. P. Uhlig

Passion   Lies 5. Mose 28, 1–10

Die Fülle seines Segens

Du, Herr, segnest die Gerechten; du krönest sie mit Gnade wie mit einem Schilde. *Psalm 5, 13*

"Gottes Brünnlein hat Wassers die Fülle. Amen." Dieses Kindertischgebetlein aus dem 65. Psalm hat wohl mancher von uns in der Jugend gebetet. Es faßt Gottes Tätigkeit kurz und schön zusammen. Die geistlichen und leiblichen Wohltaten, mit denen uns Gott überschüttet, hat uns Luther in der Auslegung der drei Glaubensartikel herrlich vor Augen geführt.

Paul Gerhardt hat viel Not und Verfolgung ausstehen müssen. Da sollte man meinen, daß seine Gedichte vornehmlich Kreuzlieder wären. Aber es fiel ihm nicht schwer, Gottes Gnade und Güte zu besingen. Wer seine eigene Unwürdigkeit empfindet, wird die Größe der Güte Gottes immer rühmen.

> **O Herr, laß deine Güt' und Liebe**
> **Mir immerdar vor Augen sein!**
> **Sie stärk' in mir die guten Triebe,**
> **Mein ganzes Leben dir zu weih'n;**
> **Sie tröste mich zur Zeit der Schmerzen,**
> **Sie tröste mich zur Zeit des Glücks,**
> **Und sie besieg' in meinem Herzen**
> **Die Furcht des letzten Augenblicks! Amen.**

N. P. Uhlig

Passion Lies Jesaia 43, 22–28

Unser Erlöser

Ich vertilge deine Missetat wie eine Wolke und deine Sünde wie den Nebel. Kehre dich zu mir; denn ich erlöse dich. *Jesaia 44, 22*

Es ist der Herr selber, der hier zu uns redet. In diesem Wort sagt er uns, daß er unser Erlöser ist. Schauen wir gen Himmel, so sehen wir manchmal recht dunkel und drohende Wolken. Dann bläst der Wind, und bald verschwinden die Wolken. So sagt uns der Herr, daß er unsere Sünden oder Missetaten verschwinden macht. Manchmal geschieht es morgens, daß wir wegen des dicken Nebels wenig sehen können. Steigt die Sonne in die Höhe, dann verschwindet der Nebel bald. Wenn um Christi willen die Gnade Gottes auf unsere Sünden scheint, dann verschwinden sie auch. So beweist sich unser gnädiger Gott als unser Erlöser.

Wir Sünder sind gänzlich auf die Gnade unseres Gottes angewiesen. Ohne diese Gnade befinden wir uns in einer hoffnungslosen Stellung. Ohne seine Gnade sind wir verloren. Es ist deswegen ein herrlicher Trost für uns, daß Jesus durch sein Leiden und Sterben unser Erlöser ist. Wie sollten wir uns nicht an ihm freuen! Wie sollten wir ihn nicht loben für sein Erlöserwerk, das uns den Himmel sichert!

Für dein Erlöserwerk danken wir dir von Herzen, Herr Jesu. Zeige uns, wie wir dir dienen können! Amen.

Gerhard C. Michael

Das ist Gottes Lamm

Siehe, das ist Gottes Lamm, welches der Welt Sünde trägt. *Johannes 1, 29*

In der Passionszeit betrachten wir das stellvertretende Leiden und Sterben des Heilandes der Welt. Wir mit unseren Sünden sind die Ursache seines Kreuzestodes. Das war der Kostenpreis unserer ewigen Erlösung. Durch das Sterben seines eigenen Sohnes beweist der Vater im Himmel seine unaussprechliche Liebe gegen uns arme, elende Sünder. Jeden Tag zeigt Gott seine Schöpferliebe gegen uns durch alle seine Gaben für unsere leibliche Notdurft. Aber nur durch den Tod seines Sohnes am Kreuz beweist er seine große Vaterliebe zu uns und zu allen Menschen. Durch das Kreuz bekommen wir einen Einblick in das schreckliche Verderben der Sünde. Wir lernen aber auch den hohen Wert einer unsterblichen Menschenseele. O, wie groß ist Gottes Liebe! Hier ist Gottes Lamm, unschuldig am Stamm des Kreuzes geschlachtet. Dies ist das Lämmlein, das die Schuld der Welt und ihrer Kinder trägt. Es nimmt an "Schmach, Hohn und Spott, Angst, Wunden, Striemen, Kreuz und Tod und spricht: Ich will's gern leiden." Und was sagen wir? "Du bist erwürget und hast uns Gott erkauft mit deinem Blut" (Offenbarung 5, 9).

O Lamm Gottes, Träger der ganzen Welt Sünde, erbarme dich unser und gib uns deinen Frieden! Amen.

Paul M. Freiburger

Passion   Lies Psalm 102, 1–13

Anfechtung

Aus der Tiefe rufe ich, Herr, zu dir. *Psalm 130, 1*

Im Garten Gethsemane forderte der Heiland seine Jünger auf, zu wachen und zu beten, damit sie nicht in Anfechtung und Versuchung fallen würden. Denn es kommt leicht vor, daß ein Kind Gottes angefochten wird.

Man wird mit schreckhaften Gedanken belastet über die Menge und Größe seiner Sünden. Oder, eine gewisse Sünde nagt, trotzdem wir wissen, daß unsere Sünden alle vergeben sind. So empfinden wir ängstliche Gedanken, die uns oft bei Nacht nicht schlafen lassen. Dann sprechen wir mit David: "Meine Tränen sind meine Speise Tag und Nacht, weil man täglich zu mir sagt: Wo ist nun dein Gott?" Das beunruhigt uns.

Aber dann erfährt man auch mit Jesaia: "Die Anfechtung lehret aufs Wort merken." Sie treibt uns in die Schrift, wo wir Trost finden. Solchen Trost hat David gefunden: "Was betrübest du dich, meine Seele, und bist so unruhig in mir? Harre auf Gott; denn ich werde ihm noch danken, daß er meines Angesichts Hilfe und mein Gott ist." Er hat Israel und auch mich erlöst von allen Sünden. Solcher Trost vermag, die Anfechtung zu überwinden.

Herr, tröste mich in der Anfechtung mit der Versicherung, daß alle meine Sünden vergeben sind! Amen.

Albert T. Bostelmann

Passion   Lies Lukas 15, 17–24

Gottes Erbarmen

Gott, sei mir gnädig nach deiner Güte und tilge meine Sünde nach deiner großen Barmherzigkeit! *Psalm 51, 3*

Dies Gebet ist ein Loblied der großen Barmherzigkeit Gottes. Diese rühmt er mit solchem Gebet als ein freies Erbarmen. Nichts findet und sieht Gott an uns Sündern, das ihn bewegen könnte, uns zu helfen; im Gegenteil, er sieht und findet nur, was ihn zum Zorn und zur Strafe reizen muß. Aber in seiner freien Barmherzigkeit tut es ihm im Herzen weh, daß wir unter seinem Zorn verderben sollen. Gottes Erbarmen ist auch ein heilsames Erbarmen. Durch Christum, seinen Sohn, hat Gott unsere Sünden getilgt. Sünde und Strafe sind gebüßt. Unsere Schuld ist vollkommen bezahlt.

Ja, Gottes Erbarmen ist ein reiches Erbarmen. Alle Sünden, auch die größten und schwersten Sünden, hat Christus abgebüßt. Sein Blut wäscht alle Sünden hinweg, so daß wir vollkommen rein, heilig und gerecht vor Gott dastehen. Das alles macht David Mut, Gott zu nahen mit der Bitte: "Gott, sei mir gnädig!" Das sollen auch wir Gott zutrauen. Dessen sollen wir uns trösten und ganz gewiß sein.

Zeig' uns bei unserm Seelenschmerz dein aufgespaltnes Liebesherz; und wenn wir unser Elend sehen, so laß uns ja nicht stille stehen, bis daß ein jeder sagen kann: Gott Lob, auch mich nimmt Jesus an! Amen.

George A. Beiderwieden

Passion — Lies Psalm 73, 21–28

Das Herz verlangt nach Gnade

Herr, vor dir ist alle meine Begierde, und mein Seufzen ist dir nicht verborgen. *Psalm 38, 10*

Hier zeigt David gar fein, was ein bußfertiger Sünder tut, um die Angst seines Herzens loszuwerden, und wie und wo er Hilfe sucht. Dies eben ist das wichtige Hauptstück der Buße. Der bußfertige Sünder wendet sich zu Gott und traut ihm Erbarmen zu. Er spricht gleichsam: "Du siehest, mein Gott, wie mein armes Herz nach deiner Gnade verlangt, wie es seufzt, fleht und sehnt. Ach sei mir gnädig, vergib mir alle Schuld, laß Gnade für Recht ergehen! Du willst ja nicht den Tod des Sünders; du willst, daß allen Menschen geholfen werde. O Herr Jesu, du hast als das Lamm Gottes auch für mich am Kreuz gebüßt, auch mich mit Gott versöhnt."

Das ist dem Psalmisten ganz gewiß. Er betet: "Ich harre, Herr, auf dich; du, Herr, mein Gott, wirst erhören." Gar fein ist es auch, wie David anhält zu beten: "Verlaß mich nicht, Herr, mein Gott; sei nicht ferne von mir! Eile mir beizustehen, Herr, meine Hilfe!" Das soll auch unser Gebet sein. Nur so bekommen wir ein ruhiges Gewissen und ein getrostes Herz in der Angst unseres Sündenelends. "Ich bin bei Gott in Gnaden durch Christi Blut und Tod."

Gott, zürne nicht und gehe nicht ins Gericht, denn dein Sohn Jesus Christus hat mich versöhnt! Amen.

George A. Beiderwieden

Passion Lies Hebräer 7, 23–28

Priester und Opfer

Gott war in Christo und versöhnete die Welt mit ihm selber und rechnete ihnen ihre Sünden nicht zu.
2. Korinther 5, 19

Christus, den die Schritt Alten und Neuen Testaments ausdrücklich "Priester" nennt, hat im Stande der Erniedrigung die ganze Menschheit mit Gott versöhnt. Die Schrift berichtet aber nicht nur die Tatsache der Versöhnung, sondern beschreibt vor allen Dingen auch die Art und Weise der Versöhnung, oder das Mittel, wodurch die Versöhnung bewirkt ist. Christus hat dadurch die Menschen mit Gott versöhnt, daß er sich selbst Gott als Sühnopfer dargebracht.

Im Neuen Testament ist Christus Priester und Opfer zugleich. Diese Selbstopferung Christi umfaßt nach der Schrift ein Doppeltes: Er hat sich für uns gegeben in seinem heiligen Leben und in seinem Leiden und Sterben.

Durch dieses von Christo auf Erden vollbrachte hohepriesterliche Werk ist nun Gott ein für allemal mit den Menschen versöhnt, das heißt, ist den Menschen die Gnade Gottes zugewendet worden, denn "er ist durch sein eigen Blut einmal in das Heilige eingegangen und hat eine ewige Erlösung erfunden." Das lehrt die Schrift von der Versöhnung der Welt durch Christum.

Herr Jesu, aus großer Liebe zu uns hast du dich für uns aufgeopfert und hast uns mit Gott versöhnt. Amen.

Franz Pieper

Passion   Lies Jesaia 1, 1–20

Schneeweiß

So kommt denn und laßt uns miteinander rechten, spricht der Herr. Wenn eure Sünde gleich blutrot ist, soll sie doch schneeweiß werden, und wenn sie gleich ist wie Rosinfarbe, soll sie doch wie Wolle werden. *Jesaia 1, 18*

In unserem Bibelvers redet Gott von der Farbe der Sünde. Nach diesem Vers ist rot die Farbe von Schuld. Ein Mörder ist offensichtlich schuldig, wenn rotes Blut auf seinen Händen zu finden ist. Selbst wenn wir kein Leben von jemand genommen haben sind wir immerhin schuldig. Jesus sagt, "Ihr habt gehöret, daß zu den Alten gesagt ist: Du sollst nicht töten; wer aber tötet, der soll des Gerichts schuldig sein. Ich aber sage euch: Wer mit seinem Bruder zürnet, der ist des Gerichts schuldig." (Matthäus 5, 21–22). Offensichtlich haben wir alle rote Hände. Wir sind alle schuldig.

In unsrem Bibelvers redet Gott auch von der Farbe der Reinheit. Unsre Sünde soll nicht blutrot, sondern schneeweiß werden. Wie ist so ein Wunder möglich? Das Rote muß weggenommen werden. Jesus hat unsere Schuld auf sich genommen. Das was an uns schmutzig ist, ist ihm zugerechnet worden. Wie sehen wir jezt vor Gott aus? Wegen der Vergebung, die Jesus für uns erworben hat, sind wir schneeweiß.

Himmlischer Vater, wenn wir Schnee sehen, können wir auch an die Reinheit denken, die du uns gibst. Amen.

Curtis P. Giese

Die verborgenen Fehler

Wer kann merken, wie oft er fehlet? Verzeihe mir die verborgenen Sünden! *Psalm 19, 13*

Die verborgenen Fehler sind solche, die selbst dem Betroffenen unbekannt sind. Solche nennt man Schwachheitssünden, wie, zum Beispiel, Fluchworte. Bei manchem scheint der Mißbrauch des Namens Gottes Gewohnheit zu sein. Ohne sich etwas dabei zu denken, ruft er Gottes Zorn über einen Menschen.

Oder, man denke an das Verleumden. Wie viele verleumden einen Menschen, weil sie eine Neuigkeit erzählen wollen. Man denkt nicht daran, wie der Name des Nächsten dadurch geschadet wird.

Oder auch, wenn man in Verlegenheit kommt und die Gefahr besteht, daß durch Offenbarung einer unbekannten Sache man Scham leiden müßte, dann versucht man sich mit einer Lüge auszuhelfen.

Es ist leider möglich zu sündigen, ohne sich dessen bewußt zu sein. Und wie der Psalmist bittet um Vergebung für die Sünden, die unbekannt sind, so haben auch wir solche Vergebung nötig. Auch für unsere verborgenen Fehler ist Christus gestorben.

Herr, behüte mich vor solchen Sünden, die ich gedankenlos begehe. Wasche mich von unbekannten Sünden! Amen.

Albert T. Bostelmann

Passion   Lies Matthäus 26, 36–75

Unser Bitten und Flehen

Betet stets in allem Anliegen mit Bitten und Flehen im Geist. *Epheser 6, 18*

Jesus "ist versucht allenthalben gleichwie wir, doch ohne Sünde." Wir wissen jetzt, daß er Mitleid haben kann mit unserer Schwachheit und helfen kann denen, die versucht werden. Denn er ist ja der Sohn Gottes, der gen Himmel gefahren ist und alles regiert.

Das sollen wir uns zunutze machen in unserer Schwachheit bei all unseren Nöten und Gefahren. Mit herzlichem Vertrauen wollen wir unser Herz vor ihm ausschütten und wollen nicht nachlassen, in allen Lebenslagen um Hilfe zu schreien. Der Vater ist versöhnt. Er hört uns gerne um seines Sohnes willen, der uns ein Vorbild gelassen hat. Dem wollen wir nacheifern. Dabei gilt es glaubensvoll die Offenbarung der Gnade Gottes ganz ernst zu nehmen und auf sich zu beziehen. Durch das Evangelium schenkt uns Gott den Heiligen Geist und die Gewißheit, daß wir Gottes Kinder sind. Wir befehlen unserm Vater unsern Weg und wollen ganz von ihm abhängig sein. Gestützt auf die Zusage Gottes bleiben wir im Gebet und Flehen. Unter Tränen fangen wir doch schon an, Gott zu loben; mit allen Heiligen werden wir ihn ewig loben in vollkommener Freude!

Herr Jesu, lehre uns beten und wachen! Amen.

                                               A. R. Kretzmann

Passion — Lies Lukas 23, 32–43

Wunderbarer Wechsel

[Gott] hat den, der von keiner Sünde wußte, für uns zur Sünde gemacht, auf daß wir würden in ihm die Gerechtigkeit, die vor Gott gilt. *2. Korinther 5, 21*

Er und wir, Gerechtigkeit und Sünde—das sind die Wortpaare, die im Text unsere Augen fesseln. Ja, wir können unseren Augen kaum trauen. Er und wir, Gerechtigkeit und Sünde stehen nicht einfach nebeneinander da, sondern sie machen den Eindruck eines unzertrennlichen Ineinander, wenn nicht gar Durcheinander. Sünde und Gerechtigkeit werden personifiziert und dann verwechselt. Wenn wir fragen: "Wer ist Sünde und wer ist Gerechtigkeit?" so sollte doch sofort die selbstverständliche Antwort lauten: "Wir sind Sünde; er, Jesus, ist Gerechtigkeit." Und so ist es ja tatsächlich. Jesus hat nie eine einzige Sünde begangen. Wir aber sind in Sünden empfangen und geboren und durch und durch verderbt. Und doch, sagt der Apostel, Gott hat ihn, den sündlosen Christus, zur Sünde gemacht. Dazu gehören die kleinen aber unendlich großen Wörter, "für uns." Infolgedessen werden wir, die Schuldbeladenen, "die Gerechtigkeit, die vor Gott gilt." So hat Gott uns mit ihm selber versöhnt. Und nun ergeht der dringende Ruf an uns: "Lasset euch versöhnen mit Gott!"

Gott, Dank sei dir für deine Gnade in Christo. Amen.

Herbert J. A. Bouman

Passion Lies Lukas 1, 46–55

Kindschaft statt Knechtschaft

... auf daß er die, so unter dem Gesetz waren, erlösete, daß wir die Kindschaft empfingen. *Galater 4, 5*

Gott ist unendlich reich und seine Gnade ist unaussprechlich groß. Unser Verstand ist zu begrenzt, um das zu begreifen, und unsere Sprache zu schwach, um den Reichtum unsers Gottes recht zum Ausdruck zu bringen. In immer neuen Bildern versuchen die Propheten und Apostel, die Herrlichkeit der Liebe Gottes zu veranschaulichen und uns klar zu machen, wie köstlich unsere Erlösung eigentlich ist.

Hier stellt der Apostel Paulus einen Gegensatz auf zwischen zwei Lebenszuständen: Knechtschaft und Kindschaft. Jesus ist von Ewigkeit der eine, einzige Sohn Gottes in einer Weise, wie es kein anderer sein kann. Wir Menschen sind unter dem Gesetz Gottes und seinen Forderungen und Drohungen und, weil wir Sünder sind, seiner Strafe unterworfen. Wir sind Knechte. Wie der verlorne Sohn haben wir alles Kindesrecht verscherzt. Und nun kommt der wunderbare Wechsel. Gott sendet seinen Sohn, den Herrn des Gesetzes, und tut ihn unter das Gesetz. Der Sohn wird Knecht, um uns zu Kindern Gottes zu machen. Um Christi willen nimmt Gott uns an Kindesstatt an. Gott ist nun unser Vater!

Herr Gott, wir danken dir herzlich, daß du uns Sünder um Jesu willen zu deinen Kindern gemacht hast. Amen.

Herbert J. A. Bouman

Passion   Lies Matthäus 26, 30–35

Liebevolle Warnung

In dieser Nacht werdet ihr euch alle ärgern an mir.
Matthäus 26, 31

"Ich werde den Hirten schlagen, und die Schafe der Herde werden sich zerstreuen," sagte Jesus. Es war ein ernstes Wort das er zu seinen Jüngern redete. Er ist Ja der Hirte, der gesagt hat: "Ich bin ein guter Hirte; ein guter Hirte lässet sein Leben für die Schafe." Zu diesen zerstreuten Schafen gehörten auch seine elf Jünger, die mit ihm zum Ölberg gingen. Er sah voraus, daß sie ihn schnöde verlassen und fliehen würden. In seiner Liebe wollte er sie im voraus warnen und stärken, weshalb er auch die tröstliche Verheißung von seiner Auferstehung beifügt.

So handelt der Herr heute mit seinen Jüngern. Er sagt es uns zuvor, daß wir das Kreuz auf uns nehmen müssen, daß wir durch viel Trübsal in das Reich Gottes eingehen müssen. Er läßt es aber nicht an Trost für uns fehlen. Wir dürfen getrost an das himmlische Jerusalem denken und an die selig Vollendeten, die aus großer Trübsal gekommen und nun angetan sind mit weißen Kleidern. So hilft er uns liebevoll und lehrt uns gläubig sprechen: "Dieser Zeit Leiden sind nicht wert der Herrlichkeit, die an uns soll offenbaret werden."

Hilf, Herr, daß wir uns nicht an dir ärgern! Amen.

Paul F. Koenig

Passion — Lies Lukas 17, 11–19

Dankbarkeit

Ich preise dich, Vater und Herr Himmels und der Erde. *Matthäus 11, 25*

Das ganze Leben Jesu Christi war von einem Sinne der Dankbarkeit durchdrungen. In der Nacht, da er verraten ward, "dankte er" und gab uns das heilige Abendmahl. Ehe er nach Gethsemane ging, "sprach er einen Lobgesang." Obwohl das Leben Jesu eine lange Kette von Entbehrungen und Leiden war, hören wir von Anfang bis zu Ende nur Töne der Dankbarkeit und Freude. So soll auch unser Leben ein fortwährender Lobgesang sein. Wir klagen aber, daß unser Leben so voll von Trübsal und Schmerzen ist, ein wahres Jammertal. Wollen wir nicht lieber dem Heiland nachfolgen? Hat er uns nicht dazu berufen? "Folget mir nach"— auch in Dankbarkeit! Für uns gibt es keine kleine, sondern nur große Gnadenerweisungen, alle unverdient. In der Welt, in der wir leben, gibt es Tränen, Ruinen, fortwährende Totenklage. Aber hier stehen auch die ewigen Berge der Gnade, der Liebe und der Barmherzigkeit. Darum "saget Dank allezeit für alles in dem Namen unsers Herrn Jesu Christi!" Der Psalmist spricht: "Danket dem Herrn; denn er ist freundlich und seine Güte währet ewiglich."

Vater, Sohn und Heiliger Geist, wir sagen dir von Herzen Dank für deine Barmherzigkeit und Güte. Amen.

Walter G. Boss

Passion   Lies Lukas 15, 11–24

Verloren

Des Menschen Sohn ist kommen, zu suchen und selig zu machen, was verloren ist. *Lukas 19, 10*

Jesus war auf der Reise nach Jerusalem, wo er von bösen Händen gemartert und gekreuzigt werden würde. Sein Weg führte durch Jericho am Jordan. Dort war ein kleiner Mann, genannt Zachäus, auf einen Baum gestiegen, um Jesum sehen zu können. Zachäus war ein Zöllner, der in seinem Steueramt seine Mitmenschen oft betrogen hatte und so auf ihre Kosten ein reicher Mann geworden war. Er war bei dem Volk berüchtigt und verhaßt. Jesus sah ihn und forderte ihn auf, vom Baum herabzusteigen, denn Jesus wollte ihn in seinem Haus besuchen. Als die andern Leute das sahen, "murreten sie alle, daß er bei einem Sünder einkehrete." Die Sünde, dieses schreckliche Elend, das alle Menschen belastet, offenbart sich verschiedenartig. Selbstsucht, Eigennutz, Unehrlichkeit, Betrug, Neid, Haß und Murren, wie sie in dieser Geschichte zutage treten, sind nur einige wenige von den vielen Formen, in welchen ein und dasselbe Übel, die Sünde, offenbar wird. Infolgedessen sind alle Menschen verloren. Und eben in diesem Zusammenhang sagt Jesus: "Des Menschen Sohn ist kommen, zu suchen und selig zu machen, was verloren ist."

Herr Jesu, auch mich hast du selig gemacht. Amen.

Herbert J. A. Bouman

Passion   Lies Johannes 1, 5–10

Das Wunder des Kreuzes

Wenn eure Sünde gleich blutrot ist, soll sie doch schneeweiß werden, und wenn sie gleich ist wie Rosinfarbe, soll sie doch wie Wolle sein. *Jesaia 1, 18*

Ein alter, einsichtsvoller Mann zeigte ein Büchlein mit seiner ganzen Lebensbeschreibung. Ohne ein geschriebenes Wort war die erste Seite ganz schwarz. Das war seine Sünde. Die zweite Seite war hellroth. Das war Jesus. Die dritte Seite war schneeweiß. Das war er selbst von allen Sünden reingewaschen durch Christi Blut.

Das ist die Wunderkraft des Kreuzes. Durch Eingebung des Heiligen Geistes weissagt Jesaia: "Wenn eure Sünde gleich blutrot ist, soll sie doch schneeweiß werden."

Was menschliche Wissenschaft, Weisheit, Gold, Silber, Geld und irdische Mittel nicht ausrichten können ist zustande gebracht durch das Leiden und Sterben unseres Erlösers. Der Welt Sünde ist beseitigt durch die göttliche Wunderkraft des gekreuzigten Sohnes Gottes. "Das Blut Jesu Christi, seines Sohnes, macht uns rein von aller Sünde" (1. Johannes 1, 7). Auf dies sein rosinfarbenes Blut, das er für uns vergossen hat, bauen wir unsere Hoffnung. Er hat unsere Missetaten abgewaschen, so daß wir nun schneeweiß und rein wie Wolle geworden sind.

Herr Jesu, der du für unsere Sünden büßest, laß deine Todespein nicht an uns verloren sein! Amen.

Paul M. Freiburger

Passion   Lies Jesaia 42, 1–9

Gott hat für uns gesorgt

Wir gingen alle in der Irre wie Schafe ... aber der Herr warf unser aller Sünde auf ihn. *Jesaia 53, 6*

Auf den, der sich selbst für uns opferte, auf den Messias, legte der Herr "unser aller Sünde." Das waren deine, meine und der ganzen Welt Sünden. Welch eine Last!

Unter dieser Last wurde der Unschuldige "geschlagen und gemartert," ja, zu Tode "geplagt." Wir konnten so etwas nicht ahnen, nicht verstehen. Wie konnte es dahin kommen, den Unschuldigen so umzubringen? Ei, der *Herr*—Gott selbst—"warf unser aller Sünde auf ihn." Gott Vater hat es beschlossen, und der Sohn hat persönlich den Beschluß anerkannt und hat alle Konsequenzen auf sich genommen. Durch das Evangelium von Christo hat Gott uns das nun wissen lassen. Sein guter Geist sagt unserer Seele: Das ist die Wahrheit!

Schon "von Anbeginn der Welt" hat Gott den Heilsplan für uns besorgt gehabt. Jesus hat den Plan ausgeführt. St. Paulus sagt: "Das kein Auge gesehen hat und kein Ohr gehöret hat und in keines Menschen Herz kommen ist, das Gott bereitet hat denen, die ihn lieben. Uns aber hat es Gott offenbaret durch seinen Geist" (1. Korinther 2, 9–10). Wie herrlich hat Gott für uns gesorgt!

Daß dir die Händ' und Füße sind durchstochen, das habe ich alles ganz allein verbrochen, o guter Jesu! Amen.

Emilio Schmidt

Passion   Lies Offenbarung 21, 22–27

Mit Jesu im Paradies

Wahrlich, ich sage dir, heute wirst du mit mir im Paradies sein. Lukas 23, 43

Wie würde es uns sein, wenn Jesus zu uns sagen würde: "Heute wirst du mit mir im Paradies sein"? Das würde Ursach sein, uns über alle Maßen zu freuen. So war es bei dem Schächer am Kreuz. Er war doch in großer Pein und am Sterben. Aber er hatte wohl nie größere Freude im Herzen gehabt.

Welch ein herrliches Versprechen hat unser lieber Heiland ihm gemacht! Dieser verachtete Mensch, ein gewesener Übeltäter, würde bald in Ehren mit Jesu im Himmel sein.

Uns wird auch diese köstliche Verheißung gegeben, wenn wir wahre Buße tun und unsere Hoffnung für die Vergebung unserer Sünden auf Jesum setzen. Dann werden wir einst mit Jesu im Paradies sein.

Mögen wir oft daran denken, daß wir mit Jesu sein werden, und wir wollen uns jetzt schon daran freuen, wenn wir auch jetzt in Schmerzen und Trübsalen sind, wie einst der Schächer war.

In dieser heiligen Passionszeit betrachten wir das Zeugnis der vollkommenen Liebe Jesu, unseres Heilandes. Möge unser Verlangen, mit Christo zu sein, immer zunehmen!

Mitten in der Freude und Trübsal dieses Lebens, gib uns die Überzeugung, daß wir mit dir im Paradies sein werden! Amen.

Adolph M. Bickel

Passion　　　　　　　　　　Lies Lukas 19, 41–48

Was Christi Tränen uns sagen

Als er nahe hinzu kam, sah er die Stadt an und weinete über sie. *Lukas 19, 41*

Will Gott wirklich keines Sünders Tod? O wohl uns, auf diese Frage kann man mit einem getrosten und zuversichtlichen Ja antworten. Schon im 33. Kapitel des Propheten Hesekiel lesen wir die feierliche, göttliche Erklärung vor aller Welt: "So wahr als ich lebe, spricht der Herr Herr, ich habe keinen Gefallen am Tode des Gottlosen, sondern daß sich der Gottlose bekehre von seinem Wesen und lebe" (Hesekiel 33, 11). Hier schwört Gott bei sich selbst und spricht die hohe Beteuerung aus, er wolle der lebendige Gott nicht sein, wenn er an irgendeines Gottlosen Tod Gefallen habe.

Daß Gott den Tod keines Sünders will, dafür haben wir nicht nur Gottes eigene Erklärung, sondern auch die Tränen Christi. Seine Tränen über das Unglück der Sünder, die ihn selbst verfolgt hatten und eben zu morden im Begriff standen, diese Tränen sind lauter als Worteredende Zeugen für Gottes herzliches Erbarmen, auch gegen die Tiefgefallenen. Deutliche kann jeder Mensch in den weinenden Augen des Sohnes Gottes die Worte lesen: "Gott will wahrlich keines Sünders Tod!" Denn wie könnte Gottes Sohn über einen Tod weinen, an welchem er Wohlgefallen hatte?

Herr Gott, du willst, daß allen Menschen geholfen werde und sie zur Erkenntnis der Wahrheit kommen. Amen.

C. F. W. Walther

Passion   Lies Markus 2, 1–12

Des Menschen Sohn

Des Menschen Sohn wird überantwortet werden in der Menschen Hände. Und sie werden ihn töten.
Markus 9, 31

Das Schlachten eines Tieres konnte nur vorbildlich als ein Sündenopfer vor Gott gelten, denn Gott selbst sagt: "Es ist unmöglich, durch Ochsen- und Bocksblut Sünden wegzunehmen." Ebensowenig konnte die Aufopferung eines Freundes oder gar des eigenen Sohnes einem die Sündenschuld sühnen. Gott erklärte: "Kann doch ein Bruder niemand erlösen noch Gotte jemand versöhnen; denn es kostet zu viel, ihre Seele zu erlösen, daß er's muß lassen anstehen ewiglich." Darum mußte Gott seinen ewigen, eingebornen Sohn dafür geben.

Um aber für die Schuld der Menschen genugzutun, mußte der Sohn auch Mensch sein. Jesus Christus, der Gottmensch, war der einzige der das war. Vierzehnmal im Markusevangelium bezeichnet sich Jesus als "Menschensohn," das ist, nicht eines einzigen Menschen Sohn, sondern Sohn oder Stellvertreter der Menschheit ganz im allgemeinen. Für alle Adamskinder, sagt er also in unserem Schriftwort, soll er leiden und sterben. Auch für unsere Sündenschuld hat er sein göttlich-menschliches Leben als Opfer hingelegt, daß wir das Leben haben könnten.

Geist des Lebens, erhalte uns im Glauben, daß wir uns immerdar mit dem Tode des Menschensohns trösten und ihn auch dafür ehren! Amen.

Walter H. Koenig

Gottverlassenheit

Mein Gott, mein Gott, warum hast du mich verlassen?
Psalm 22, 2

Dies war das Angstgeschrei unseres Heilandes am Kreuz. Die Worte zeigen seine Seelenangst.

Manchmal denkt jemand, Gott habe ihn völlig verlassen. Ein Kriegsgefangener, in einem engen, unsauberen Kerker, weit entfernt von den Seinen, kann leicht zur Ansicht kommen, Gott habe seiner vergessen. Ein tiefgefallener Sünder, der durch Fressen und Saufen, durch Unzucht und Hurerei Leib und Seele verzehrt hat, mag auch mit Kain sprechen: "Meine Sünde ist größer, denn daß sie mir vergeben werden möge," und denken, er sei von Gott verlassen.

Aber gänzlich von Gott verlassen zu sein empfinden nur die Verdammten in der Hölle. So lange uns Gott am Leben läßt, können wir uns dieses Wortes getrösten: "Wo die Sünde mächtig worden ist, da ist die Gnade viel mächtiger worden." Denn Jesus Christus hat die Gottverlassenheit erduldet, damit wir nie von Gott verlassen sein werden. Und wenn er uns auch einen kleinen Augenblick zu verlassen scheint, wird er uns wieder mit großer Barmherzigkeit sammeln.

Herr, verwirf mich nicht von deinem Angesicht und nimm deinen Heiligen Geist nicht von mir! Amen.

Albert T. Bostelmann

Passion Lies Hebräer 4, 14–5, 10

Christus unser Hoherpriester

Du bist ein Priester ewiglich. *Psalm 110, 4*

Im Alten Testamente gab es viele Hohepriester und Tausende und Abertausende von Priestern. Die waren die Mittler zwischen Gott und den Menschen und brachten Opfer dar zur Sühne der Sünde des Volkes. Sie waren aber selbst sündige Menschen und mußten erst für eigene Sünden opfern. Christus dagegen ist "heilig, unschuldig, unbefleckt, von den Sündern abgesondert und höher denn der Himmel." Die Priester des Alten Bundes waren nur Vorbilder auf Christum. Ihre Opfer wiesen hin auf das Lamm Gottes, das der Welt Sünde tragen sollte. Am großen Versöhnungstage der Welt, am Karfreitag, hat Christus sich selbst geopfert, ist als Hoherpriester in das Heilige des Himmels eingegangen, um uns mit Gott zu versöhnen.

Wo wären wir sündige Menschen, die Zorn und Verdammnis verdient haben, wenn dieser Hohepriester sich nicht unser liebreich angenommen und unsre Sünde gesühnt hätte? Wo wären wir, wenn er jetzt nicht für uns beten würde zur Rechten Gottes? Ihm haben wir es zu verdanken, daß wir nun selige Kinder Gottes sind, die hier an ihn glauben und dort ihm ewig dienen können.

Ist Gott versöhnt und unser Freund,
Was kann uns tun der arge Feind? Amen.

Paul F. Koenig

Christus unser König

Der Herr ist König. *Psalm 97, 1*

Jesus Christus herrscht als König; ihm ist alles untertänig. Von ihm heißt es: "Und soll ein König sein, der wohl regieren wird." Anderswo lesen wir: "Das Zepter deines Reiches ist ein gerades Zepter." Er selber hat dem Pilatus gesagt: "Du sagst es, ich bin ein König." Aber Christi Reich ist nicht von dieser Welt, sondern ein Reich, in welchem der König als großer Prophet die Wahrheit bezeugt und sein Reich baut durch die Predigt des Evangeliums. Er hat sein Reich gegründet durch Leiden und Sterben. Der Zweck seines Erlösungswerkes ist: "Auf daß ich sein eigen sei und in seinem Reich unter ihm lebe und ihm diene."

Sogar in der tiefsten Tiefe seines Leidens lesen wir die Überschrift am Kreuz: "Jesus von Nazareth, der Juden König." Nun vollends, nachdem er gen Himmel gefahren ist, sitzt er zur Rechten Gottes und nimmt als König teil an der Weltregierung. Am Jüngsten Tag werden wir ihn sehen auf dem Stuhl seiner Herrlichkeit und alsdann wird der König Gericht halten.

Wir ehren Christum als unsern großen König.

**Wohl allen Herzen insgemein
Da dieser König ziehet ein. Amen.**

Paul F. Koenig

Erlösung durch sein Blut

An [Christo] haben wir die Erlösung durch sein Blut, nämlich die Vergebung der Sünden, nach dem Reichtum seiner Gnade. *Epheser 1, 7*

Unser größter Segen ist, daß wir durch Christum einen gnädigen Gott haben. Im Vergleich damit sind alle Schätze dieser Erde nichtig und vergänglich. Unvergänglich aber sind die geistlichen und himmlischen Güter und Schätze, die wir infolge unserer Erlösung durch Jesum Christum, unserm Herrn besitzen. Diese sind in der Tat wahrer Reichtum, unzerstörbar in alle Ewigkeit.

Daß wir einen Erlöser von allen unsern Sünden haben, haben wir der Liebe Gottes gegen die Sünderwelt zu verdanken. So groß war solche Liebe, daß Gott seinen eingebornen Sohn dahingab. Solche Liebe ist so stark und kräftig, daß wir uns darin sicher und geborgen fühlen dürfen, wie St. Paulus an die Römer schreibt, daß uns keine Kreatur scheiden mag von der Liebe Gottes, die in Christo Jesu ist, unserm Herrn. Luther betont solches im Reformationslied "Ein' feste Burg ist unser Gott" in den Zeilen: "Nehmen sie den Leib, Gut, Ehr', Kind und Weib: laß fahren dahin, sie haben's kein'n Gewinn, das Reich muß uns doch bleiben."

Die Erlösung durch Christi Blut ist das köstlichste Kleinod, denn wo Vergebung der Sünden ist, da ist auch Leben und Seligkeit.

Das ist je gewißlich wahr und ein teuerwertes Wort, daß Christus Jesus kommen ist in die Welt, die Sünder selig zu machen. Amen.

Herbert D. Poellot

Passion · Lies 1. Petrus 1, 18–25

Stellvertretende Genugtuung

[Ihr seid erlöset] mit dem teuren Blut Christi, als eines unschuldigen und unbefleckten Lammes. *1. Petrus 1, 18–19*

Ein kirchlicher Ausdruck für die Tätigkeit Christi im Stande der Erniedrigung ist "stellvertretende Genugtuung." Der Sinn dieses Ausdrucks ist der, daß Christus dem über die Sünden der Menschen erzürnten Gott stellvertretend (an Stelle der Menschen) das geleistet hat, wodurch Gottes Zorn über die Menschen in Gnade gegen die Menschen verwandelt ist.

Der Ausdruck ist nicht in der Schrift enthalten. Aber die mit demselben bezeichnete Sache ist nichts anderes als die Lehre der Schrift von der Erlösung, die durch Christum geschehen ist. Dieser kirchliche Ausdruck kann mit anderen Ausdrücken verglichen werden, die nicht in der Schrift zu finden sind, aber doch schriftliche Wahrheit enthalten.

Gewiß war Christus unser Stellvertreter, denn Gott "hat den, der von keiner Sünde wußte, für uns zur Sünde gemacht, auf daß wir würden in ihm die Gerechtigkeit, die vor Gott gilt" (2. Korinther 5, 21). Wieder: "Derselbige ist die Versöhnung für unsere Sünde" (1. Johannes 2, 2). Sein "Es ist vollbracht!" (Johannes 19, 30) kurz vor seinem Kreuzestode bezeugt, daß er genug getan hatte für unsere Erlösung.

Herr Jesu, du Lamm Gottes, wir danken dir, daß du auch unsere Sünde völlig abgetragen hast. Amen.

Franz Pieper

Das stellvertretende Lamm

Wir gingen alle in der Irre wie Schafe... aber der Herr warf unser aller Sünde auf ihn. *Jesaia 53, 6*

Es war eine sehr vorbildliche Zeremonie, die im Alten Testament in diesen Worten befohlen wurde: "Da soll denn Aaron seine beiden Hände auf sein Haupt legen und bekennen auf ihn alle Missetat der Kinder Israel und alle ihre Übertretung in allen ihren Sünden; und soll sie dem Bock auf das Haupt legen" (3. Mose 16, 21). Die Sünden des ganzen Volkes wurden auf typische Weise auf das Haupt eines Tieres gelegt und von ihm weggetragen.

Eine ähnliche Handlung sollte vollzogen werden mit dem stellvertretenden Gotteslamm. Die Sünden der irrenden Menschen sollten auf das Gotteslamm geworfen werden.

Wohl kann daher der Prophet Jesaia von diesem Stellvertreter verkündigen: "Fürwahr, er trug unsere Krankheit und lud auf sich unsere Schmerzen. Wir aber hielten ihn für den, der geplagt und von Gott geschlagen und gemartert wäre. Aber er ist um unserer Missetat willen verwundet und um unserer Sünde willen zerschlagen. Die Strafe liegt auf ihm, auf daß wir Frieden hätten, und durch seine Wunden sind wir geheilet. Wir gingen alle in der Irre wie Schafe... aber der Herr warf unser aller Sünde auf ihn" (Jesaia 53, 4–6).

O süßes Lamm, was soll ich dir erweisen dafür, daß du mir erzeigest so viel Gutes? Amen.

William Boehm

Passion Lies Johannes 19, 16–18

Das geopferte Lamm

Er tat seinen Mund nicht auf, wie ein Lamm, das zur Schlachtbank geführet wird. *Jesaia 53, 7*

Christus, als Lamm Gottes, mußte auf der Schlachtbank des Kreuzes geopfert werden. Es war nicht genug, daß er etwa als Sündenbock in die Wüste vertrieben wurde. Er mußte als Gotteslamm geschlachtet werden, denn "ohne Blutvergießen geschieht keine Vergebung" (Hebräer 9, 22). Und so ist Jesus für uns am Kreuz gestorben. Daraus erkennen wir die Schrecklichkeit der Sünde, sintemal der Sündenbüßer die Todesstrafe bezahlen mußte. Der Tod ist der Sünde Sold. Welche Seele sündiget, die soll sterben.

Von diesem Todesfluch hat Christus uns durch sein Kreuzesopfer erlöst. "Christus aber hat uns erlöset von dem Fluch des Gesetzes, da er ward ein Fluch für uns, denn es stehet geschrieben: Verflucht sei jedermann, der am Holz hänget!" (Galater 3, 13).

Von diesem geopferten Gotteslamm bekennen wir mit dem Liederdichter Paul Gerhardt:

> Es geht dahin, wird matt und krank,
> Ergibt sich auf die Würgebank,
> Verzeiht sich aller Freuden;
> Es nimmet an Schmach, Hohn und Spott,
> Angst, Wunden, Striemen, Kreuz und Tod
> Und spricht: Ich will's gern leiden.

Du für uns geschlachtetes Opferlamm, erbarm' dich unser und gib uns deinen Frieden! Amen.

William Boehm

Passion Lies Hebräer 7, 22–27

Das auserlesene Sündenopfer

[Aaron] soll den Bock, auf welchen des Herrn Los fällt, opfern zum Sündopfer. *3. Mose 16, 9*

Einen Tag im Jahr—den 10. Tag des 7. Monats—bestimmte Gott für sein vorchristliches Volk als den großen Sabbat, da er vorbildete, was er tun würde, ihnen Ruhe zu geben von ihren Sünden. Das war der Tag der Versöhnung.

Da sollte das Volk gar nichts tun. Der Hohepriester in der festlichen Kleidung als Gottes Stellvertreter sollte Gottes Werk der Endzeit vorbilden. Über zwei Böcke sollte er das Los werfen, um das Tier, das Gott vorstellen sollte, von des Volkes Stellvertreter zu unterscheiden. Auf Gottes Bock legte der Hohepriester dann alle Sünden des Volks Gottes, schlachtete den Bock, und mit dem Blut machte er dann eine Versöhnung im Allerheiligsten. Nun konnte des Volkes Bock freigelassen werden und in der Wüste sich vergnügen.

Jesus Christus als Lamm Gottes trug wirklich alle unsere Sünden und ist für sie am Kreuz geopfert. Sein Blut hat eine ewige Versöhnung geschaffen. Alle Sündenschuld ist ins Meer der Vergebung gesenkt. In ihm sind wir frei. Er ist unsere Ruhe. Selbst in der Wüste dieser Welt können wir Gottes Sabbat, der in alle Ewigkeit sich erstreckt, mit Freuden feiern.

Dank sei dir, du Sohn Gottes, daß du dich für uns hast opfern lassen. Amen.

Walter H. Koenig

Palmsonntag   Lies Jesaia 62, 10–12

Der Gnadenkönig

Das geschah aber alles, auf daß erfüllet würde, was gesagt ist durch den Propheten. *Matthäus 21, 4*

"Auf daß erfüllet würde" ist ein beliebter Ausdruck des Evangelisten Matthäus. Er benutzt ihn sehr oft. Darum wird sein Buch oft das "Evangelium der Erfüllung" genannt. Besonders häufig bezieht sich Matthäus auf Weissagung und Erfüllung in der Passionsgeschichte. Auch betont dieser Evangelist das Königsein und die Königsherrschaft Jesu Christi.

Die so wichtige und folgenschwere Reise nach Jerusalem kam nun zu Ende. Es war am Sonntag vor dem Passahfest. Am Freitag würde Jesus am Kreuz sterben. Gleich zu Anfang dieser Woche sorgt Jesus dafür, daß eine Weissagung der Propheten Jesaia und Sacharja erfüllt wird. So hält er seinen königlichen Einzug in Jerusalem.

Aber was für ein König ist das? Da ist keine Pracht, kein bewaffnetes Heer, keine Krone. Vielmehr heißt es: "Siehe, dein König kommt zu dir sanftmütig," oder in den Worten Sacharjas: "ein Gerechter und ein Helfer, arm, und reitet auf einem Esel." Wunderbarer König! Er kommt, am Kreuz zu leiden und zu sterben und mit Dornen, gekrönt zu werden, um unser König zu sein.

Hilf, daß ich dich erkenne und mit der Christenheit dich meinen König nenne, jetzt und in Ewigkeit! Amen.

Herbert J. A. Bouman

Passion   Lies 2. Timotheus 1, 8–14

Befreit von den Folgen der Sünde

[Er] erlösete die, so durch Furcht des Todes im ganzen Leben Knechte sein mußten. *Hebräer 2, 15*

Sind die Menschen durch das von Christo dargebrachte Opfer mit Gott versöhnt—oder, was dasselbe ist, ist die Sündenschuld der Menschen vor Gott getilgt—so sind die Menschen durch dieses Opfer auch von all den schrecklichen Folgen der Sündenschuld, vom Tode, von der Gewalt des Teufels, von der Herrschaft der Sünde usw. erlöst.

Diese Wirkung der durch Christum ausgerichteten Versöhnung beschreibt die Heilige Schrift allseitig und sehr ausführlich.

Die Gewalt des Todes ist durch Christum abgetan, denn er "hat dem Tode die Macht genommen und das Leben und ein unvergänglich Wesen ans Licht gebracht" (2. Timotheus 1, 10). Die Gewalt des Teufels, die dieser aus Gottes Verhängnis über die Menschen hatte, ist zerstört (Hebräer 2, 14). Von der Herrschaft der Sünde sind die Menschen durch Christi Sühnopfer erlöst (Titus 2, 14).

Alles dies ist fleißig auf Grund der Schrift einzuschärfen, damit erkannt werde, daß wir durch Christum von allem Übel erlöst sind. So bleibt die Tilgung der Sündenschuld durch Christi Opfer immer im Vordergrund. Das ist die Botschaft der Passionszeit.

Dank sei dir, Herr Jesu, daß du uns von allen Sünden, vom Tode und von der Gewalt des Teufels erlöst hast. Amen.

Franz Pieper

Passion   Lies Jesaia 53, 1–12

Christi Leiden für uns

Fürwahr, Er trug unsere Krankheit und lud auf sich unsere Schmerzen. *Jesaia 53, 4*

Hier kommen wir in das Allerheiligste des christlichen Glaubens. Hier erreicht das Leiden Christi seinen Höhepunkt. Am liebsten möchten wir stille am Fuß des Kreuzes stehen und wortlos den großen Sündenträger betrachten, der für uns sein Leben in den Tod dahingibt.

Doch ist aber nichts, das der Gläubige lieber betrachtet, als dies Bild des leidenden Erlösers. Hier liegt der Kern seines Trostes und der Inhalt seiner Hoffnung. Dies ist das süßeste und kräftigste Evangelium, die Botschaft von der Gnade Gottes. Denn das Leiden Christi ist ein stellvertretendes Leiden. Das bringt dieser Text so überaus klar zu Tage: *er* trug *unsere* Krankheit; er ist um unserer Missetat willen verwundet; die Strafe liegt auf ihm, auf daß wir Frieden hätten. Er—für uns; er—an unserer Statt. Die Strafe, die uns hätte treffen sollen, ist auf ihn gefallen. Die Schuld, die uns erdrückt hätte, ist auf ihn gelegt. Er hat den Zorn erfahren, und wir werden in Gnaden angenommen. O wunderbarer Tausch! O herrliche Kunde, dies klare Wort von dem stellvertretenden Leiden Jesu! Da liegt für uns Heil, Friede, Leben und Seligkeit.

O Lamm Gottes, du trägst der Welt Sünde. Amen.

Otto H. Schmidt

Passion   Lies Lukas 23, 44–49

Jesus ist Gottes Sohn

Wahrlich, dieser ist Gottes Sohn gewesen!
Matthäus 27, 54

"Wahrlich" bekräftigt und macht klar, daß keine andere Möglichkeit besteht. Oft meint es man merke wohl, was diesem Wort folgt. Als der Heiland sein Leben auf dem Kreuz aufopferte und verschied, fand ein Erdbeben statt, Felsen zerrissen, Gräber taten sich auf und viele entschlafene Heiligen wurden zurück ins Leben gebracht. Als der heidnische Kapitän, der Jesum bewachen mußte, sah, was um ihn geschah, war er gezwungen, seinen innersten Gedanken Ausdruck zu geben mit den wichtigsten Worten, mit denen Jesus je beschrieben wurde: "Wahrlich, dieser ist Gottes Sohn gewesen!"

Diese Worte, von einem heidnischen römischen Offizier geäußert, drücken eine Tatsache aus, deren Wichtigkeit nicht übertrieben werden kann: Jesus war und ist der wahre Sohn Gottes. Nur Gott ist fähig, Sünde auf sich zu nehmen. Andrerseits: "Der Tod ist der Sünde Sold," und nur ein Mensch kann sterben! Der christliche Glaube ruht auf der Tatsache, daß der Gott-Mensch, Christus, sein Leben auf Golgathas Kreuz opferte, um die Sünden der Welt zu tilgen. Wahrlich, dann sind auch meine Sünden getilgt!

Liebster Herr Jesu, vergib mir meine Sünden und versichere mir ein neues Leben! Amen.

                                                   Edwin W. Leverenz

Gründonnerstag Lies Lukas 22, 1–20

Die Feier des Osterlammes

Mich hat herzlich verlanget, dies Osterlamm mit euch zu essen, ehe denn ich leide. *Lukas 22, 15*

Am Gründonnerstag denken wir an die Einsetzung des heiligen Abendmahls. Ehe der Heiland dieses köstliche Sakrament des Neuen Testaments einsetzte, feierte er mit seinen Jüngern zum letzten Mal das Passahmahl. In diesem Passahmahl war das Passah oder Osterlamm ein wichtiges Teil.

Für diese Osterfeier hatte der Heiland ein herzliches Verlangen. Es war für ihn bei dieser Gelegenheit nicht nur ein Erinnerungsmahl an die große Erlösung, die Gott seinem Volke einst aus der Ägypter Hand bescheret hatte, sondern es war für ihn eine Vorfeier der großen Erlösung von Sünde, Tod und Teufel, die er in den kommenden Stunden durch sein Blutvergießen erwerben würde.

Als Erinnerung dieser Erlösung, sowie auch als Gnadenmittel dieser Erlösung, nahm der Heiland das Brot und sprach: "Das ist mein Leib, der für euch gegeben wird." Er nahm auch den Kelch nach dem Abendmahl und sprach: "Dieser Kelch ist das neue Testament in meinem Blut, das für euch vergossen wird zur Vergebung der Sünden." Das heilige Abendmahl ist für uns ein Gnadenmittel, durch welches uns Vergebung unserer Sünden dargeboten wird.

**Mein Jesu, laß dein Fleisch und Blut
Sein meiner Seele höchstes Gut! Amen.**

William Boehm

Karfreitag Lies Lukas 23, 44–48

Die höchste Liebeserweisung Christi

Daran haben wir erkannt die Liebe, daß er sein Leben für uns gelassen hat. *1. Johannes 3, 16*

Karfreitag stellt uns dar die Liebe Christi auf deutlichste Weise. Der Heiland hat am Abend vor seinem Tode seinen Jüngern gesagt: "Niemand hat größere Liebe denn die, daß er sein Leben lässet für seine Freunde" (Johannes 15, 13).

Diese lebensaufopfernde Liebe hat Jesus uns gezeigt, da wir nicht seine Freunde sondern Feinde waren (Römer 5, 8).

"Durch *einen* Menschen [Adam] ist die Sünde kommen in die Welt und der Tod durch die Sünde, und ist also der Tod zu allen Menschen durchgedrungen, dieweil sie alle gesündigt haben."

Christus ist als unser Stellvertreter für uns gestorben, und durch seinen Tod hat er uns erlöst von Sünde, Tod, Teufel und Hölle. Das hat er alles getan, und uns so seine große Liebe gezeigt. Nach Johannes 3, 16 spricht Jesus die bekannten Worte: "Also hat Gott die Welt geliebet, daß er seinen eingebornen Sohn gab." Das wird dann nach 1. Johannes 3, 16 von den Christen mit diesen Worten beantwortet: "Daran haben wir erkannt die Liebe, daß er sein Leben für uns gelassen hat."

Der am Kreuz ist meine Liebe,
Meine Lieb' ist Jesus Christ. Amen.

William Boehm

Stiller Samstag — Lies Johannes 15, 1–11

Unser Leben in Gott

Ihr seid gestorben, und euer Leben ist verborgen mit Christo in Gott. *Kolosser 3, 3*

In der ältesten Christenheit war die Nacht vom Stillen Samstag auf Ostersonntag die Nacht, in der man die Katechumenen, das heißt, die an Christum gläubig gewordenen und im christlichen Glauben unterrichteten Heiden, taufte. Das geschah, um damit zu versinnbildlichen, daß der Täufling in den Tod Christi hinein getauft wurde. "Ihr seid gestorben und euer Leben ist verborgen mit Christo in Gott," sagt deshalb der Apostel zu allen getauften Christen. Sie sind gestorben mit Christo, der am Karfreitag am Kreuz gestorben ist für die Sünde und Schuld der ganzen Welt und der damit auch uns mit Gott versöhnt hat. Aber dieser Christus ist nicht im Tode geblieben, und so bleiben auch wir nicht im Tode, sondern sind von unserer Taufe her voller Leben, einem Leben, das jetzt noch verborgen ist von den Augen der Welt. Des Christen wahres Leben ist also ein verborgen Ding, aber es schließt in sich die Gewißheit, daß so wie Christus am Ostermorgen aus dem Grabe hervorgegangen ist, auch wir am Tage seiner Wiederkunft hervorgehen und das ewige Leben erben werden.

Herr, laß uns alle, die wir in den Tod deines Sohnes hineingetauft sind, in dir leben, bis wir einst zum ewigen Leben gelangen! Amen.

Manfred Roensch

Osterfest Lies 1. Korinther 15, 51–58

Christi Ostersieg, unser Sieg

Gott aber sei Dank, der uns den Sieg gegeben hat durch unsern Herrn Jesum Christum. *1. Korinther 15, 57*

"Es war ein wunderlicher Krieg, da Tod und Leben rungen; das Leben, das behielt den Sieg, es hat den Tod bezwungen." So singt Martin Luther in seinem Lied, "Christ lag in Todesbanden," vom Ostersieg unseres Herrn Jesu Christi. Aber Paulus redet in unserem Textwort nicht vom Ostersieg unseres Herrn ganz allgemein, sondern er dankt Gott dafür, daß Christi Sieg über Hölle, Tod und Teufel uns geschenkt worden ist, so daß Christi Sieg unser Sieg wurde. Was soll denn das bedeuten? werden wir fragen. Daß Christus auferstanden ist von den Toten, das glauben wir zwar von ganzem Herzen, aber dennoch müssen wir alle auch nach Christi Auferstehung sterben. Ist damit nicht Christi Auferstehung für uns ohne unmittelbare Bedeutung? Nein, denn so wie Christus für uns und unsere Schuld am Kreuz gestorben ist, so hat er auch durch seine Auferstehung unsern Tod besiegt. Die Macht des Todes ist gebrochen. Der Tod kann uns, die wir an Christum glauben, nicht mehr halten. "Die Schrift hat verkündet das, wie ein Tod den andern fraß, ein Spott der Tod ist worden. Halleluja!"

Nun bitten wir dich, Jesu Christe, der du vom Tod erstanden bist, verleihe, was uns selig ist! Amen.

Manfred Roensch

Ostern   Lies Jesaia 53, 1–7

Alles erfüllet

Es muß alles erfüllet werden, was von mir geschrieben ist im Gesetz Mosis, in den Propheten und in den Psalmen.
Lukas 24, 44

Da Jesus, noch am ersten Ostertage, mit zwei seiner Jünger nach Emmaus wandelte, zeigte er, daß alles geschehen ist—sein Tod, seine Auferstehung— wie es im Alten Testament gesagt war. Er begann mit Mose und nahm eine Prophezeiung nach der anderen und erklärt, wie es alles in Erfüllung gegangen war. Sein Leiden, sein Tod, seine Auferstehung waren alle herrliche Erfüllungen.

Welch einen tiefen Eindruck hat das auf diese Jünger gemacht, die noch in der Dunkelheit des Zweifels waren! Wie brannte ihr Herz! So möge auch unser Herz mit Freude brennen, da wir, aus Jesu Worten in der Heiligen Schrift, ihn als unsern Erlöser erkennen und auch wir an Glauben und Liebe zunehmen. Dann sind wir selig. Dann werden wir unsern teuersten Freund auch im Himmel mit unsern Augen sehen und in aller Ewigkeit in seiner Gemeinschaft wohnen.

Wie die Emmausjünger nach Jerusalem zurückeilten und erzählten, wie sie Jesus gesehen hatten, so laßt uns mit Eifer von unserem lieben Heiland erzählen und zeugen.

Teuerster Heiland, du bist der verheißene Messias. Bleibe bei uns in unserer Reise durchs Leben! Amen.

Adolph M. Bickel

Ostern — Lies Psalm 16

Das neue Grab

Es war ... im Garten ein neu Grab, in welches niemand je gelegt war. Daselbst hin legten sie Jesus.
Johannes 19, 41–42

Das neue Grab, in welches Jesu Leichnam gelegt wurde, war nicht weit von dem Platz der Kreuzigung. Weil Gott nicht zugeben würde, daß sein Heiliger verwese (Psalm 16, 10), war es recht, daß der Leib des sündlosen Heilandes ruhen sollte in einem Grab, welches bisher kein Gebein sündlicher Menschen behaust hatte.

Am Ostermorgen kam Jesus aus dem Grabe lebendig hervor und hat somit die Gräber aller Christen geheiligt, geöffnet, erneuert. Der Tod ist der Sünde Sold, und das Grab wäre auch der Sünde Belohnung gewesen, wäre Christus nicht auferstanden. Aber er stieg wieder aus dem Grab als Sieger über Sünde und Tod, Teufel und Hölle. Das bedeutet: Unsere Gräber sind neu; aus den grausamen Gruben der Sünde sind sanfte Ruhestätten gemacht. Aus diesen Schlafkämmerlein werden wir mit verklärten Leibern hervorgehen, wie es Jesus tat.

Für uns ertönt das Triumphlied: "Der Tod ist verschlungen in den Sieg. Tod, wo ist dein Stachel? Hölle, wo ist dein Sieg? ... Gott aber sei Dank, der uns den Sieg gibt durch unsern Herrn Jesum Christum!" (1. Korinther 15, 55–57).

Jesus, er, mein Heiland, lebt; ich werd' auch das Leben schauen. Dank sei Gott für das neue Grab! Amen.

Rudolph F. Norden

Ostern Lies Johannes 20

Christus—Auferstehung und Leben

Jesus spricht zu ihr: Ich bin die Auferstehung und das Leben. Wer an mich glaubet, der wird leben, ob er gleich stürbe; und wer da lebet und glaubet an mich, der wird nimmermehr sterben. Glaubest du das? *Johannes 11, 25–26.*

"Durch *einen* Menschen ist die Sünde kommen in die Welt, und der Tod durch die Sünde," denn Gott sprach zu Adam und Eva: "Welches Tages du davon issest, wirst du des Todes sterben." So ist der Tod und die ewige Verdammnis der Fluch der bösen Tat, der Sünde. Christus aber hat dem Tode die Macht genommen. Wahrhaftig auferstanden von den Toten, verheißt Christus den Seinen: "Ich lebe, und ihr sollt auch leben!" Durch ihn hat uns Gott den Sieg gegeben über Tod, Sarg und Grab. Zuversichtlich dürfen wir dem guten Hirten gänzlich vertrauen und mit David sagen: "Ob ich schon wanderte im finstern Tal, fürchte ich kein Unglück; denn du bist bei mir, dein Stecken und Stab trösten mich." Christus hat den Seinen verheißen: "Ich gebe ihnen das ewige Leben; und sie werden nimmermehr umkommen, und niemand wird sie mir aus meiner Hand reißen."

Weil wir am lieben Heiland die Erlösung durch sein Blut haben, brauchen wir den zeitlichen Tod nicht zu fürchten. Vielmehr können wir sagen: "Dank hab', mein Tod, du führest mich ins ew'ge Leben wand're ich." Glaubest du das?

> **Christ ist erstanden**
> **Von der Marter allen;**
> **Des soll'n wir alle froh sein,**
> **Christ will unser Trost sein.**
> **Kyrieleis! Amen.**

Herbert D. Poellot

Ostern Lies 1. Korinther 5, 6–8

Das rechte Osterlamm

Wir haben auch ein Osterlamm, das ist Christus, für uns geopfert. *1. Korinther 5, 7*

"Darum lasset uns Ostern halten," schrieb einst der Apostel Paulus an die Christen zu Korinth. Warum? "Denn wir haben auch ein Osterlamm, das ist Christus, für uns geopfert."

Wenn schon die Kinder Israel guten Grund hatten zur dankbaren Feier ihres Osterfestes wegen Erlösung von knechtischer Gefangenschaft, und bei dieser Feier ein unbeflecktes Lamm aßen, wie viel mehr haben wir Ursache, uns zu freuen über unser Osterlamm, das durch sein Opfer uns von der geistlichen Knechtschaft der Sünde erlöset hat! Ja, unser Osterlamm ist bei weitem viel besser als das Passahlamm des Alten Testaments.

Was unsere Osterfeier zum rechten Freudenfest für uns macht, ist die Tatsache, daß dieses Osterlamm, das am Karfreitag für unsere Sünden geopfert wurde, am Ostersonntag für unsere Gerechtigkeit von den Toten auferwecket worden ist. Nun wissen wir gewiß daß Gott das stellvertretende Opfer, welches das Gotteslamm für uns gebracht hat, angenommen hat als völlige Bezahlung aller unserer Sünden. Durch seine Auferstehung hat Christus den Stachel des Todes für uns weggenommen.

O Christe, Osterlamm, speis' uns heut' allesamt, nimm weg all unsre Missetat, daß wir dir singen früh und spat: Halleluja! Amen.

William Boehm

Ostern Lies Römer 8, 31–34

Um unserer Gerechtigkeit willen

[Christus] ist um unserer Sünden willen dahingegeben und um unserer Gerechtigkeit willen auferwecket.
Römer 4, 25

Der Vater hat unsere Sünden, die Übertretungen der ganzen Welt, auf den Sohn gelegt. Er ist das Lamm Gottes, welches der Welt Sünde trägt. Er ist Stellvertreter und Bürge der ganzen Sünderwelt geworden. Er hat unsere Sünde selbst geopfert an seinem Leibe auf dem Holz des Kreuzes. Sein Leiden und Sterben ist die Bezahlung, die Strafe für unsere Sünde. Er "ist um unserer Missetat willen verwundet, und um unserer Sünde willen zerschlagen. Die Strafe liegt auf ihm, auf daß wir Frieden hätten, und durch seine Wunden sind wir geheilet" [Jesaia 53, 5]. Wäre Christus im Grabe geblieben, so wären wir nicht erlöst, so wären wir noch in unseren Sünden; dann wäre auch unser Glaube eitel und könnte uns nicht selig machen. Nun aber ist Christus auferstanden. Durch Jesu Auferweckung hat Gott vor aller Welt bezeugt, daß die Sünde gebüßt und sein Zorn gestillt ist. Wer an Jesum Christum glaubt, der ist gerecht vor Gott, dem wird um Christi willen sein Glaube gerechnet zur Gerechtigkeit. "[Christus] ist um unserer Sünden willen dahingegeben und um unserer Gerechtigkeit willen auferwecket."

Nun sind wir Gottes Kinder. Drum sing'n wir all' mit Freudenschall: Dank sei dem Überwinder! Amen.

George A. Naumann

Ostern — Lies Psalm 16

Christus, gestorben und auferstanden

**Daß er auferstanden sei am dritten Tage.
1. Korinther 15, 4**

Unser Herr Jesus Christus ist am dritten Tage auferstanden von den Toten. Da gehört ein starker, fester Glaube zu, der uns diesen Artikel stark, fest und gut mache. Die Worte "Christus von den Toten auferstanden" soll man wohl merken und mit großen Buchstaben schreiben... daß wir nichts anders sehen, hören, denken und wissen denn diesen Artikel. Denn wir diesen Artikel im Gebet nicht darum sprechen und bekennen, daß es allein geschehen sei, wie wir sonst eine Fabel, Märlein oder Geschichte erzählen; sondern daß es im Herzen stark, wahrhaftig und lebendig werde. Und das heißen wir glauben, wenn wir's uns so einbilden, daß wir uns ganz und gar drein stecken, eben als sei sonst nichts anders geschrieben, denn "Christus ist erstanden"!

Da ist Paulus ein rechter Meister, diesen Artikel herauszustreichen, Römer 4: "Christus ist um unserer Sünde willen dahingegeben, und um unserer Gerechtigkeit willen auferwecket." Epheser 2: "Da wir tot waren in den Sünden, hat er uns samt Christo lebendig gemacht, und hat uns samt ihm auferwecket, und samt ihm in das himmlische Wesen gesetzt in Christo Jesu."

Christ ist erstanden von der Marter alle, des soll'n wir alle froh sein, Christ will unser Trost sein. Amen.

Martin Luther

Ostern   Lies Römer 6, 1–10

Begraben und auferstanden in Christo

In dem, daß ihr mit ihm begraben seid durch die Taufe; in welchem ihr auch seid auferstanden. *Kolosser 2, 12*

Es ist von größter Wichtigkeit, daß wir im Glauben beharren. Christus soll unser Ein und Alles sein und bleiben. In ihm haben wir die Vergebung aller Sünden, ja, die gewisse Hoffnung des ewigen Lebens. Ihm sollen wir leben. In ihm sollen wir wandeln.

Um uns dies recht nahe ans Herz zu legen, erinnert der Apostel uns daran, daß wir mit unserem Heiland begraben und auferstanden sind. Alles, was der Herr Jesus getan und gelitten hat, sein Tod auf Golgathas Kreuz, sein Begräbnis, seine siegreiche Auferstehung, sieht Gott an als unseren Tod, unser Begräbnis, unsere Auferstehung.

Wie kann das möglich sein? Unser Text sagt: "durch die Taufe." In Römer 6, 3 sagt Sankt Paulus: "Wisset ihr nicht, daß alle, die wir in Jesum Christum getauft sind, die sind in seinen Tod getauft?" Er redet vom Wasser, das die Arche Noahs getragen hat und fügt hinzu: "Welches nun auch uns selig macht in der Taufe, die durch jenes bedeutet ist... durch die Auferstehung Jesu Christi" (1. Petrus 3, 21). Welch außerordentlichen Segen unsere Taufe uns bringt!

Lieber himmlischer Vater, wir danken dir für den herrlichen Segen, den uns unsere Taufe gebracht hat. Amen.

John W. Behnken

Ostern Lies Römer 3, 21–31

Gnadenstuhl

Lasset uns hinzutreten mit Freudigkeit zu dem Gnadenstuhl, auf daß wir Barmherzigkeit empfahen und Gnade finden auf die Zeit, wenn uns Hilfe not sein wird.
Hebräer 4, 16

Mit seinem Leiden und Sterben hat Christus, unser Hoherpriester, uns mit Gott versöhnt. Durch sein Versöhnungswerk ist er zu dem Gnadenstuhl geworden, zu dem wir uns mit Freudigkeit nahen können. Wir können das, weil Christus uns die Vergebung erworben hat. Gott zürnt nicht mehr mit uns. Er hat, um Jesu willen, uns unsere Sünden erlassen. So brauchen wir uns nicht mehr vor Gott fürchten. Wir haben die feste Gewißheit, daß wir bei ihm in Gnaden stehen.

Das ist für uns von allergrößter Bedeutung. Wir gehören nun wieder zu Gottes Volk. So sollen wir uns auch als Gottes Volk betragen. Wir sollen ihn mit Wort und Tat bekennen als unseren gnädigen Vater, der uns zur Seite steht, wenn wir in unserem Glauben schwach werden. Er ist es, der uns tröstet in der Stunde der Not. Wir sollen ihn loben und ehren für seine unaussprechliche Gnade, die er in seinem Sohn uns reichlich erzeigt hat. Mit Freudigkeit treten wir vor ihn.

Gott Vater, für den Gnadenstuhl, den du uns bereitet hast in deinem Sohn unserem Herrn Jesu Christo, sagen wir dir von Herzen Dank. Mache uns willig, zu diesem Gnadenstuhl zu gehen, um Vergebung zu empfangen! Amen.

Gerhard C. Michael

Ostern Lies 1. Petrus 1, 17–25
Psalm 116

Gekauft

Wisset, daß ihr nicht mit vergänglichem Silber oder Gold erlöset seid von eurem eitlen Wandel nach väterlicher Weise, sondern mit dem teuren Blut Christi.
1. Petrus 1, 18–19

Kann man Baseball oder Korbball gut spielen, dann bekommt man viel Geld. Ist man aber verletzt, dann kann man weggeworfen werden. Wer zu schwach, zu alt, oder zu gelähmt wird, wird dann losgelassen. Wir spenden Beifall an den Besten. Andere Menschen werden bezahlt, um uns Freude zu bringen. Sie sind aber Gegenstände, nicht Personen; sie gehen uns nichts an.

Vor Gott gibt es keine solche Gegenstände. Die Allerkleinsten sind ihm so wichtig wie die Weltbekannten. Gott hatte Menschen wie eine Symphonie geschöpft, nicht als Sportvereine die gegeneinander kämpfen müssen. Er hat uns von jenem sinnlosen Leben losgekauft.

Wir können schon Hilfe von Gott erwarten, mit Anderen seine liebvolle Symphonie zu spielen. Sorgen wir umeinander, tragen wir die Lasten unserer Mitmenschen, eben dann ist das kostbare Blut Christi mit Liebe auf solche ausgegossen, um sie zu heilen.

Lieber Gott, wir sind ohne dich arm. Du hast uns gekauft und uns reich gemacht. Hilf uns Anderen deine gute Gaben zu geben! Amen.

Thomas H. Trapp

Ostern — Lies 1. Timotheus 2, 1–7

Das herzliche Verlangen Gottes

Er hat Geduld mit uns und will nicht, daß jemand verloren werde, sondern daß sich jedermann zur Buße kehre. 2. Petrus 3, 9

Wer will Gottes Liebe, sein herzliches Verlangen zu uns Menschen ermessen? "Sehet, welch eine Liebe hat uns der Vater erzeiget, daß wir Gottes Kinder sollen heißen!" (1. Johannes 3, 1). "Darinnen stehet die Liebe, nicht daß wir Gott geliebet haben, sondern daß er uns geliebet hat und gesandt seinen Sohn zur Versöhnung für unsere Sünden" (1. Johannes 4, 10). Weil Gott uns liebt, deshalb ist er noch nicht mit seinem Gericht über die Welt gekommen. "Er hat Geduld mit uns und will nicht, daß jemand verloren werde." Gott ist langmütig mit uns. Müssen wir nicht bekennen, wenn wir unser sündliches Leben betrachten, daß wir Gottes Liebe oft schnöde, lieblos verachtet haben und verdient hätten, auf ewig von ihm verworfen zu werden? Darum läßt er noch Gesetz und Evangelium in der Welt verkündigen, damit wir von unsern sündlichen Wegen umkehren und im Vertrauen auf Jesum die Vergebung der Sünden empfangen.

O Gott, gib, daß ich deine Liebe dankbar erkenne und im Glauben annehme! Amen.

Moritz J. Michael

Ostern — Lies Jesaia 66, 10–14

Der Auferstehung Zweck

Euer Gebein soll grünen wie Gras. Da wird man erkennen die Hand des Herrn. *Jesaia 66, 14*

Salomo schreibt: "Der Herr macht alles um sein selbst willen" (Sprüche 16, 4). Das ist auch wahr, insofern die Auferstehung in Betracht kommt. Gott beweist damit und dadurch seine gewaltige Hand. Da wird er durch der Gerechten Verklärung seine Barmherzigkeit und durch der Gottlosen Verdammung seine Gerechtigkeit, an beiden aber seine Wahrheit und Allmacht beweisen. Mose betete da im 90. Psalm: "Zeige deinen Knechten deine Werke und deine Ehre ihren Kindern!" und zwar vornehmlich "in der Erwartung der Überwindung von Tod und Teufel durch Christum, in der Hoffnung der Auferstehung." Jesaia sagt: "Euer Gebein soll grünen wie Gras. Da wird man erkennen die Hand des Herrn an seinen Knechten und den Zorn an seinen Feinden" (Jesaia 66, 14).

Dann werden die Seligen ewig Gott preisen; denn sie werden nicht nur seine Barmherzigkeit und Gerechtigkeit erkennen, sondern dieselben auch bekennen, preisen und rühmen immer ewiglich. Sie stehen vor dem Thron und singen seinem Namen das hehre Halleluja immerdar.

Die Auferstehung Jesu, der Menschen und besonders der Gläubigen ist die "große" Botschaft Gottes an die gefallene Menschheit.

Herr, unser Heiland, laß unser Gebein auf Rosen liegen, bis wir das Grab besiegen, zu deines Namens Ehre! Amen.

George M. Krach

Ostern — Lies Kolosser 1, 19–22

Der Friede Gottes

Der Friede Gottes, welcher höher ist denn alle Vernunft, bewahre eure Herzen und Sinne in Christo Jesu!
Philipper 4, 7

Der Friede, der von Gott kommt, kommt nur durch Christum. "Die Strafe liegt auf ihm, auf daß wir Frieden hätten" (Jesaia 53, 5). Es gibt keinen Krieg oder Haß mehr zwischen Gott und uns. Gott selbst hat den Frieden gestellt. Wir können ruhig und getrost leben, eben weil Gott unser Freund geworden ist. Mehr als das, er sorgt für uns.

Unser Gewissen kann uns nicht mehr plagen, auch wenn wir unserer Missetaten im Gewissen so gewahr werden. Christus ist gekommen, alle diese Sünde auf sich selbst zu nehmen. Er hat die Sünde von uns weggenommen. Sie gehören ihm jetzt. Er ist um ihretwillen zerschlagen. Gott weiß, wie sündhaft und unwürdig wir sind. Aber trotzdem will er, daß wir den Frieden haben.

Die Freundschaft Gottes ist sicher. Es gibt nichts, das uns von der Liebe Gottes in Christo scheiden kann. (Römer 8, 38–39). Wenn wir diese Freundschaft haben, dann haben wir alles. So können wir ganz getrost alles tun und leiden. Dieser Friede ist höher denn alle Vernunft und bewahret unsre Herzen und Sinne in Christo Jesu.

Ich danke dir, mein himmlischer Vater, daß du nicht mein Feind, sondern mein Freund bist. Amen.

Roy H. Bleick

Ostern Lies 1. Korinther 15, 51–57

Auferstehung und Verklärung

Ich weiß, daß mein Erlöser lebet; und er wird mich hernach aus der Erde auferwecken; und werde danach mit dieser meiner Haut umgeben werden und werde in meinem Fleisch Gott sehen. Denselben werde ich mir sehen, und meine Augen werden ihn schauen, und kein Fremder. *Hiob 19, 25–27*

Dieser Text, eng verbunden mit dem Osterfest, ist eine Quelle täglicher Hoffnung, Kraft und Stärkung unsers christlichen Glaubens. "Ich weiß, daß mein Erlöser lebet." Mit Luther singen und sagen wir: "Mitten wir im Leben sind mit dem Tod umfangen." Und mitten in dem Alten Testament hören wir einen unverkennbaren Vorklang des glorreichen Jubelgesangs St. Pauli, 2. Timotheus 1, 12: "Ich weiß, an welchen ich glaube, und bin gewiß, daß er kann mir meine Beilage bewahren bis an jenen Tag."

Hiob 19, 25–27 ist freilich verschieden übersetzt. In dieser Andacht folgen wir Luthers Übersetzung. In allen ist die Aussage beibehalten, "Meine Augen werden ihn schauen," und alle müssen ihr Verständnis schicken in die Worte des Apostels: "[Der Herr] wird unsern nichtigen Leib verklären ... daß er ähnlich werde seinem verklärten Leibe" (Philipper 3, 21).

> **Hier sind wir still und warten fort,**
> **Bis unser Leib wird ähnlich dort**
> **Christi verklärtem Leibe. Amen.**

Luther Poellot

Ostern   Lies Psalm 130

Göttliche Gnade

Barmherzig und gnädig ist der Herr, geduldig und von großer Güte. *Psalm 103, 8*

Johannes schreibt in seinem Evangelium von dem menschgewordenen Wort: "Von seiner Fülle haben wir alle genommen Gnade um Gnade." Das bedeutet Gnade in Hülle und Fülle. Unser lieber Heiland Jesus Christus ist "voller Gnade und Wahrheit."

Das ist uns zum Trost geschrieben, wenn wir in der Tiefe unserer Sündennot schreien. Das Gesetz, welches uns anklagt, "ist durch Mose gegeben." Es kann nur verdammen. Aber "die Gnade und Wahrheit ist durch Jesum Christum worden." Der hat für uns genuggetan.

Wenn wir in der Angst unseres Gewissens klagen: "Ich elender Mensch, wer wird mich erlösen von dem Leibe dieses Todes?" Dann können wir unserem Gott danken, "der uns nach seiner großen Barmherzigkeit wiedergeboren hat zur einer lebendigen Hoffnung durch die Auferstehung Jesu Christi."

Dieses Fülle der Gnade gründet sich auf Christi Blut und Gerechtigkeit, der unser Leben vom Verderben erlöst hat und uns mit Gnade und Barmherzigkeit krönt.

Lieber Herr, Dank sei dir für diese Gnade. Amen.

Albert T. Bostelmann

Ostern Lies Philipper 3, 8–10

Um unserer Gerechtigkeit willen auferwecket

[Jesus] ist um unserer Sünden willen dahingegeben und um unserer Gerechtigkeit willen auferwecket.
Römer 4, 25

"Um unserer Sünden willen dahingegeben" bedeutet, ohne Zweifel, Christi Tod. Er war der Welt Sündenträger; so nannte ihn Johannes der Täufer. Als solcher mußte er mit seinem Leben bezahlen. Er ist unser Stellvertreter, der für uns von Gott geschlagen wurde (Jesaia 53, 4). Durch seinen Tod erlöste er uns von der Schuld und dem Fluch des Gesetzes.

Christus ist "um unserer Gerechtigkeit willen auferwecket." Mit seiner Auferstehung bewies er nicht nur, daß er Gottes Sohn war. Vielmehr ist er um unserer Gerechtiget willen auferweckt. Wäre Christus nicht auferweckt, so wüßten wir nicht, ob Gott sein Opfer für unsere Sünden angenommen hätte. Seine Auferstehung ist unser Beweis, das wir vor Gottes Gericht für gerecht erklärt sind. Wir schätzen die Auferstehung so sehr, eben weil unsere Rechtfertigung auf Christi Auferstehung gegründet ist.

Du kannst sicher sein, daß du für gerecht erklärt bist. Denn alle, die an Christum glauben, "werden ohne Verdienst gerecht aus seiner Gnade durch die Erlösung, so durch Christum Jesum geschehen ist" (Römer 3, 24).

Herr, hilf, daß ich fest daran glaube, daß du meine Gerechtigkeit bist! Amen.

Roy H. Bleick

Ostern — Lies Römer 5, 1–11

Gerechtfertigt um Christi willen

Werden... gerecht... durch die Erlösung, so durch Christum Jesum geschehen ist. *Römer 3, 24*

Die Heilige Schrift lehrt in klaren, deutlichen Worten, daß Gott uns Sünder gerecht spricht allein aus seiner Gnade. Da entsteht die Frage: Wie ist es möglich, daß Gott uns Sündern Gnade erweisen kann? Haben wir nicht Gottes Gebote übertreten? Hatt Gott nicht gedroht, die Sünde zu strafen und gesagt: "Welches Tages du davon issest, wirst du des Todes sterben"? Muß Gott nicht sein Wort halten? Allerdings, sonst könnte er nicht Gott sein.

Wie dankbar sollten wir sein, daß Gott selbst den Ausweg gefunden hat, der es ihm möglich macht, gerecht zu bleiben, die Sünde zu strafen, und doch gnädig zu sein! Gott sagt: "durch die Erlösung, so durch Christum Jesum geschehen ist." Gott hat seinen "eingebornen Sohn" in die Welt gesandt (Johannes 3, 16). "Der Herr warf unser aller Sünde auf ihn" (Jesaia 53, 6). "Er hat [ihn]... für uns zur Sünde gemacht" (2. Korinther 5, 21). "Christus... hat uns erlöset von dem Fluch des Gesetzes, da er ward ein Fluch für uns" (Galater 3, 13). Gott sieht jetzt auf uns als solche, die Christus teuer erkauft hat. Er rechtfertigt uns um Christi willen.

Wir danken dir, lieber Heiland, daß du uns arme Sünder durch dein Leiden und Sterben erlöset hast. Amen.

John W. Behnken

Ostern — Lies Psalm 66

Jauchzet Gott

Jauchzet Gott, alle Lande! Lobsinget zu Ehren seinem Namen; rühmet ihn herrlich! *Psalm 66, 1–2*

Der Psalmist ruft seine Genossen auf, Gott zu loben, weil seine Werke wunderbar sind; sogar Gottes Feinde müssen dies zugeben. Er hat das Meer ausgetrocknet, daß Israel es zu Fuß überqueren konnte. Er herrscht über alle Völker; niemand kann sich seiner Macht entziehen.

Gott war aber auch zugegen, als Israel in die bittere und schwere Gefangenschaft wanderte. Sie wurden niedergetreten; sie gingen durch Feuer und Wasser. Gott hat sie aber auch herausgeführt und erquickt. Auch als einzelner hat der Psalmist viel gelitten. Gott hat sein Gebet erhört und ihn errettet. Darum will er Gott loben und andere aufmuntern, dasselbe zu tun.

Auch wir erfahren Leiden und Schmerz in unserem Leben. Der Psalmist hilft uns, zu erkennen, daß auch dann Gott uns nicht verläßt, sondern uns beisteht und uns wieder erquicket. Darum können wir mit dem Psalmisten in das Lob Gottes einstimmen und ihn täglich preisen.

Wir preisen dich, himmlischer Vater, daß du in allen Lagen gegenwärtig bist und uns erquickst. Amen.

Jakob K. Heckert

Ostern Lies 2. Korinther 5, 14–21
Psalm 144

"Gerechtfertigt"

[Gott] hat den, der von keiner Sünde wußte, für uns zur Sünde gemacht, auf daß wir würden in ihm die Gerechtigkeit, die vor Gott gilt. *2. Korinther 5, 21*

Wer ist der schlechteste Mensch der je die Welt betreten hat? Hitler wird vielleicht als Antwort zu jener Frage erwähnt. Stalin auch. Judas oder Genghis Khan?

Die Schrift hat eine andere Antwort. Der schlechteste Mensch in der Weltgeschichte ist Jesus Christus. So hat sein Vater ihn gestraft. Sicher, Jesus ist ohne Sünde geboren. Er war Gott. Aber Jesus war auch unser Heiland. Wieso? Er kam um unsere Sünde wegzunehmen. Er kam um zu sterben. Er kam um unter allen Sünden der Welt zu leiden. Unsere Sünden sind auf ihn aufgetragen. Paulus erklärte daß Jesus eigentlich zur Sünde gemacht worden war.

Alle Leute mußten endlich sterben, weil sie Sünder waren. Aber Gottes letztes Wort war ein Wort über seine Liebe für alle Menschenkinder. So ist der Gerechte zur Sünde gemacht worden, um die Sterbenden gerecht zu machen durch sein Blut, am Kreuz ausgegossen.

Gott sieht uns jetzt als gerecht an, von seiner Gerechtigkeit ewiglich unterstützt. So können wir Gott loben und preisen und Gottes Liebe bekennen.

Gott, wir sind im Herzen durch dich geändert worden. Dafür danken wir dir in Wort und Tat. Amen.

Thomas H. Trapp

Ostern Lies Psalm 18, 1–13

Todesangst

Mein Herz ängstet sich in meinem Leibe, und des Todes Furcht ist auf mich gefallen. *Psalm 55, 5*

Der Tod ist aller Menschen Feind. Jesus mußte in Gethsemane mit dem Tod ringen. In jenem Kampf hat er blutigen Schweiß geschwitzt. So gerät auch der Christ in Todesangst, wenn die Stunde seines Abschieds herannaht. Dann klagt sein Gewissen ihn an wegen der Sünden, die er begangen hat. Da nimmt der Teufel die Gelegenheit wahr und versucht, den Christen in Verzweiflung zu stürzen. Er erinnert ihn daran, daß er durch seine Sünden die ewige Verdammnis verdient hat. Der Christ aber spricht: "Die Angst meines Herzens ist groß; [Herr,] führe mich aus meinen Nöten!" Der Teufel möchte unsere Angst vergrößern.

Gott sei Dank, wir haben süßen Trost in der Angst unseres Todes. Wir wissen, daß Jesus Christus nicht nur des Todes Angst überstanden, sondern selbst den Tod für uns völlig überwunden hat. Darum vermögen wir in der Stunde des Todes zu sprechen: "Tod, wo ist dein Stachel? Hölle, wo ist dein Sieg? ... Gott aber sei Dank, der uns den Sieg gegeben hat durch unsern Herrn Jesum Christum." Christi Auferstehung treibt die Todesangst hinweg, weil er den Tod für uns überwunden hat.

Herr Jesus, wenn die Stunde meines Sterbens herannaht, erquicke mich in der Kraft deiner Auferstehung! Amen.

Albert T. Bostelmann

Ostern   Lies Römer 3, 20

Gerechtfertigt aus Gnaden

[Wir] werden ohne Verdienst gerecht aus seiner Gnade.
Römer 3, 24

Wenn wir alle solche elende, hilflose Sünder sind, wie dürfen wir von einem Gerechtsprechen von seiten Gottes reden? Wie ist es möglich daß Gott, den unsere Sünde zu gerechtem Zorn reizt, und dessen Strafe auf dieselbe folgen sollte, uns dennoch gerechtsprechen kann? Das wird uns klar und deutlich werden, wenn wir auf Gottes Wort achten. Wir können es nicht im Geringsten verdienen. Das ist und bleibt ausgeschlossen.

Aber Gottes Wort lehrt uns etwas ganz Außerordentliches. Unser Gott ist nicht nur gerecht, sondern auch gnädig. Er vergibt uns ohne unser Verdienst. Auf dem Konzil zu Jerusalem behauptete Petrus, man solle den Heiden nicht das Joch der Beschneidung auflegen, und sagte "sondern wir glauben, durch die Gnade des Herrn Jesu Christi selig zu werden gleicherweise wie auch sie" (Apostelgeschichte 15, 11). Sehr deutlich schreibt Paulus: "auf daß wir durch desselbigen Gnade gerecht und Erben seien des ewigen Lebens nach der Hoffnung" (Titus 3, 7). Immer wieder betont die Heilige Schrift Gottes Gnade. Unsere Sünde bringt Gottes Strafe; Gottes Gnade aber schenkt uns Vergebung. Wunderbare Gnade!

Wir danken dir, lieber himmlischer Vater, daß du uns armen Sündern gnädig bist. Amen.

John W. Behnken

Ostern · Lies Psalm 30

Ihr Heiligen, lobsinget dem Herrn

Herr, du hast mich lebendig behalten [und errettet von denen,] die in die Hölle fuhren. *Psalm 30, 4*

Mit dem Psalmisten singen wir Gottes Ehre und Preis, weil Gott uns geholfen hat, oder wird. Aber, ist die Hilfe des Herrn endgültig oder nicht? Von allen Nöten und Bedrängnissen die uns jetzt Kummer machen ist keine so unaufhörlich wie der Tod. Gott mag uns aus Krankheit wieder gesund machen, doch müssen wir eines Tages sterben. Wir sagen und singen, daß Gott uns aus aller Not errettet, aber auch vom Tod?

Der Psalmist gibt guten Grund, warum Gott uns vom Tod retten soll. Wie können wir im Grab den Herrn preisen und loben? Doch widerspricht die Realität einigermaßen die Erwartungen des Psalmisten. David ist gestorben und wurde ins Grab gelegt. Gott hat ihn nicht dauerhaft am Leben gehalten.

Aber dann kam die Auferstehung Jesu Christi. Da sehen wir wie Gott uns von der Hölle ausführen kann, und wird. Die Hoffnung Davids, daß er in Ewigkeit Gott preisen wird, ist in der Auferstehung Jesu sicher gemacht. Deswegen können und wollen wir auch, mit David, unseren Heiland preisen.

> **Singt Lob und Dank mit freiem Klang**
> **Dem Herrn zu allen Zeiten**
> Und tut sein Ehr je mehr und mehr
> Mit Wort und Tat weit ausbreiten:
> **So wird er uns aus Lieb und Gunst**
> **Nach unserm Tod, frei aller Not,**
> **Zur ewigen Freud geleiten. Amen.**

Fritz Schmitt

Ostern   Lies 2. Korinther 5, 14–21

Das Werk ohnegleichen

Derselbige ist die Versöhnung für unsere Sünde, nicht allein aber für die unsere, sondern auch für der ganzen Welt. *1. Johannes 2, 2*

Jesus hat für unsere Sünden bezahlt. Wie? Er hat seinen Gehorsam über unseren Ungehorsam gebreitet; er hat sich für unsere Missetaten verwunden und zerschlagen lassen; er hat sein göttliches Blut vergossen und schließlich sein Leben auf dem Altar des Kreuzes Gott geopfert. So hat Jesus unsere riesige Schuld bei Gott bezahlt. "*Einer* ist für alle gestorben."

Gott war mit Recht ergrimmt über der Menschen Rebellion gegen ihn, aber durch seine Genugtuung hat Jesus Gottes Zorn gestillt und den Vater wieder mit der Menschheit versöhnt. Er hat den Menschen wieder Gottes Gunst erworben. Gott sieht nun keinen Flecken mehr an irgendeinem Menschen. In Christo ist er jedem einzelnen gewogen und öffnet ihm seine Liebesarme. "Gott war in Christo und versöhnete die Welt mit ihm selber und rechnete ihnen ihre Sünden nicht zu."

Jesus ist die ewig gültige Versöhnung. Was er geleistet hat, hat Gültigkeit in Ewigkeit für jede Sünde jedes Menschen. Ist das nicht herrlich? Ja, er ist die Sühne für der ganzen Welt Sünde!

Ach, dann bin ich auch mit eingeschlossen, mein Jesu; dann bin ich gerettet. Hab' ewigen Dank, mein Gott! Amen.

George J. Mueller

Ostern   Lies Johannes 20, 19–31

Christi Versöhnung ist versiegelt

Da sprach Jesus abermal zu ihnen: Friede sei mit euch!...Welchen ihr die Sünden erlasset, denen sind sie erlassen. *Johannes 20, 21. 23*

Eins der größten Geheimnisse der christlichen Religion ist die Lehre, daß der Mensch durch nichts anderes als durch den Glauben vor Gott gerecht und selig werde. Die christliche Religion unterscheidet sich von allen anderen Religionen vor allem gerade dadurch: Alle anderen Religionen lehren, daß der Mensch durch seine Werke vor Gott gerecht und selig werde; die christliche Religion lehrt, daß der Mensch durch nichts anderes als durch den Glauben vor Gott gerecht werde.

Christen werden nicht selten von dem Gedanken angefochten: Ich glaube zwar, aber bin ich nicht auch ein Sünder wie die anderen, die nicht glauben? Sündige ich nicht täglich in Gedanken, Begierden, Gebärden, Worten und Werken? Was wird mir darum mein Glaube helfen?

Wohl ist die Lehre von der Rechtfertigung durch den Glauben ein großes Geheimnis, aber es gibt einen Schlüssel zu diesem Geheimnis. Und welches ist dieser Schlüssel? Es ist die Auferstehung Christi, wie St. Paulus lehrt: "[Christus] ist um unserer Sünden willen dahingegeben und um unserer Gerechtigkeit willen auferwecket" (Römer 4, 25).

Herr Jesu, der du Sünden vergibst, wir kommen zu dir mit unserer Last. Hilf uns! Amen.

C. F. W. Walther

Ostern — Lies Jesaia 25, 7–12

Der Tod ist verschlungen

[Der Herr] wird den Tod verschlingen ewiglich.
Jesaia 25, 8

Als der Heiland von Jairi Töchterlein sagte: "Das Mägdlein ist nicht tot, sondern es schläft," da lachte man ihn aus. Der Tod ein Schlaf? Wenn es doch nur so wäre! Ja, so ist es, denn er, unser Heiland, "hat dem Tode die Macht genommen und das Leben und ein unvergänglich Wesen ans Licht gebracht." Wir triumphieren mit dem Apostel: "Der Tod ist verschlungen in den Sieg."

Davon weissagt der Prophet Jesaia, wenn er sagt: "Er," der Herr Zebaoth, "wird den Tod verschlingen ewiglich." Kein Mensch kann das tun. Er ist dem Tode verfallen. Aber nun kommt der Herr Zebaoth. Er nimmt Fleisch und Blut an, wird unser Bruder, tritt an unsere Statt und geht in den Tod, damit er "durch den Tod die Macht nähme dem, der des Todes Gewalt hatte, das ist dem Teufel, und erlösete die, so durch Furcht des Todes im ganzen Leben Knechte sein mußten." Ist es aus mit dem Tode, dann auch mit allen Folgen des Todes. Dreimal wird uns in der Schrift versichert: "Der Herr wird abwischen alle Tränen von ihren Augen," die Tränen der Bitterkeit und Verzagtheit, der Sorge und Angst, des Schmerzes und Kummers, des Leides und der Traurigkeit.

Gott sei Dank, der uns den Sieg gegeben hat durch unsern Herrn Jesum Christum. Amen.

Herman A. Mayer

Ostern

Lies 1. Petrus 3, 18–22
2. Korinther 5, 16–21

Versöhnung und Auferstehung

[Er] ist um unserer Sünden willen dahingegeben und um unserer Gerechtigkeit willen auferwecket.
Römer 4, 25

Es gibt nach der Schrift eine objektive, das heißt, eine durch Christum bewirkte Versöhnung aller Menschen mit Gott.

Die Versöhnung ist da, ist vorhanden vor allem Tun der Menschen und abgesehen von demselben. Sie ist eine vollendete Tatsache, wie die Schöpfung der Welt. Das und nichts anderes lehrt die Schrift: "Wir [sind] Gott versöhnet ... durch den Tod seines Sohns" (Römer 5, 10). Damals also, als Christus starb, kam unsere Versöhnung mit Gott zu Stande, denn "Gott war in Christo und versöhnete die Welt mit ihm selber."

Gott versöhnte die Menschen, indem er ihnen ihre Sünden nicht zurechnete. Das heißt: Damals schon vergab Gott der ganzen Welt ihre Sünde; er rechtfertigte alle Sünder. So ist auch weiterhin die Tatsache der Auferweckung Christi von den Toten eine tatsächliche Absolution der ganzen Sünderwelt. Von dieser geschehenen Versöhnung ist das Evangelium die Botschaft. Und daher kommt es nun, daß die Menschen durch nichts anderes als durch den Glauben in den Genuß der geschehenen Versöhnung eintreten können.

Christus ist erstanden von des Todes Banden.... Er läßt nun verkünden Vergebung der Sünden. Amen.

Franz Pieper

Ostern Lies 1. Mose 6, 20–22

Das Opfer

Dem nicht täglich not wäre ... zuerst für eigene Sünden Opfer zu tun, danach für des Volks Sünden; denn das hat er getan einmal, da er sich selbst opferte.
Hebräer 7, 27

Die Verbindung ist immer: Einen solchen Hohenpriester sollten wir haben.

Nach dem Gesetz mußten jene Hohenpriester eine tägliche Reinigung vornehmen, eher sie für das Volk opfern konnten. Und das liegt auf der Hand, denn sie waren aus dem Geschlechte Aarons, also Sünder wie er. Und wenn sie sich selbst gereinigt hatten, vergossen sie das Blut der Tiere für die Sünden des Volks. Das war aber diesem Hohenpriester nicht nötig, denn er war von den Sündern abgesondert. Jesus Christus ist der vollkommene Hohepriester; er hat sich selbst geopfert; er ist zur selben Zeit der Priester, der opfert, und das Lamm, das geopfert wird. Darum singen und sagen wir: "Christe, du Lamm Gottes, der du trägst die Sünd' der Welt, erbarm dich unser und gib uns dein'n Frieden!"

Ja, gewiß, durch ihn ist uns geholfen. Durch seine Wunden sind wir geheilt. Er hat die Reinigung unserer Sünden vollbracht, denn er ist höher denn der Himmel. In herzlicher Dankbarkeit beten wir:

O süßes Lamm, was soll ich dir erweisen dafür, daß du mir erzeigest so viel Gutes? Amen.

Walter H. Bouman

Ostern — Lies Psalm 43

Die Freude im Herrn

Liebe Brüder, freuet euch in dem Herrn! *Philipper 3, 1*

Echte Freude ist für uns Menschen wie Medizin. Sie richtet uns innerlich wie äußerlich auf, sie vertreibt die sorgenvollen Gedanken, sie läßt uns das ganze Leben plötzlich in einem viel schöneren Licht erscheinen. Wer kann es uns darum verübeln, wenn wir auf die Freude aus sind, wie der Jäger auf das Wild? Es gibt Menschen, die allen Freuden dieses Lebens und dieser Welt nachjagen, um dann am Schluß festzustellen, daß das Ganze gar keine so erfreuliche Angelegenheit ist. Es kommt nämlich immer auf den Grund unserer Freude an. Es gibt auch nichtige und recht flüchtige Freuden, die am Schluß nichts weiter als einen großen Katzenjammer zurücklassen und so das Gegenteil bewirken, was echte Freude bewirken kann. Es gilt darum den rechten Grund für unsere Freude zu finden und Paulus nennt ihn uns: Unsern Herrn Jesum Christum. "Liebe Brüder, freuet euch in dem Herrn!" In ihm haben wir immer Grund zur Freude, zu einer Freude, über die wir nicht nachträglich enttäuscht sind. Er ist unsere Freude, weil er uns erlöst hat und uns das ewige Leben schenkt.

Herr Jesu Christe, in dir wollen wir uns freuen. Gib du uns deinen freudigen Geist in unser Herz und richte unseren Sinn auf! Amen.

Manfred Roensch

Ostern   Lies Epheser 1, 3–6

Gekrönt mit Gnade und Barmherzigkeit

Der dein Leben vom Verderben erlöset, der dich krönet mit Gnade und Barmherzigkeit. *Psalm 103, 4*

Der Psalmist lobt und preist Gott in diesem Psalm, daß er ihm alle Sünden vergibt und heilet alle seine Gebrechen, daß er sein Leben vom Verderben, vom Tod und von der Hölle erlöst und ihn mit Gnade und Barmherzigkeit krönt.

Gott hat uns Sündern seinen Sohn als unsern Stellvertreter und Mittler gesandt. Der hat das Gesetz, das wir nicht halten konnten, an unserer Statt erfüllt, unsere Sünden auf sich genommen und ihre Strafe an unserer Statt getragen. So hat er uns die Gerechtigkeit erworben, die vor Gott gilt. Um Christi willen vergibt uns Gott die Sünde und sieht uns für gerecht an.

Wenn Gott einem Menschen alle seine Sünden vergibt, dann ist der Mensch nicht nur vor dem Zorn und der Verdammnis verschont, sondern er ist zugleich Gottes liebes Kind geworden. Du brauchst nicht mehr Gottes Liebe zu gewinnen. Du bist auf allen Seiten von den Wohltaten und der Barmherzigkeit Gottes umgeben. Dein Haupt ist geschmückt und bedeckt wie mit einer goldenen Krone. Diese Krone ist Gnade und Barmherzigkeit. Mehr als dies kann man nicht wünschen.

   Herr, hilf, daß meine Seele und alles was in mir ist immerdar dich loben! Amen.

Roy H. Bleick

Ostern Johannes 14, 1–6

Ruhe für unsre Seelen

Kommet her zu mir, alle, die ihr mühselig und beladen seid, ich will euch erquicken! ... so werdet ihr Ruhe finden für eure Seelen. *Matthäus 11, 28–29*

Welche Stürme erregen sich wieder und wieder in unsern Herzen! Umgeben von einer sündlichen Welt, von dem alten Adam verführt und vom Teufel versucht, so sehnen wir uns nach Ruhe für unsre Seelen. Mühselig und beladen von leiblicher und geistlicher Schwachheit, wünschen wir uns eine Ruhe, die die Welt nicht geben kann.

Wie köstlich für uns ist die Einladung die uns Jesus, unser Herr und Heiland, in diesen Worten gibt: "Kommet her zu mir, alle, die ihr mühselig und beladen seid, ich will euch erquicken! ... so werdet ihr Ruhe finden für eure Seelen."

Unser Heiland kann diese Einladung machen, denn er hat die Ruhe für unsre Seelen selbst erworben durch sein heiliges, teures Blut und durch sein unschuldiges Leiden und Sterben.

Durch unsre Taufe sind wir zum Heiland gekommen. Da wir Gottes Wort betrachten und am Abendmahl teilnehmen, so kommen wir zum Heiland und finden Ruhe für unsere Seelen.

O großer Gott, höre meine Not! Ich will jetzt vor dich treten. Amen.

Adolph M. Bickel

Ostern   Lies Jesaia 53

An unserer Statt

[Gott] hat den, der von keiner Sünde wußte, für uns zur Sünde gemacht, auf daß wir würden in ihm die Gerechtigkeit, die vor Gott gilt. 2. Korinther 5, 21

Wie regen wir uns doch auf, wenn zufällig herauskommt, daß ein Unschuldiger für die Straftat eines anderen verurteilt worden ist, weil man ihn auf Verdacht und auf Umstände hin verurteilte. Ein solcher Irrtum des Gerichts wird in den Zeitungen immer ausführlich behandelt und alle sind sich darin einig, daß so etwas nie wieder vorkommen darf. Es passieren dann doch wieder immer ähnliche Fälle, ganz einfach weil auch die Richter nicht unfehlbar sind. Bei dem, was unser Textwort uns berichtet, liegt kein Irrtum des Gerichts vor. Hier ist ein Unschuldiger bewußt für die Schuld anderer verurteilt und mit dem Tode bestraft worden. Der, der ihn verurteilte, ist Gott; die, die eigentlich schuldig sind und den Tod verdient haben, sind wir, und der, dem unsere ganze Schuld angelastet wurde, ist der sündlose Gottessohn. Wir müssen mit Paul Gerhardt bekennen: "Ich bin's, ich sollte büßen, an Händen und an Füßen gebunden in der Höll'; die Geißeln und die Banden und was du ausgestanden, das hat verdienet meine Seel'." Auf ihn legte Gott unsere Sünde und Tod.

Dank sei dir, Christe, daß du uns Leben geschenkt hast durch deinen stellvertretenden Tod. Amen.

Manfred Roensch

Ostern   Lies Jesaia 53, 1–12

Um unserer Sünde willen

Fürwahr, Er trug unsere Krankheit und lud auf sich unsere Schmerzen.... Durch seine Wunden sind wir geheilet. *Jesaia 53, 4–5*

"Um unsertwillen," das ist der Mittelpunkt aller evangelischen Predigt—das ist das große Geheimnis des Kreuzes, der Fels unseres Heils, die Bürgschaft unserer Seligkeit. Der Prophet sagt: "Die Strafe liegt auf ihm, auf daß wir Frieden hätten." Freilich wissen wir nicht, wie weit schon der Seher des Alten Bundes die volle Bedeutung seiner eigenen Worte ermessen konnte. Wer aber heute neben die prophetischen Worte die neutestamentliche Erfüllung stellt, dem werden diese Worte in ihrem ganzen Umfang verständlich. Wir brauchen nicht mehr wie der Kämmerer aus dem Mohrenland fragen: "Wie kann ich [das verstehen,] so mich nicht jemand anleitet?" Wir haben das Wort der Evangelisten und der Apostel, ja, das Wort Jesu selbst: "Das ist mein Leib, für euch gegeben; mein Blut für euch vergossen." "Christus hat uns erlöset von dem Fluch des Gesetzes, da er ward ein Fluch für uns." O seliges Wort: "Um unsertwillen." Was er gelitten hat, hat er für uns gelitten, der Unschuldige für die Schuldigen. Wir sind frei!

> **All Sünd' hast du getragen,**
> **Sonst müßten wir verzagen.**
> **Gib uns dein'n Frieden, o Jesu! Amen.**
>
>   **Herman A. Mayer**

Ostern Lies 4. Mose 27

Ein Hirte für das Volk

Mose redete mit dem Herrn und sprach: Der Herr, der Gott über alles lebendige Fleisch, wolle einen Mann setzen über die Gemeine, der vor ihnen her aus und ein gehe und sie aus und ein führe, daß die Gemeine des Herrn nicht sei wie die Schafe ohne Hirten. *4. Mose 27, 15–17*

Der alte Mose kommt vor Gott und bittet um einen neuen Leiter für das Volk. Der Herr ruft Josua als den neuen Hirten, der das Volk behüten und auf den richtigen Weg führen wird. Er ist vor dem Volke gegangen, zum Beispiel, als er das Land erkundet hat (4. Mose 13). Er hat das Volk auch im Krieg gegen die Feinde im Lande Israels geführt und mit dem Herrn besiegt.

Der Name Josua und der Name Jesus sind gleich. Sie bedeuten Gott erettet. Josua war ein Vorschau des wahren, zukünftigen Hirten. Unser Hirte Jesus ist vor uns gegangen, besonders im Tode. Er ist aber auferstanden, damit sein Volk ohne Gefahr weiter gehen kann. Er hat unseren schlimmsten Feind, den Teufel, besiegt. Er leitet uns, damit wir nicht wie Schafe ohne Hirte sind (Matthäus 9, 36).

Wir sind wie Schafe. Schafe brauchen einen Hirt. Wir bekennen unsere Sünde vor Gott, auch wenn wir denken, daß wir keinen Hirt brauchen. Er kommt immer noch zu uns durch sein Wort und Sakrament mit seiner Vergebung und führet uns auf rechter Straße um seines Namens willen (Psalm 23, 3).

Unser guter Hirte, du bist immer bei uns. Wir danken dir für deine Leitung. Amen.

Curtis P. Giese

Ostern   Lies Römer 5, 1–21

Ein Gottesheiland

Ich bin der Weg und die Wahrheit und das Leben; niemand kommt zum Vater denn durch mich. *Johannes 14, 6*

Schon durch Jesaia hat Gott gesagt: "Ich, *ich* bin der Herr, und ist außer mir kein Heiland." Christus besagt in unserm Leitwort, daß er durch seine Wahrheit der "lebendige Weg" zum Leben mit dem Vater ist. Dies weissagte sogar der gottlose Hohepriester Kaiphas, als er Jesum zu töten riet: "Es ist uns besser, *ein* Mensch sterbe für das Volk, denn daß das ganze Volk verderbe." Petrus sagte den Juden: "[Es] ist in keinem andern Heil, ist auch kein anderer Name den Menschen gegeben, darinnen wir sollen selig werden." Etliche dutzendmal sagt Jesus, um nur das Johannisevangelium anzuführen: "Ich bin." Mit dem "Ich" beteuert er allemal, daß er allein der einige Herr, Heiland und Helfer ist. Paulus führt es Römer 5 aus, daß wir Sünder allein durch Christum Gott versöhnt, gerecht und selig sind. Wir singen: "Herr Christ, du bist der rechte Weg zum Himmel."

Freuen wir uns unsers Heils! Seien wir desselben immer gewiß! Sagen wir: "Ich weiß, an welchen ich glaube, und bin gewiß, daß er kann mir meine Beilage bewahren bis an jenen Tag."

O Heiland, ich habe mein gewisses Teil und will in keinem andern Heil. Möge jedermann so reden! Amen.

George M. Krach

Ostern — Lies Johannes 11, 41–52

Eine Erlösung

Der sich selbst gegeben hat für alle zur Erlösung.
1. Timotheus 2, 6

Christus hat uns mit Gott versöhnt. "Es ist *ein* Gott und *ein* Mittler zwischen Gott und den Menschen, nämlich der Mensch Christus Jesus, der sich selbst gegeben hat für alle zur Erlösung." Hat er sich für alle zum Lösegeld gegeben, so ist er der *eine* Erlöser und hat die *eine* Erlösung vorrätig. So ist es. Im 49. Psalm steht, was ein Liederdichter so ausdrückt: "Kein Geld noch Gut errettet mich, umsonst erbeut ein Bruder sich, den andern loszumachen; er muß es ewig lassen stehn." Aber Christus "senkte sich in unsre Not und schmeckte unsern bittern Tod." Nun gilt es: "So *einer* für alle gestorben ist, so sind sie alle gestorben," das heißt, vor Gott so viel als für ihre Sünden gestorben. Christus ist durch sein eigen Blut einmal in das Heilige eingegangen und hat eine ewige Erlösung erfunden.

Nun wird zweierlei hervorgehoben. Einmal: "Daß solches zu seiner Zeit geprediget würde." Sodann: "Er ist darum für sie alle gestorben, auf daß die, so da leben, hinfort nicht ihnen selbst leben, sondern dem, der für sie gestorben und auferstanden ist."

Jesu, Dank sei dir für deines Todes Erlösung, durch deine Auferstehung versiegelt. Dir laß uns leben! Amen.

George M. Krach

Ostern Lies 1. Thessalonicher 4, 13–18

Unser leeres Grab

Ich lebe, und ihr sollt auch leben. *Johannes 14, 19*

In einem bekannten Gedichte heißt es: "Droben stehet die Kapelle, schauet still ins Tal hinab. Droben bringt man die zum Grabe, die sich freuen in dem Tale. Hirtenknabe, Hirtenknabe, dir auch singt man dort einmal." Es ist eine Erinnerung an den Tod und an das Grab, die einem jeden Menschen am Ende seines Lebens bevorstehen. Warum haben aber Tod und Grab immer etwas Trauriges, Abschreckendes für die meisten Leute an sich? Manche reden nicht gerne vom Tode. Natürlich, wer nichts von Leben und Seligkeit weiß, ist der elendeste Mensch auf Erden. Aber der Christ fürchtet sich nicht vor dem Grabe. Für ihn ist es nur eine Ruhekammer auf kurze Zeit. Es kommt der herrliche Augenblick, da auch für ihn die Worte Christi in Erfüllung gehen werden: "Ich lebe, und ihr sollt auch leben." Durch den Glauben bin ich so eng mit Christo verbunden, daß ich nicht im Tode bleiben werde. Das Grab ist nur eine Schlafkammer, aus der ich einst in Herrlichkeit wieder erwachen und hervorgehen werde. Für den Christen sind Tod und Grab nur etwas Vorübergehendes. So wird auch mein Grab einst leer sein. Mein Staub und meine Asche werden wieder lebendig hervorgehen. "Viele, so unter der Erde schlafen liegen, werden aufwachen, etliche zum ewigen Leben, etliche zur ewigen Schmach und Schande" (Daniel 12, 2).

Dank sei dir, Christe, für deine Auferstehung! Amen.

Moritz J. Michael

Ostern Lies 1. Petrus 1, 1–8

Bleibende Freude

Euer Herz soll sich freuen, und eure Freude soll niemand von euch nehmen. *Johannes 16, 22*

Menschen verstehen gar nicht die Freude der Kinder Gottes über Christi Auferstehung. Sie ist eine göttlich gewirkte Freude. "Euer Herz soll sich freuen." Dies ist aus Jesaia 66, 13 genommen: "Ich will euch trösten, wie einen seine Mutter tröstet." Die Freude der Welt ist nur eine äußerliche, auf Sachen gegründet, die bald vergehen. Da die Weltmenschen keine Ruhe im Gewissen haben, so suchen sie vergeblich die innere Freude des Herzens. Die Freude der Christen dagegen ist eine wahre, weil sie eben durch Gottes Wort die Überzeugung bringt, daß wir gerechtfertigt sind durch den Glauben und so mit Gott Frieden haben und unserer Versöhnung gewiß sind. Dazu kommen die herrlichen Verheißungen: "Ich will wiederkommen und euch zu mir nehmen;" "ich gehe hin und komme wieder zu euch"; und "eure Freude soll niemand von euch nehmen." Diese unsere Freude wird nie aufhören; sie ist ewig. Ist Christus von den Toten auferstanden, so wird er nicht wieder sterben, "der Tod wird hinfort über ihn nicht herrschen" (Römer 6, 9). Durch das Zeugnis des Heiligen Geistes werden Gotteskinder in ihrem Herzen gewiß, daß sie ewig bei Gott in Gnaden sind und daß niemand sie von der Liebe Gottes trennen kann. Das ist unsere bleibende Freude.

O auferstandener Heiland, Dank sei dir für die ewige Freude, die du für mich bereitet hast! Amen.

Moritz J. Michael

Ostern · Lies Epheser 1, 3–6

Des ewigen Lebens Zweck

Gott ... wird euch ... vollbereiten.... Demselbigen sei Ehre und Macht von Ewigkeit zu Ewigkeit! *1. Petrus 5, 10. 11*

Gott wird euch vollkommen machen, zur Vollkommenheit führen, zu Lob seiner Gnade. Um Christi Verdienstes willen wird er uns das geben, was uns an Gutem noch fehlt. Wir haben Vergebung der Sünden, Leben und Seligkeit—jetzt und immerdar. Was für eine Freude, Glückseligkeit und Herrlichkeit wird Gott uns einst im ewigen Leben bescheren und genießen lassen!

Man kann sagen: Der Tod bringt dem Kinde Gottes die größte Überraschung, die es gibt. Wenn er im Tode die Augen schließt und nichts mehr von der Welt weiß, dann wird er in demselben Augenblick erstaunt Gott sehen, wie er ist und uns geliebt und seinen Sohn zum Heiland gesandt hat, und Christum, wie er uns geliebt und sich selbst für uns dargegeben hat. Das wird ein Staunen sein, das nie vergeht; denn da erlangen wir das unvergängliche, unbefleckte und unverwelkliche Erbe, die ewige Seligkeit, das ewige Leben. Dazu erhält Gott uns.

Darum und dafür wollen wir jetzt schon Gott preisen, und deswegen und deshalb werden wir ihn ewig ehren und seine Gnade und Gewalt loben. Ehre sei Gott, stark und mächtig zu retten!

Ehre sei unserm Gott und Herrn, weil er uns errettet hat vom Sündenverderben zum ewigen Leben mit ihm! Amen.

George M. Krach

Ostern — Lies Markus 16, 5–14

Begegnung mit dem Auferstandenen

Siehe, da begegnete ihnen Jesus. *Matthäus 28, 9*

Am ersten heiligen Osterfest, als Maria Magdalena und die andere Maria früh morgens kamen, um nach dem Grab zu sehen, fanden sie es leer Was hat man mit dem Leichnam Jesu getan? Diese Frage beantwortete ein Engel: "Er ist nicht hie; er ist auferstanden, wie er gesagt hat." Plötzlich und ganz unverhofft begegneten die zwei Frauen dem auferstandenen Heiland in der Nähe des Grabs. Sie erkannten Jesum, "traten zu ihm und griffen an seine Füße und fielen vor ihm nieder." O, welche Freude! Welch ein Entzücken! Sie waren die ersten, die nach der Auferstehung persönlich dem Heiland begegneten.

Während der nächsten vierzig Tage sahen mehr als 500 Personen den auferstandenen Heiland. Und seit seiner Himmelfahrt sind viele Millionen von armen Sündern dem Herrn begegnet, als wahrer Glaube in ihren Herzen durch den Heiligen Geist angezündet wurde. Durch Gottes Wort und Sakrament wurde der Glaube ernährt und erhalten, und diese viele Millionen von Christen sind nun bei Jesu im Himmel—oder warten noch auf Erden auf die freudige Reise zur Ewigkeit, um bei dem Heiland zu bleiben.

Gott sei gelobt, daß auch wir dem Heiland begegnet sind, und ihm ewiglich treu bleiben wollen!

Herzliebster Jesu, erhalte uns in wahrem Glauben bis an unser seliges Ende! Amen.

Edwin W. Leverenz

Himmelfahrt   Lies Apostelgeschichte 1, 1–11

Aufgefahren gen Himmel

Es geschah, da er sie segnete, schied er von ihnen, und fuhr auf gen Himmel. *Lukas 24, 51*

Die Schrift berichtet, daß Christus vierzig Tage nach seiner Auferstehung von den Toten vor den Augen seiner Jünger vom Ölberg gen Himmel gefahren ist. Sein Werk auf Erden, das der himmlische Vater ihm aufgetragen hatte, war vollbracht. Nun kehrte er zurück zu seinem Vater in die Herrlichkeit, die er hatte von Ewigkeit her. Aber er setzte sich nicht in Ruhestand. Er sitzt zur Rechten des Vaters. Das will sagen, daß Christus nun im Regiment sitzt und alles regiert. "[Gott hat ihn] gesetzt zu seiner Rechten im Himmel über alle Fürstentümer, Gewalt, Macht, Herrschaft und alles, was genannt mag werden.... Und hat alle Dinge unter seine Füße getan und hat ihn gesetzt zum Haupt der Gemeinde über alles." Die Herrschaft des erhöhten Christus kommt seiner Kirche zugute. Der zur Rechten Hand Gottes sitzt als Herr aller Herren ist das Haupt der Kirche. Wie schwer auch die Kirche in der Welt angefeindet und bedrängt wird, sie wird nicht untergehen. Christus, der zur rechten Hand Gottes sitzt, ist ihr Herr, gegen den auch die Pforten der Hölle machtlos sind.

Herrsche, Herr Jesu, mitten unter deinen Feinden! Erhalte deine Kirche, die du dir teuer erkauft hast! Amen.

Fred Kramer

Ostern Lies Markus 16, 14–20

Gott gibt die Himmelshoffnung

Dieser ... da er hat *ein* Opfer für die Sünden geopfert, das ewiglich gilt, sitzt er nun zur Rechten Gottes.
Hebräer 10, 12

Jesus ist aufgefahren über alle Himmel, auf daß er alles erfüllete und regierete zum Wohle seiner Gemeinde, der Gläubigen, die da sind sein Leib, nämlich seine Fülle, der alles erfüllet.

Er hat sein Wort gehalten: "Ob ich hinginge, euch die Stätte zu bereiten, will ich doch wiederkommen und euch zu mir nehmen, auf daß ihr seid, wo ich bin." Durch sein Leiden, Sterben, Auferstehen und seine Himmelfahrt hat er uns den Himmel zur Wohnung bereitet und wird wiederkommen, uns heimzuholen. Christi Himmelfahrt verbürgt uns die Himmelshoffnung.

Da wollen wir "in der Welt der Welt entfliehen, auf der Bahn, die er uns brach, immer fort zum Himmel reisen, irdisch noch, schon himmlisch sein, glauben recht und leben fein, in der Lieb' den Glauben weisen!" Wir seufzen: "Zeuch uns nach dir, so laufen wir mit herzlichem Verlangen hin, da du bist, o Jesu Christ, aus dieser Welt gegangen." Unser Herz ist im Himmel!

Indes, bis Jesu Zeit kommt, uns in den Himmel zu holen, wollen wir seinen Befehl an die Seinen ausrichten: "Prediget das Evangelium aller Kreatur!" Dazu leben wir. So mögen denn alle Gläubigen mit uns zum Himmel ziehen.

O himmlischer Heiland, gen Himmel gefahren, du hast uns den Himmel erkauft. Bringe uns dorthin! Amen.

George M. Krach

Ostern Lies Johannes 6, 32–40

Das Brot des Lebens

Ich bin das Brot des Lebens. *Johannes 6, 48*

Wer einmal Hunger hat leiden müssen, der weiß, wie wichtig das tägliche Brot zur Erhaltung des Lebens ist. Deshalb hat es auch Jesus als eine bedeutende Bitte in die Mitte des Vaterunsers gestellt. Es ist ihm so bedeutend als Kraft des Lebens, daß er sich selbst zum Brot des Lebens für die Seinen opfert. Im Glauben dürfen wir ihn in unser Herz und Leben aufnehmen zur Stärkung für Leib und Seele. Im heiligen Abendmahl schenkt er uns in, mit und unter dem Brot seinen am Kreuz geopferten Leib, der nicht nur unser Glaubensleben stärkt, sondern uns gleichzeitig innerlich reinigt von der Sünde, die wie ein Bazillus unser Leben zu schwächen sucht. Hier wird das Brot des Lebens nicht nur zur Nahrung, sondern gleichzeitig zur lebenserhaltenden Medizin. Welch ein Segen, daß uns dieses Lebensbrot in reichem Maße geschenkt wird! Sollten wir nicht vielmehr davon Gebrauch machen? Wie nötig wir es haben, beweisen immer wieder die Schwachheiten, Sorgen und Nöte unseres Lebens. Aber Gott sei Lob und Dank, das Brot des Lebens ist für uns da in Zeit und Ewigkeit.

Jesu, wahres Brot des Lebens, laß deine Kraft in uns Schwachen allezeit wirksam sein! Amen.

Horst Hoyer

Ostern — Lies 1. Korinther 1, 1–9

Unsere Seligkeit versichert

Der in euch angefangen hat das gute Werk, der wird's auch vollführen bis an den Tag Jesu Christi. *Philipper 1, 6*

Die christliche Hoffnung ist nicht ein Luftgespinst. Sie ist gewiß, weil das "gute Werk" nicht unser sondern Gottes Werk ist. Wären wir auf unsere eignen Werke angewiesen, müßten wir immer im Zweifel sein. Unsere ganze Zuversicht wäre nur auf Sand gebaut, ohne festen Grund. Der Teufel wird immer wieder mit seinen Zweifeln ankommen, um uns an unsere wertlosen Werke zu erinnern.

Christus, der Grund und Fels unseres Glaubens, hat alles für uns erfüllt und hat uns die Seligkeit versichert. "Nichts hilft mir die Gerechtigkeit, die vom Gesetz herrühret; wer sich in eignem Werk erfreut, wird jämmerlich verführt. Des Herren Jesu Werk allein, das macht's, daß ich kann selig sein, weil ich fest an ihn glaube."

Wir wollen nie vergessen, daß wir durch Christi Gnade auf dem rechten Weg zum Himmel sind und daß er sein Versprechen zu uns hält. Der Herr lasse uns fest im Glauben stehen und uns durch sein Wort aufmuntern, fest darin zu bleiben!

Ich bin durch der Hoffnung Band zu genau mit ihm verbunden; meine starke Glaubenshand wird in ihn gelegt befunden, daß mich auch kein Todesbann ewig von ihm trennen kann. Amen.

Andrew F. Kuring

Ostern   Lies 1. Korinther 15, 17–20

Die Toten sollen leben und loben

Deine Toten werden leben und mit dem Leichnam auferstehen. Wachet auf und rühmet, die ihr lieget unter der Erde. *Jesaia 26, 19*

Wir sind sterbliche Menschen. Über kurz oder lang wird der Tod uns in die Grabesgruft legen. Aber wir werden dann *Gottes* Tote sein, denn im Leben und im Sterben sind wir des Herrn. Zu seiner Zeit wird er uns auferwecken zu neuem Leben. Aus dem Staub der Erde wird er unsere Leiber aufrichten.

Es spricht unser Heiland: "Es kommt die Stunde, in welcher alle, die in den Gräbern sind, werden seine Stimme hören und werden hervorgehen." Und indem sie hervorgehen, sollen sie rühmen, loben und ihm lobsingen. Wir wissen, wie tot der Staub ist, wie leblos; und so ist es mit uns, wenn wir unter der Erde liegen. Aber der Herr wird uns auferwecken zum ewigen Leben. Billig rühmen wir ihn deshalb. Jetzt schon preisen wir ihn dafür durch ein gottgefälliges Leben. Wir schauen voraus zu der gesegneten Stunde, da wir eingehen werden in das ewige Leben, ihn dort ohne Ende zu preisen. Gott stärke und erfrische uns, die wir an Jesum Christum glauben, durch diese tröstliche Gewißheit!

Herr, werden wir auch irdisch ausgesäet, so werden wir doch himmlisch auferstehen. Amen.

Otto H. Schmidt

Ostern | Lies Jeremia 31, 31–34

Vollkommene Vergebung

Wo aber ... Vergebung ist, da ist nicht mehr Opfer für die Sünde. *Hebräer 10, 18*

Was uns Menschen in der Heilslehre des Evangeliums befremdet, ist der Begriff von einer Vergebung, die an und für sich vollkommen und unergänzlich ist. Das geht über unseren Verstand hinaus. Wir meinen stets: Gott vergibt wohl, aber ich muß doch etwas tun, damit die Vergebung wirklich gilt.

Dagegen spricht Gott sein entschiedenes Nein. Er treibt mit seiner Vergebung keinen Handel. Hat er vergeben, dann fordert er keine Genugtuung mehr. Gott spricht: "Ich vertilge deine Missetat wie eine Wolke und deine Sünde wie den Nebel" (Jesaia 44, 22). Das heutige Textwort sagt unmißverständlich und bestimmt: "Es ist vollbracht!"

Gewiß treiben wir gute Werke und bringen dem Herrn die Gaben, die er bei uns sucht. Das sind aber nicht Sühnopfer für unsere Sünden, sondern Dankopfer für die Gnade und Vergebung, die wir durch den Glauben in ihrer Vollkommenheit bereits empfangen haben. Nicht um vergeben zu werden, sondern weil wir vergeben sind stellen wir uns selbst und unser Alles ihm zur Verfügung. Dazu gebe er uns Verständnis und Freudigkeit!

Ja, lieber Herr, hilf mir das fest glauben und im Glauben dir dienen mein Leben lang! Amen.

Daniel E. Poellot

Ostern — Lies Römer 4, 1–9

Gerecht vor Gott

Nun wir sind gerecht worden durch den Glauben, so haben wir Frieden mit Gott durch unsern Herrn Jesum Christum. *Römer 5, 1*

Was uns von Gott scheidet, ist die Sünde, die Ungerechtigkeit, die uns von Natur anhängt. Diese Ungerechtigkeit müssen wir los werden, wollen wir anders vor Gott bestehen. Wie? Unsere eigenen Werke fallen hin. Sie können nimmermehr die Gerechtigkeit Gottes befriedigen. Selbst wenn unser ganzes Leben guten Werken gewidmet wäre, so müßten wir dennoch an dessen Ende aus der Tiefe den Herrn bitten: "[Ach, Herr,] gehe nicht ins Gericht mit deinem Knechte; denn vor dir ist kein Lebendiger gerecht."

Gottlob, in unserem Text heißt es: "Nun wir sind gerecht worden durch den Glauben, so haben wir Frieden mit Gott." Welch köstliche Gabe ist doch der Glaube! Er ist die Hand, mit der wir uns das Verdienst Christi aneignen, und wenn wir sein Verdienst haben, dann haben wir auch Frieden mit Gott durch unseren Herrn Jesum Christum. Diese Lehre von der Rechtfertigung allein aus Gnaden um Christi willen ist Gottes höchste Gabe an uns. Selig ist der zu nennen, der mit gläubigem Herzen sagen kann:

Christi Blut und G'rechtigkeit,
Das ist mein Schmuck und Ehrenkleid,
Damit will ich vor Gott bestehn,
Wenn ich zum Himmel werd' eingehn. Amen.

Walter H. Bouman

Ostern — Lies Apostelgeschichte 16, 25–34

Gerechtfertigt durch den Glauben

... von solcher Gerechtigkeit vor Gott, die da kommt durch den Glauben an Jesum Christ. *Römer 3, 22*

Ohne Zweifel ist es ganz außerordentlich, daß Gott Sünde strafen und dennoch Sünde vergeben, daß er gerecht bleiben und dennoch gnädig sein kann. Nur Gott konnte sich einen solchen Plan erdenken, daß er seinen einigen Sohn an Stelle der Sünder strafe, damit er uns arme Sünder für gerecht und Erben der ewige Seligkeit erklären könnte.

Aber wie kommen wir nun in den Besitz dieser teuer erkauften Gerechtigkeit, die Christus für uns erworben hat? Unser Text sagt: "die da kommt durch den Glauben an Jesum Christ." Mit anderen Worten, die Rechtfertigung ist völlig unser eigen, sobald wir sie im Glauben annehmen. Sankt Petrus sagte im Hause des Kornelius: "Von diesem zeugen alle Propheten, daß durch seinen Namen alle, die an ihn glauben, Vergebung der Sünden empfahen sollen" (Apostelgeschichte 10, 43). Wir lesen 1. Mose 15, 6: "Abram glaubte dem Herrn, und das rechnete er ihm zur Gerechtigkeit." Jesus sagt: "Wer an mich glaubet, der wird leben, ob er gleich stürbe" (Johannes 11, 25). Die Rechtfertigung ist ein freies Geschenk Gottes um Jesu willen.

Gerechtfertigt allein aus Gnaden, um Christi willen, durch den Glauben. Lieber Gott, erhalte uns diese Lehre! Amen.

John W. Behnken

Ostern · Lies Römer 4, 1–5

Gerecht durch den Glauben

Nun wir denn sind gerecht worden durch den Glauben, so haben wir Frieden mit Gott durch unsern Herrn Jesum Christum. *Römer 5, 1*

Die Versöhnung oder Rechtfertigung der ganzen Sündenwelt ist vollkommen, aber es ist auch gewiß, daß Gott will, daß die Menschen an die dargebotene Vergebung der Sünden glauben und sie durch den Glauben aneignen. Nirgends in der Bibel wird gesagt, daß Menschen auf Grund der allgemeinen Weltversöhnung, ohne Glauben, selig werden könnten. Im Gegenteil sagt Christus: "Wer da glaubet und getauft wird, der wird selig werden; wer aber nicht glaubet, der wird verdammt werden" (Markus 16, 16).

"Aus Gnaden seid ihr selig worden durch den Glauben, und dasselbige nicht aus euch, Gottes Gabe ist es" (Epheser 2, 8). Man wird nicht durch die Werke gerecht. Alles kommt darauf an, daß im Herzen der Menschen der Glaube an das seligmachende Werk Jesus entsteige.

Auch zu merken ist, daß der Glaube eine Gabe Gottes ist. Er ist ganz und gar eine göttliche Wirkung. Gott bietet die Vergebung durch das Evangelium an. Dadurch wirkt er im Herzen der Menschen den Glauben. Du bist vor Gott gerecht, wenn durch Gottes Wirkung du von Herzen überzeugt sagen kannst: "Christus ist für mich gestorben."

Barmherziger Gott, ich danke dir für den Glauben, den du mir gegeben hast. Amen.

Roy H. Bleick

Ostern Lies Johannes 1, 1–14

Gott bei uns und wir bei Gott

Er wird bei ihnen wohnen; und sie werden sein Volk sein, und er selbst, Gott mit ihnen, wird ihr Gott sein.
Offenbarung 21, 3

Über Einzelheiten des ewigen Lebens redet die Heilige Schrift nur sehr wenig, wohl ganz einfach deswegen, weil es für die Dinge der zukünftigen Welt kaum Parallelen und Beispiele in unserer irdischen Welt gibt. Meist redet sie von dem zukünftigen Leben nur in der Negation, das heißt, sie sagt uns, daß das, was uns hier auf dieser Erde das Leben schwer macht, dort nicht mehr sein wird. Eines aber spricht die Heilige Schrift ganz deutlich und positiv aus: Gott wird in der neuen Welt bei den Menschen wohnen. Er wird nicht mehr getrennt von ihnen sein und sie werden sein Volk, seine Hausgenossen sein. Das, was einst die ersten Menschen durch ihren Ungehorsam gegenüber dem Gebot Gottes durch eigene Schuld und Sünde verspielten, nämlich die Lebensgemeinschaft mit Gott, die wird denen, die an Jesum Christum glauben, der unsere Schuld und Sünde am Stamm des Kreuzes getragen und uns dadurch mit Gott versöhnt hat, wiedergeschenkt werden. Das Kennzeichen des neuen, des ewigen, Lebens, ist eben diese Lebensgemeinschaft mit Gott, der die Quelle alles Lebens ist.

Herr Jesu, bewahre unsere Gemeinschaft mit dir! Amen.

Manfred Roensch

Pfingstfest Lies Apostelgeschichte 2, 14–36

Das Wissen von Christi Auferstehung

So wisse nun das ganze Haus Israel gewiß, daß Gott diesen Jesum, den ihr gekreuziget habt, zu einem Herrn und Christ gemacht hat. Apostelgeschichte 2, 36

Vom ersten Ostern an haben die Feinde Christi versucht, seine Auferstehung zu verleugnen. Trotz ihrem Bestreben, diese Wahrheit umzustürzen, ist diese Botschaft von glaubenswürdigen Augenzeugen mutig und furchtlos verkündigt worden.

Das sehen wir an dem Beispiel des Apostel Petrus, der am ersten Pfingstfest vor Tausenden von Menschen in der Stadt Jerusalem mutig bekannte: "Diesen Jesum hat Gott auferwecket; des sind wir alle Zeugen" (Apostelgeschichte 2, 32).

Petrus und die anderen Jünger waren ganz zuverlässige Zeugen von der Auferstehung Jesu Christi. Mit ihren eigenen Augen haben sie den Auferstandenen gesehen. Mit ihren eigenen Ohren haben sie seine Stimme gehört. Mit ihren eigenen Händen haben sie seinen Leib berührt. Aus voller Überzeugung wurden sie mutige Bekenner. Nichts konnte sie von ihrer Überzeugung abbringen.

Der Herr ist auferstanden! Das ist gewißlich wahr. Auch wir bekennen: "Ich weiß, daß mein Erlöser lebet."

Herr, laß mich nicht zuschanden werden über meiner Hoffnung. Amen.

William Boehm

Pfingsten — Lies 1. Korinther 15, 12–28

Das Wissen von unserer Auferstehung

Ich weiß, daß mein Erlöser lebt; und er wird mich hernach aus der Erde auferwecken. *Hiob 19, 25*

Die Auferstehung Christi und unsere eigene Auferstehung sind unzertrennlich verbunden. Ist Christus nicht auferstanden, dann gibt es auch für uns keine Auferstehung. Wir hätten dann keine Hoffnung. Gott aber sei Dank, daß der Apostel schreiben kann: "Nun aber ist Christus auferstanden von den Toten und der Erstling worden unter denen, die da schlafen" (1. Korinther 15, 20).

Der Heiland behauptet: "Ich lebe, und ihr sollt auch leben" (Johannes 14, 19).

Schon Jahrhunderte zuvor hatte Hiob durch göttliche Eingebung geweissagt: "Ich weiß, daß mein Erlöser lebt; und er wird mich hernach aus der Erde auferwecken."

"Jesus, er, mein Heiland lebt; ich werd' auch das Leben schauen, sein, wo mein Erlöser schwebt; warum sollte mir denn grauen? Lässet auch ein Haupt sein Glied, welches es nicht nach sich zieht?"

Herr, die Gerechtigkeit deiner Zeugnisse ist ewig; unterweise mich, so lebe ich! Amen.

William Boehm

Pfingsten Lies Apostelgeschichte 2, 24–32

Der Gott des Friedens

Gott aber des Friedens hat von den Toten ausgeführet den großen Hirten der Schafe durch das Blut des ewigen Testaments, unsern Herrn Jesum. *Hebräer 13, 20*

"Gott des Friedens" wird der Herr hier genannt. Und warum nicht? Gerade darin, daß er unsern Herrn Jesum, den großen Hirten der Schafe, ausgeführet hat von den Toten, zeigt er, daß er das vergossene Blut Jesu als Lösegeld angenommen hat, daß er mit dem Versöhnungswerk seines Sohnes vergnügt ist. Deswegen hat er ihn von den Toten auferweckt, wie der Apostel zeugt: "[Christus] ist um unserer Sünden willen dahingegeben und um unserer Gerechtigkeit willen auferwecket." Nun können wir rühmen und sagen: "So ist nun nichts Verdammliches an denen, die in Christo Jesu sind." Wir singen:

> Ein Wohlgefall'n Gott an uns hat,
> Nun ist groß' Fried' ohn' Unterlaß,
> All' Fehd' hat nun ein Ende.

Gott hat seinen Sohn ausgeführt von den Toten "durch das Blut des ewigen Testaments," das heißt, nachdem er durch sein Blut das Neue Testament als ein ewiges, unveränderliches Testament befestigt hatte. Fürwahr:

> Er ist allein der gute Hirt',
> Der Israel erlösen wird
> Aus seinen Sünden allen.

Herr Jesu, deinen Frieden lasse du uns! Amen.

Walter H. Bouman

Pfingsten Lies Römer 6, 3–5

In Christum getauft

Denn wieviel euer getauft sind, die haben Christum angezogen. *Galater 3, 27*

Über diesem Vers schreibt Martin Luther: "Paulus lehrt also, daß die Taufe nicht ein Zeichen, sondern ein Kleid Christi ist, ja, daß Christus selbst unser Kleid ist. Darum ist die Taufe das Kräftigste und Wirksamste." Wie schätzt du deine Taufe? Gibt sie dir viel Trost und Freuden?

Die Taufe ist so wertvoll, weil durch sie haben die, welche getauft sind, Christum angezogen. Was bedeuten diese Worte, "Christum angezogen"?

Durch unsere Taufe sind wir mit allem, was Christus für uns getan, bekleidet. Wir stehen da vor Gott, sündenlos, gerecht und heilig. Wenn Gott uns anschaut, sieht er nicht unsere Sünden und Verderben, sondern alles was Christus ist und getan hat. Wir sind mit seinem gottgefälligen Leben bedeckt oder bekleidet.

Bist du getauft, so hast du Christum angezogen. Du stehst nicht mehr, in deiner eigenen Person, vor den Augen Gottes, sondern in der Person seines heiligen Sohnes. Zum Trost mußt du dich immer daran erinnern; du stehst nicht mehr in deiner eigenen Kleidung vor Gott, sondern du bist in Christo gekleidet, und daher ganz rein, ihm angenehm und wohlgefällig.

Herr, gib, daß ich mich immer in meiner Taufe tröste und dankbar lebe! Amen.

Roy H. Bleick

Pfingsten   Lies Apostelgeschichte 13, 26–41

Vergebung der Sünden

So sei es nun euch kund, liebe Brüder, daß euch verkündiget wird Vergebung der Sünden durch diesen.
Apostelgeschichte 13, 38

Die Vergebung der Sünden ist keine Selbstverständlichkeit. Die Sünde ist keine Kleinigkeit in unserem Leben; sie ist unsere eigentliche Not und reißt uns im Verderben, wenn wir die Gnade Gottes nicht im Glauben ergreifen, die uns in Christo angeboten wird. Dies war die Verkündigung des Paulus, und die Hörer damals empfanden sie als eine ungeheure Befreiung, als eine wahrhaft frohe Botschaft. Und was empfinden wir heute? "Wo Vergebung der Sünden ist, da ist auch Leben und Seligkeit", sagt Luther. Und was ist unsere Rettung? Daß wir, wie Luther auch sagt, "einen ganz großen Sprung tun": weg, ganz weg vom Gesetz, hin, ganz hin auf Christum. Er, Christus allein, ist uns von Gott zur Gerechtigkeit gemacht. Halten wir darum kühn und verwegen daran fest, daß wir in ihm von Gott freigesprochen und gerechtfertigt sind. Das ist das neue Leben im Glauben. So wollen wir die Vergebung unserer Sünden suchen durch den Glauben an unseren Heiland Jesum Christum, damit unser Herz froh und frei werde.

Herr Gott, Himmlischer Vater, wir loben und preisen deinen Namen für die Vergebung unserer Sünden um Christi willen. Amen.

Wolfgang M. Webern

Pfingsten · Lies Matthäus 16, 13–28

Lebendig erzeiget

... welchen er sich nach seinem Leiden lebendig erzeiget hatte durch mancherlei Erweisung; und ließ sich sehen unter ihnen vierzig Tage lang und redete mit ihnen vom Reich Gottes. *Apostelgeschichte 1, 3*

Frei und offen hatte der Herr vor seinem Tode gelehrt und gepredigt; frei und offen bezeugte er seine Auferstehung durch persönliche Erscheinungen und ließ sich sehen 40 Tage lang, so daß kein Zweifel darüber bestehen konnte, daß er wahrhaftig auferstanden sei.

Er benutzte jede Gelegenheit, mit den Aposteln über das Reich Gottes zu reden; er belehrte, tröstete, stärkte sie, damit sie wohl vorbereitet seien zum Werk, das er ihnen gebot in den Worten: "Gehet hin in alle Welt und prediget das Evangelium aller Kreatur!"

In seinem Evangelium redet der Heiland auch zu uns. Darin belehrt er uns über das Reich Gottes, rüstet uns aus zu unserer Bekennerpflicht und ermuntert uns, Mithelfer zu sein im Aufbau seines Reiches. Welch gesegnete Erbauungsstunden sind das doch, in denen wir, wie damals die Jünger und Apostel, vom Heiland in himmlischer Weisheit unterrichtet werden!

Herr, öffne mir die Herzenstür,
Zeuch mein Herz durch dein Wort zu dir,
Laß mich dein Wort bewahren rein,
Laß mich dein Kind und Erbe sein! Amen.

Herbert D. Poellot

Pfingsten　　　　　　　　　　　　　　Lies Epheser 1, 1–7

Vergebung der Sünden

Von diesem zeugen alle Propheten, daß durch seinen Namen alle, die an ihn glauben, Vergebung der Sünden empfahen sollen. *Apostelgeschichte 10, 43*

Große Kunstwerke pflegen sich vor anderen dadurch auszuzeichnen, daß man immer wieder neue Besonderheiten und Schönheiten an ihnen entdeckt, wenn man sie von verschiedenen Blickwinkeln aus betrachtet. Mit den großen Taten Gottes in Jesu Christo, seinem lieben Sohn, ist das ganz genau so. Christi Ostersieg bedeutet darum für uns nicht nur den Sieg über den eigenen Tod, sondern zugleich auch das, was einst Petrus im Hause des römischen Hauptmanns Kornelius verkündete, daß wir nämlich im Glauben an Christum und an das, was er für uns getan hat, Vergebung der Sünden haben sollen. Haben wir Vergebung durch den Kreuzestod unseres Herrn, was hat denn dann noch Christi Auferstehung mit der Vergebung unserer Sünden zu tun? Paulus zeigt das im Römerbrief ganz klar auf, wenn er sagt, daß Christus um unserer Sünden willen dahingegeben und um unserer Gerechtigkeit willen auferweckt sei. Christi Tod und Auferstehung gehören zusammen. Der auferstandene Christus schenkt uns Vergebung der Sünden und damit Leben und Seligkeit.

Lieber Gott, vergib uns unsere Schuld und schenke uns das ewige Leben um des Auferstandenen willen! Amen.

Manfred Roensch

Gottes Liebe und Barmherzigkeit — Lies Psalm 103

Mein Vater erbarmt sich meiner

Wie sich ein Vater über Kinder erbarmet, so erbarmet sich der Herr über die, so ihn fürchten. *Psalm 103, 13*

Es liegt in der Natur von Kindern, daß sie den Vater oft durch ihr ungeschicktes und ungehorsames Wesen zum Ärger und Zorn reizen. Da muß ein Vater oft nicht nach Recht und Gerechtigkeit mit seinen Kindern handeln sondern Barmherzigkeit üben. Denn er erkennt das Unvermögen und die Schwachheit seiner Kinder, und in seiner Liebe zu ihnen will er sie nicht zu Grunde richten sondern zu eigen behalten, daß sie trotz allem seine Kinder bleiben.

"So erbarmet sich der Herr über die, so ihn fürchten." Wollte der Vater im Himmel mit uns handeln, wie wir es verdient haben, so wären wir verloren. Denn selbst als seine Kinder fehlt es uns so oft an Allem, was der Vater von uns erwartet. Selbst als seine Kinder wandeln wir oft weit von seinen Wegen ab. Sollen wir anders weiterleben, so muß der Vater Gnade für Recht ergehen lassen und uns barmherzig sein.

Mein Vater weiß wohl, wie es um mich steht. Er kennt meine schwachen Seiten und meine Sünden. Er verwirft mich aber nicht im Zorn sondern hat Barmherzigkeit mit mir. Das ist mein Trost. Darauf verlasse ich mich.

Wie sich ein Mann erbarmet über sein' junge Kinderlein, so tut der Herr uns Armen, so wir ihn kindlich fürchten rein. Amen.

Daniel E. Poellot

Gottes Liebe und Barmherzigkeit   Lies Johannes 6, 1–15

Die Barmherzigkeit Jesu

Jesus ging hervor und sah das große Volk; und es jammerte ihn derselbigen. *Matthäus 14, 14*

Die obige Lesestelle beschreibt ein herrliches Wunder, das Jesus tat. Was kann uns dieses Wunder helfen? Das muß unsere erste Frage sein. Was hat dieses Wunder jenem Volk geholfen? Sie erkannten daraus dies Eine: "Das ist wahrlich der Prophet, der in die Welt kommen soll!" Sie haben dieses Wunder gewiß in ihrem Leben nicht vergessen. Gewiß haben sie oft daran gedacht, wie Jesus so wunderbar geholfen hatte.

Sprich ja nicht, lieber Leser: "Solche Wunder tut der Herr Jesus heute nicht mehr." Denke lieber darüber nach, wie er heute noch große Zeichen und Wunder tut an uns und allen Menschen. Bedenke, daß er auch heute noch barmherzig und geduldig und von großer Güte und Treue ist. Jesus Christus ist auch heute noch der Retter in aller Not. Warum? Weil er barmherzig ist.

Seine Barmherzigkeit hat ihn vom Himmel auf die Erde getrieben. Seine Barmherzigkeit war die Ursache aller seiner Wunder und Liebeswerke. Seine Barmherzigkeit trieb ihn ans Kreuz, um uns arme Sünder zu erretten und zu erlösen.

Lieber Heiland, du bist gnädig und barmherzig und von großer Güte. Dafür danken wir dir. Amen.

Henry Blanke

Gottes Liebe und Barmherzigkeit   Lies Apostelgeschichte 10, 42–48

Durch den Namen Jesu

Von diesem zeugen alle Propheten, daß durch seinen Namen alle, die an ihn glauben, Vergebung der Sünden empfahen sollen. *Apostelgeschichte 10, 43*

Die Vergebung unserer Sünden besteht nicht darin, daß Gott die Sünden übersieht. Sie besteht auch nicht darin, daß Gott die Sünde als ungeschehen ansieht. Die getane Sünde ist geschehen und bleibt eine Tatsache. Worin besteht denn die Vergebung der Sünden? Darin, daß Gott den Sünder von seiner Sündenschuld lospricht, weil Christus durch seine stellvertretende Genugtuung die Schuld der ganzen Welt bezahlt hat. Gott vergibt um Christi willen und in seinem Namen.

Nur die Minderzahl der Menschen ergreift diese Vergebung im Glauben. Nur der, welcher glaubt, hat die volle Vergebung. Es ist gerade wie unser Text sagt: Vergebung empfangen alle, die an Christum glauben.

Gott will, daß wir die Vergebung täglich im Glauben neu aufnehmen. Wie die Erhaltung der Welt eine beständige Schöpfung ist; so ist die Rechtfertigung eines Sünders eine immerwährende Gerechtachtung. Die Gnade, in welcher wir stehen, ist ein lebendiger Strom, der von dem Stuhl des Lammes allezeit auf uns herabfließt.

Herr, wenn ich mich fürchte, so hoffe ich auf dich. Amen.

Paul F. Wieneke

Bei Gott ist Vergebung

Bei dir ist die Vergebung, daß man dich fürchte.
Psalm 130, 4

Psalm 130 hört man gewöhnlich bei Trauergottesdiensten. In der Schrift bezeichnet der Tod ohne Ausnahme alle Menschen als Sünder, und die Sünde als die furchtbare Ursache alles Übels. "Der Tod ist der Sünde Sold" (Römer 6, 23). "Der Tod [ist] zu allen Menschen durchgedrungen, dieweil sie alle gesündiget haben" (Römer 5, 12).

Diese Sündenerkenntnis führt zu der schmerzlichen Frage: "So du willst, Herr, Sünde zurechnen, Herr, wer wird bestehen?" (Psalm 130, 3). Der heilige Richter muß uns für schuldig halten. Unsere allerbesten Taten sind unrein, wie ein schmutziges Kleid (Jesaia 64, 6). Aber der Psalmist kommt mit der höchsttröstlichen Antwort: "Bei dir ist die Vergebung ... Gnade und viel Erlösung [ist] bei ihm; und er wird Israel erlösen aus allen seinen Sünden" (Psalm 130, 4–8).

Ja, das ist die durch Christi Blut erworbene—und vom Heiligen Geiste in Wort, Taufe und Abendmahl versicherte—Vergebung aller unserer Sünden. Nun, wo Vergebung der Sünden ist, da ist auch Leben und Seligkeit. Wir haben Frieden mit Gott und alle Dinge dienen uns zum besten (Römer 5, 1; 8, 28).

Gnädiger Gott, Dank sei dir und deinem Sohn für die versicherte Vergebung. Hilf uns, sie recht zu schätzen und sie mit unseren Mitsündern zu teilen! Amen.

Otto E. Naumann

Gottes Liebe und Barmherzigkeit   Lies Psalm 130

Gnade und Erlösung

Bei dem Herrn ist die Gnade und viel Erlösung bei ihm.
Psalm 130, 7

Den Begriff von Gnade können wir nur dann recht schätzen, wo das Gegenteil recht erkannt wird, wo Verdienst gewogen und zu leicht gefunden worden ist. Das tritt aus dem 130. Psalm klar zutage: "So du willst, Herr, Sünde zurechnen, Herr, wer wird bestehen?" Sollte es mit uns nach Verdienst gehandelt werden, so könnten wir auf tausend nicht eins antworten. Wir sind dahin.

Bei dem Herrn aber ist Gnade. "Er handelt nicht mit uns nach unseren Sünden und vergilt uns nicht nach unserer Missetat." In Christo hat er sein Gnadenherz aufgeschlossen. Im Evangelium bietet er uns seine Gnadengabe an. Da geschieht durch den Glauben, wovon Johannes schreibt: "Von seiner Fülle haben wir alle genommen Gnade um Gnade."

Darum ist bei ihm auch viel Erlösung—Erlösung schon in diesem Leben durch die Tilgung unserer Sünden mit deren Fluch, Schrecken und Herrschaft, sowie auch endliche und vollkommene Erlösung von allem Übel in der ewigen Seligkeit. Darum singen wir mit Luther:

> **Darum auf Gott will hoffen ich,**
> **Auf mein Verdienst nicht bauen;**
> **Auf ihn mein Herz soll lassen sich**
> **Und seiner Güte trauen. Amen.**

Daniel E. Poellot

Gottes Liebe und Barmherzigkeit Lies Psalm 103, 1–12

Der Herr ist barmherzig

Wo ist solch ein Gott, wie du bist, der die Sünde vergibt und erlässet die Missetat den übrigen seines Erbteils; der seinen Zorn nicht ewiglich behält; denn er ist barmherzig. Micha 7, 18

Barmherzig und gnädig ist der Herr, geduldig und von großer Güte und Treue. So rühmt der Psalmist Gottes Güte und Barmherzigkeit, die bis an die Wolken reicht. Ebenso bekennt auch der Prophet Micha, daß unser Gott ein Gott der Gnade und Barmherzigkeit ist.

Fast aus jeder Seite der Bibel strahlt diese Barmherzigkeit Gottes hervor. Im gerechten Zorn wurden Adam und Eva aus dem Garten getrieben, aber ein Heiland und Erlöser wurde ihnen verheißen. Die ganze Welt wurde durch die Sintflut vernichtet, aber Noah wurde gerettet. Die Kinder Israel waren oft ungehorsam und undankbar, aber Gott führte sie ins Land Kanaan. Die ganze biblische Geschichte zeigt uns Gottes Gnade und Barmherzigkeit.

So handelt Gott in seiner Liebe und Barmherzigkeit auch heute noch mit uns. Er vergibt unsere Sünden und behält seinen Zorn nicht ewiglich. Gott ist uns gnädig, weil sein herzliebster Sohn für uns gestorben und wieder auferstanden ist von den Toten. Ach, wie groß ist Gottes Gnade!

Wir loben, preisen, und rühmen deine große Gnade und Barmherzigkeit, lieber Vater im Himmel. Amen.

Lester H. Gierach

Gottes Liebe und Barmherzigkeit Lies Johannes 3, 14–18

Die allumfassende Liebe

Also hat Gott die Welt geliebet, daß er seinen eingebornen Sohn gab, auf daß alle, die an ihn glauben, nicht verloren werden, sondern das ewige Leben haben.
Johannes 3, 16

Liebe ist ein Himmelsgut, das uns Menschen nach Verlust des Paradieses noch geblieben ist. Sie vermehrt das Glück guter Stunden und erleichtert unser Los in schweren Zeiten. Und doch ist irdische Liebe so unvollkommen. Mutterliebe gilt mit Recht als die selbstloseste. Doch, wie jede andere Liebe, beschränkt auch sie sich auf wenige Mitmenschen, nämlich auf die Kinder der Familie.

Weit verschieden ist die Liebe Gottes. Sie kennt keine Schranken. Sie umfaßt die Welt, alle Menschen, vom ersten bis zum letzten. Sie umfaßt den größten Heiligen und den größten Sünder. Sie umfaßte Paulus, den eifrigsten Apostel der Kirche, und auch einst Saulus, den Christenverfolger. Gottes Liebe kennt keine Rassen- und Klassenunterschiede. Für jedes Land, wie für jede Generation, ist unser Text— dies Evangelium im Kleinen—zeitgemäß. Auch unsere heutige Welt hat Gott so geliebt, daß er seinen Sohn gab, auf daß alle, die an ihn glauben, das ewige Leben erben. In Christo nimmt Gott die Sünder an, und niemand ist ausgeschlossen.

Herr Gott, wir danken dir für deine Liebe. Amen.

Martin H. Bertram

Gottes Liebe und Barmherzigkeit   Lies Matthäus 27, 24–31

Für uns gekreuzigt

[Gott] hat den, der von keiner Sünde wußte, für uns zur Sünde gemacht. *2. Korinther 5, 21*

Christus ist um uns Menschen und um unserer Seligkeit willen vom Himmel gekommen und Mensch geworden. Aber wie sollte die wunderbare Menschwerdung des Sohnes Gottes uns die Seligkeit bringen? Wir sind Menschen—gefallene, sündliche Menschen. Die Schrift sagt recht von uns: "Wir gingen alle in der Irre wie Schafe." Wir "sind alle abgewichen und allesamt untüchtig." "Wir sind allesamt wie die Unreinen, und alle unsere Gerechtigkeit ist wie ein unflätig Kleid." Wir lagen unter Gottes Zorn und Gericht und konnten uns selbst nicht befreien. Aber der ewige Sohn Gottes ist um unserer Seligkeit willen Mensch geworden und ist nach Gottes Willen für uns gekreuzigt. Gott hat die Sünde und Strafe der ganzen Menschheit auf ihn gelegt. "Gott hat den, der von keiner Sünde wußte, für uns zur Sünde gemacht, auf daß wir würden in ihm die Gerechtigkeit, die vor Gott gilt." Nicht mit vergänglichem Silber oder Gold sind wir erlöst von unserm eiteln Wandel, sondern mit dem teuren Blut Christi als eines unschuldigen und unbefleckten Lammes.

Dank sei dir, Herr Jesu, daß du dich für uns arme Sünder hast kreuzigen lassen! Amen.

Fred Kramer

Gottes Liebe und Barmherzigkeit   Lies Psalm 51, 16–21

Weiß wie Schnee

Wenn eure Sünde gleich blutrot ist, soll sie doch schneeweiß werden, und wenn sie gleich ist wie Rosinfarbe, soll sie doch wie Wolle werden. *Jesaia 1, 18*

Welch eine tröstliche Zusage von unserem Gott! Wenn wir bekümmert sind über Sünde; wenn wir sehen, daß sie blutrot ist und daß wir dastehen müßten vor Gott in der Rosinfarbe unserer Schuld: o wie tröstlich, nun zu hören, daß unsere Sünde soll uns vergeben werden; wir sollen schneeweiß werden; uns soll ein Gewand der Heiligkeit angetan werden im Tausch für alle unsere Missetat!

Gerade vor unserm Text hatte Gott sehr scharfe Worte geredet zu seinem undankbaren widerspenstigen Volk. Solches sagt er auch zu uns. Aber nun will er mit uns rechten. Ach, da hätten wir nichts anderes erwarten können als ein hartes Urteil, denn unsere Sünde ist rot wie Blut, wie Rosinfarbe. Aber nun kommt ganz unerwartet—von unserer Seite betrachtet—diese herrliche Zusage des Herrn: Eure Sünde soll schneeweiß werden, wie weiße, frisch gewaschene Wolle.

Alle unsere Schuld legt er auf seinen Sohn. Uns spricht er gerecht um Christi willen. Wie labt und erfrischt es unser Herz, von dieser Gnade unseres Gottes zu hören!

Herr, wasche mich wohl von meiner Missetat und reinige mich von meiner Sünde, durch Christi Blut! Amen.

Otto H. Schmidt

Gottes Liebe und Barmherzigkeit — Lies Titus 3, 4–7

Gott gibt die heilige Taufe

Taufet [alle Völker] im Namen des Vaters und des Sohnes und des Heiligen Geistes! *Matthäus 28, 19*

Immer wieder redet die Heilige Schrift von der seligmachenden Taufe. Die Taufe ist "das Wasser in Gottes Gebot gefasset und mit Gottes Wort verbunden." "Sie wirket Vergebung der Sünden, erlöset vom Tod und Teufel und gibt die ewige Seligkeit allen, die es glauben." Sie ist "das Bad der Wiedergeburt und Erneurung des Heiligen Geistes." Sie gibt Kraft, den alten Menschen "mit allen Sünden und bösen Lüsten" abzulegen und als ein neuer Mensch "in Gerechtigkeit und Reinigkeit vor Gott" ewiglich zu leben. Dies tut sie durch das Evangelium, wie Christus seine durch ihn erlöste Gemeinde "gereiniget hat durch das Wasserbad im Wort." Der Befehl unseres Heilandes lautet eigentlich: "Machet zu Jüngern alle Völker, sie taufend in den Namen des Vaters und des Sohnes und des Heiligen Geistes!" Der Befehl enthält die Verheißung: Durch die Taufe werden Menschen Gottes Kinder, tragen seinen Namen, wohnen in seinem Hause und sind seine Erben. Die Taufe macht selig (1. Petrus 3, 21).

Wissen wir den Tag unserer Taufe und sonderlich, kennen wir ihren Segen? Dies ist ein Gegenstand, den wir täglich betrachten wollen.

Herr Gott, du hast uns wiedergeboren durch das Wasser und deinen Geist. Laß uns als deine Getauften leben! Amen.

George M. Krach

Gottes Liebe und Barmherzigkeit   Lies 1. Korinther 11, 23–32

Gott gibt das heilige Abendmahl

Das ist mein Leib, der für euch gegeben wird....
Das ist der Kelch, das neue Testament in meinem Blut,
das für euch vergossen wird. *Lukas 22, 19–20*

Das heilige Abendmahl ist "der wahre Leib und Blut unseres Herrn Jesu Christi unter dem Brot und Wein, uns Christen zu essen und zu trinken von Christo selbst eingesetzt."

Es ist der wahre, wahrhaftige, wirkliche Leib und das wahre, wahrhaftige, wirkliche Blut Christi, die wesentlich und tatsächlich im heiligen Abendmahl zugegen sind. Es ist ebensowenig sein verklärter oder geistlicher Leib, wie man nicht von einem verklärten oder geistlichen Blut redet, sondern der körperliche Leib und das materielle Blut, die am Kreuz für die Sünde der Welt gegeben und vergossen worden sind. "Wie das sein kann, befehl' ich dir, an deinem Worte g'nüget mir, dem stehet nur zu glauben."

Wichtig ist es, daß im Abendmahl uns Christi Leib und Blut gereicht und versiegelt werden, wie Matthäus sagt, zur Vergebung unserer Sünden; denn wer hier ißt und trinkt, der empfängt eben den Leib und das Blut, mit dem uns Christus Vergebung der Sünden am Kreuz erworben hat.

Unser Herz ist oft der Sünden halber blöde und furchtsam; darum gehen wir oft zum Tisch des Herrn.

Herr, dein Wort ist wahr; darum versiegele uns durch dein Abendmahl die Vergebung aller unserer Sünden! Amen.

George M. Krach

Gottes Liebe und Barmherzigkeit   Lies Jesaia 49, 14–16

Mein Vater denkt an mich

Der Herr denket an uns. *Psalm 115, 12*

Ein Vater hat seine Kinder immer auf dem Herzen. Er denkt an sie. Sind sie auch schon erwachsen und selbständig und wohnen sogar in weiter Ferne, er vergißt sie nicht. Und nach seinem Vermögen sucht er ihr Bestes.

Der Vater im Himmel denkt an alle seine Kinder hier auf Erden. Das tat er schon von Ewigkeit. Weil Gott an uns dachte, erwählte er uns "nach seinem Vorsatz und Gnade, die uns gegeben ist in Christo Jesu vor der Zeit der Welt." Weil er an uns dachte, faßte er seinen Erlösungsplan zur Errettung seiner Kinder von den Folgen ihres Ungehorsams in der Sünde. Weil er an uns dachte, sandte er seinen Sohn zu unserer Seligkeit. Weil er an uns dachte, brachte er uns durch seinen Heiligen Geist zum Glauben. Und nun denkt er beständig an uns und läßt uns nie aus seiner Acht.

Darum denke ich auch an ihn. Ich will ihn nicht lassen, sondern an ihm hangen und ihn lieben und ihm dienen. Daß er an mich denkt, ist mein Heil und meine Hoffnung; daß ich an ihn denke, ist meine Freude und Lust. Er kann mich nicht vergessen; ich will ihn nicht vergessen.

Vater, gedenk' der Kinder dein, Wir trauen ja auf dich allein. Amen.

Daniel E. Poellot

Gott, unser Gnadenzelt

Gnade sei mit euch und Friede von Gott. *Galater 1, 3*

Gottes Gnade und Friede erstrecken sich über uns wie das Himmelszelt. Sie schließen das ganze Christentum ein. Sie schenken uns Gottes Gaben. Die Gnade gibt uns Vergebung der Sünden. Der Friede gibt ein ruhiges und fröhliches Gewissen. Die zwei sind immer zusammen. Wo die Gnade, da auch der Friede.

Das Gesetz Gottes klagt das Gewissen an. Es sagt: "Du bist ein Übertreter." Da erschrickt das Gewissen. Der Friede entflieht, und wir können ihn nicht durch unser Suchen und Mühe wiederfinden.

Sünde und ihr Stachel im Gewissen kann kein Mensch selbst abtun. Wachen, Ringen, Leistungen, Flehen, Fasten tun nichts. Kein Werk des Menschen tilgt seine Schuld. Durch solche Versuche verstrickt ein Mensch sich desto mehr. Je mehr er schafft, je eifriger er sich im Schweiß seines Angesichts abmüht, um die Sünde los zu werden, desto schlimmer befindet er sich.

Unsere Befreiung kommt alleine von Gott, als reine Gabe, als Gnadengeschenk. Wir werden selig und genießen Frieden mit Gott allein durch die Gnade. Gott ist unser Gnadenzelt. In ihm durch Wort und Sakrament haben wir Vergebung und Frieden.

Herr, erhalte unter uns dein Gnadenwort und den Genuß deines Friedens! Amen.

F. Samuel Janzow

Gottes Barmherzigkeit

Tilge meine Sünden nach deiner großen Barmherzigkeit!
Psalm 51, 3

Das Fest der heiligen Dreieinigkeit erinnert uns daran, daß unser barmherziger Gott sich in drei Personen geoffenbart hat.

Die Barmherzigkeit des Vaters offenbarte sich in der Sendung seines eingebornen Sohnes.

Der Sohn verwirklichte seine Barmherzigkeit in der Vergießung seines heiligen, teuren Blutes, eine verlorene Sünderwelt loszukaufen.

Der Heilige Geist ist es, der uns durch das Evangelium beruf, mit seinen Gaben erleuchtet und im rechten Glauben erhält.

Wenn nun unsere vielfältigen Sünden wie eine schwere Last uns zu schwer werden, so nehmen wir unsere Zuflucht zu dem himmlischen Vater, der in Liebe sich unser erbarmet hat; zu dem Sohne, der sich ins Grab um unsertwillen hat legen lassen; und zu dem Heiligen Geist, der uns tröstet, indem er uns dieses Heil im Glauben zueignet.

Welch ein Trost ist es, daß alle drei Personen der göttlichen Dreieinigkeit zusammenwirken, damit wir Sünder diese Barmherzigkeit genießen dürfen!

Gott Vater, dem sei ewig Ehr', Gott Sohn, der ist der einig' Herr, und dem Tröster Heiligen Geist von nun an bis in Ewigkeit! Amen.

Albert T. Bostelmann

Gottes Liebe und Barmherzigkeit   Lies Psalm 147

Gott kennt uns

Fürchte dich nicht, denn ich habe dich erlöset; ich habe dich bei deinem Namen gerufen; du bist mein!
Jesaia 43, 1

Wir müssen uns wundern, wie der liebe Gott immer neue Wege findet, uns zu stärken und uns von seiner Liebe zu überzeugen. Hier ist es dies: Gott ruft uns bei unserem Namen.

Die Tatsache, daß Gott die Namen aller Sterne weiß, zeigt seine Allwissenheit und Macht (Psalm 147, 4). Aber daß Gott uns bei unserem Namen ruft, meint Trost für uns. Trost liegt schon in dem ersten Wort: "Fürchte dich nicht." Alle Furcht vor den Feinden unserer Seele: Sünde, Tod und Gericht, muß weichen, denn er hat uns erlöst. Er hat uns erkauft durch das Blut seines Sohnes. Wir gehören nun ihm zu, wie er sagt: "Du bist mein!"

Nun will Gott uns recht gewiß machen, daß wir sein eigen sind. Er sagt, er habe uns bei unserem Namen gerufen. Er kennt uns so genau—ist so bekannt mit unseren Nöten und Bedürfnissen—daß er uns bei unserem Namen rufen kann. So viel sind wir dem Herrn wert! So genau paßt er auf über uns! Wir können uns ruhig ihm befehlen für Zeit und Ewigkeit.

Schreib meinen Nam'n aufs beste ins Buch des Lebens ein und bind mein' Seel' fein feste ins schöne Bündelein der'r, die im Himmel grünen und vor dir leben frei, so will ich ewig rühmen, daß dein Herz treue sei. Amen.

Otto H. Schmidt

Immer neue Barmherzigkeit

Seine Barmherzigkeit hat noch kein Ende, sondern sie ist alle Morgen neu. *Klagelieder 3, 22–23*

Uns will oft der Gedanke kommen, daß dem lieben Gott die Geduld ausgehen muß beim Anhören unsrer vielen Bittgesuche um dies und um das. Lägen wir einem guten Freund mit solch unendlichem Flehen und Bitten in den Ohren, so kehrte er uns bald den Rücken. Nicht so unser gute Freund im Himmel. Ein neuer Tag bringt mit sich ein neues Wesen, aber mit dem neuen Tag kommen auch neue Aufgaben, neue Sorgen, neue Fehltritte. Kaum ist der gestrige Tag mit seinen Plagen dahin, so erscheint der neue mit ähnlichem Gesicht. Kaum haben wir den Herrn gestern alle unsre Anliegen nahegelegt, so drängt es uns aufs neue, ihn wieder mit Bitte und Gebet anzugehen. Da ist es tröstlich zu hören, daß er unser und unsrer Bitten nie überdrüssig wird. Seine Barmherzigkeit ist unerschöpflich; sie erneut sich jeden Morgen. Jeden Morgen spricht sie unsre neuen Sorgen an: "Sorget nicht, denn ich sorge für euch." Jeden Morgen verheißt sie unsrer Schwäche: "Die auf den Herrn harren, kriegen neue Kraft." Jeden Morgen antwortet sie unsrer Reue und Buße: "Seid getrost, euch sind eure Sünden vergeben."

Herr, stärke du unser Vertrauen auf deine endlose Liebe und Barmherzigkeit! Amen.

Martin H. Bertram

Gottes Liebe und Barmherzigkeit   Lies Jeremia 31, 1–7

Die Liebe

Wie hat er die Leute so lieb! 5. *Mose 33, 3*

Mose wußte aus Gottes Mund, daß er selbst das gelobte Land nicht betreten würde. Mose sah dem Tode ins Angesicht, und doch steht er vor unseren Augen als ein Held. Er hielt eine letzte Predigt an das Volk Israel. Er dichtete ein letztes Lied, das im 32. Kapitel des Buches zu lesen ist. Nun weissagt er in seinen letzten Worten, wie das auch Jakob getan hatte, den einzelnen Stämmen von ihrer Zukunft. Ein Segen ist es, den er durch Gottes Geist spricht. Es ist fast, als sähe er, wie später Jesaia, Gottes Thron und Herrlichkeit und viel Tausend Engel bei Gott. Und was Mose sieht, ist ihm nicht erschrecklich, sondern etwas Liebliches. Er hat schon öfters die Herrlichkeit Gottes gesehen und beschreibt Gottes Wesen also: "Herr, Herr Gott, barmherzig und gnädig." Und in diesem letzten Testament sagt Mose: "Wie hat er die Leute, die Völker, so lieb!" Alle Heiligen Gottes sehen darum die größte Herrlichkeit Gottes in seiner Liebe und Gnade. Das ist das Wesen Gottes: Liebe. Gott ist die Liebe! Unter Menschenworten ist wohl kein besserer Ausdruck zu finden, Gottes Herrlichkeit zu beschreiben. Seine Liebe übersteigt alles, was Menschen Liebe nennen. Also hat Gott die Welt geliebt, daß er seinen Sohn gab. Gott hat uns lieb!

Herr Jesu, habe Dank für deine Liebe! Amen.

Martin J. Naumann

Gottes Liebe und Barmherzigkeit Lies Psalm 51, 1–14

Vergebung der Sünden

Wohl dem, dem die Übertretungen vergeben sind, dem die Sünde bedecket ist! *Psalm 32, 1*

Die Macht der Sünde ist groß. Das hat schon mancher erfahren. Die Gnade Gottes ist viel größer. Das bezeugt die Heilige Schrift. Wer sich vom Teufel verblenden läßt, meint, die Sünde sei ja allgemein, darum sei sie nicht so schlimm. Wahr ist es, daß wir alle Sünder sind. Weil jedoch die Sünde verdammlich ist, den Frieden des Herzens stört und unser Verhältnis zu unserem himmlischen Vater droht, deshalb flieht der bußfertige Sünder zu seinem Gott mit der Bitte: "Sei mir Sünder gnädig!" Und weil die Sünde nicht nur verdammt, sondern auch uns beschmutzt, beten wir mit David: "Wasche mich wohl von meiner Missetat und reinige mich von meiner Sünde."

Wenn wir in der Angst unseres Herzens mit dem Psalmisten bekennen: "Ich habe gesündiget wider den Herrn," dann werden wir die trostreichen Worte hören: "So hat auch der Herr deine Sünde weggenommen." Diese Vergebung hat uns Christus erworben. Man machte ihm den Vorwurf: "Dieser nimmt die Sünder an." Aber eben deshalb dürfen auch wir mit dem Dichter sagen: "Mich hat er auch angenommen."

Schaffe in mir, Gott, ein reines Herze und gib mir neuen, gewissen Geist! Amen.

Albert T. Bostelmann

Gottes Liebe und Barmherzigkeit Lies Matthäus 6, 25–32

Mein Vater sorgt für mich

**Alle eure Sorge werfet auf ihn; denn er sorget für euch.
1. Petrus 5, 7**

Ein Vater weiß, was seine Kinder bedürfen, und er gibt sich alle Mühe, daß es ihnen vorrätig ist. Nach Kräften sucht er, ihnen auch das möglich zu machen, was sie in Zukunft nötig haben werden. Ein Vater sorgt für seine Kinder. Und Kinder verlassen sich auf den Vater. Fehlt ihnen etwas, so laufen sie schnell zu ihm. Sie sind gewiß, daß Vater helfen wird, wenn sie sich nur bei ihm melden.

Daß wir das doch festhielten in unserm Verhältnis zum Vater im Himmel! Aber wir vergessen so oft, daß der Vater weiß, was wir bedürfen und daß er uns alles Gute zugedacht und zubereitet hat. Wir machen uns allerlei unnötige Sorgen, wo doch der Vater schon längst Rat und Mittel fertig hat. Und dann vergessen wir weiter, daß wir zu ihm kommen sollen mit allen unseren Anliegen und Bekümmernissen.

Darum spricht der Vater zu uns: "Wirf dein Anliegen auf den Herrn! Der wird dich versorgen." "Befiehl dem Herrn deine Wege und hoffe auf ihn; er wird's wohlmachen." "Rufe mich an in der Not, so will ich dich erretten."

Seiner kann ich mich getrösten, wenn die Not am allergrößten er ist gegen mich, sein Kind, mehr als väterlich gesinnt. Amen.

Daniel E. Poellot

Gottes Liebe und Barmherzigkeit — Lies Jesaia 43, 1–11

Dein Name—mein Name

Ich habe dich bei deinem Namen gerufen. *Jesaia 43, 1*
Alle, die mit meinem Namen genannt sind. *Jesaia 43, 7*

Die heilige Schrift legt viel Gewicht auf Namen. Die Namensnennung in diesen Versen deutet hin auf das innige Verhältnis zwischen Gott und seinem Volk. Das gilt natürlich auch von allen einzelnen Christen. Was bedeutet es, daß dich Gott bei deinem Namen ruft? Er kennt dich. Er weiß, wer du bist. Er weiß auch, was du bist und wie du bist. Seine Kenntnis geht aber weiter als nur auf deinen Namen. "Herr, du erforschest mich und kennest mich. Ich sitze oder stehe auf, so weißest du es; du verstehest meine Gedanken von ferne." Es ist auch ein liebendes Kennen, wie Gott Mose kannte: "Ich kenne dich mit Namen, und hast Gnade vor meinen Augen funden."

Was bedeutet es, daß Gott dich bei seinem Namen nennt? Du gehörst ihm, er ist dein Vater, du sein Kind. Er hält dich in seiner Hand, und niemand kann dich aus seiner Hand reißen. Du darfst zu ihm kommen und "Abba, lieber Vater" beten. Wir sprechen das Vaterunser ganz getrost und sind gewiß, daß er uns erhört. Weil er uns seinen Namen beigelegt hat, müssen wir ihm nun auch zu Ehren leben. "Daran wird's offenbar, welche die Kinder Gottes und die Kinder des Teufels sind."

Schreib meinen Nam'n aufs beste ins Buch des Lebens ein! Amen.

Herman A. Mayer

Gottes Liebe und Barmherzigkeit — Lies Markus 1, 1–11

Gute Nachrichten!

Wie lieblich sind auf den Bergen die Füße der Boten, die da Frieden verkündigen, Gutes predigen, Heil verkündigen, die da sagen zu Zion: Dein Gott ist König. *Jesaia 52, 7*

Das Wort "Evangelium" ist uns als "die gute Nachricht" bekannt. Was ist diese gute Nachricht?

Zunächst ist sie das Wissen, das der Heilige Geist in uns durch den Glauben wirkt, daß Jesus den Preis für unsere Fehler bezahlt hat, und daß wir die Ewigkeit nach dem Tode mit ihm im Himmel verbringen werden. Diese Mitteilung erfüllt unsere Seele immer wieder mit Freude.

Das Evangelium bedeutet auch noch, daß wir in diesem Leben von Gottes Gnade, durch den Glauben, leben. Wir werden erlöst, damit wir gute Werke ausüben können: die Gute Nachricht verkündigen und den Armen und den Kranken helfen.

Johannes predigt "von der Taufe der Buße zur Vergebung der Sünden." So beginnt das Evangelium: der Heilige Geist kommt durch die Taufe und durch das Predigen des Wortes Gottes in unser Herz hinein und wirkt die Buße in uns. Der Geist wirkt auch den Glauben in uns, wodurch wir der Vergebung der Sünden sicher werden—Vergebung als freie Gabe durch das Verdienst Jesu Christi.

Held aus Davids Stamm, deine Liebesflamm'
Mich ernähre und verwehre,
Daß die Welt mich nicht versehre,
Ob sie mir gleich gram, Held aus Davids Stamm!
Amen.

Andrew C. Smith

Gottes Liebe und Barmherzigkeit   Lies Offenbarung 21, 22–27

Unsere Namen im Buche des Lebens

Darin freuet euch nicht, daß euch die Geister untertan sind; freuet euch aber, daß eure Namen in Himmel geschrieben sind. *Lukas 10, 20*

Auf dem Taufbecken meiner früheren Gemeinde in Mannheim stehen diese Worte unsere Herrn eingraviert. Und wenn Eltern und Paten ein Kind zur Taufe bringen, dann können sie diese Worte lesen, und wissen, daß ihre eigenen Namen zusammen mit dem Namen des Kindes, das getauft wird, wirklich und wahrhaftig im Himmel verzeichnet sind. Und wenn unser Name im Himmel geschrieben steht, dann bedeutet das, daß wir ein Anrecht auf einen Platz im Himmel haben. Dieses Anrecht haben wir uns nicht selbst verdient und erworben. Christus hat es für uns getan und hat es uns in unserer heiligen Taufe zugeeignet, so wie es Paulus im Galaterbrief schreibt: "Wieviel euer getauft sind, die haben Christum angezogen." Christi Platz aber ist im Himmel und darüber dürfen wir uns freuen, weil nun auch unser Platz dort ist. Es sagt uns der Apostel: "Seid ihr nun mit Christo auferstanden, so suchet, was droben ist, da Christus ist, sitzend zu der Rechten Gottes."

Herr, schaff uns wie die kleinen Kind, in Unschuld neugeboren, da wir getauft im Wasser sind, zu deinem Volk erkoren! Amen.

Manfred Roensch

Gottes Liebe und Barmherzigkeit   Lies Titus 3, 3–8

Ich bin getauft

Ihr seid alle Gottes Kinder durch den Glauben an Christum Jesum. Denn wieviel euer getauft sind, die haben Christum angezogen. *Galater 3, 26–27*

"Herr Doktor, seid Ihr denn nicht getauft?" So hielt Frau Käthe einmal ihrem Gatten, Doktor Luther, eine kurze, aber packende Predigt, als er verzagt war. In der Taufe hat uns Gott als seine Kinder aufgenommen und eine Gabe uns gegeben.

Daß das bißchen Wasser solch Wunder tun kann, liegt in der Tatsache, daß Gottes Befehl und Verheißung in der Taufe sind. Mögen Ungläubige die Taufe verachten, uns soll die Taufe wert und wichtig bleiben. Wir wollen sie nicht verachten, sondern unsere Kindlein in der Taufe in Jesu Arme legen, daß sie Gottes Kinder werden und Christi Blut und Gerechtigkeit als makelloses Taufkleid empfangen.

Laßt uns bedenken, was Paulus dem Titus schreibt: "Das ist je gewißlich wahr. Solches will ich, daß du fest lehrest, auf daß die, so an Gott gläubig sind worden, in einem Stand guter Werke funden werden."

Ich bin getauft, ich bin geschrieben
Nun in dem Buch des Lebens ein.
Stets wird mein Vater mich nun lieben
Und seinem Kinde gnädig sein. Amen.

N. P. Uhlig

Gottes Liebe und Barmherzigkeit   Lies Matthäus 28, 16–20

Wort und Sakramente

Lehret sie halten alles, was ich euch befohlen habe!
Matthäus 28, 20

Der Sohn Gottes ist vom Himmel auf die Erde gekommen, ist ein Mensch geworden und hat durch sein Leben, Leiden und Sterben allen Menschen Vergebung der Sünden und damit alles erworben, was ihre Seele in Zeit und Ewigkeit bedarf. Wie aber einem Menschen ein ihm gemachtes Geschenk nichts hilft, wenn er dasselbe noch nicht hat, so hilft auch einem Menschen die von Christo ihm erworbene Vergebung seiner Sünden nichts solang er dies nötigste, größte und herrlichste Geschenk Gottes nicht auch hat.

Welches sind nun die Mittel, durch welche ein Mensch der ihm erworbene Vergebung and Seligkeit teilhaftig wird? Das Hauptmittel ist das Wort Gottes. Das Wort sagt einem jeden, der Buße tut: "Dir sind deine Sünden vergeben; Gott ist dir um Christi willen versöhnt; du sollst selig werden." Um die Menschen seines Wohlgefallens und seiner Gnade zu versichern, hat Gott nicht nur sein Wort gegeben, sondern hat auch sichtbare Zeichen hinzugetan. Diese Zeichen im Neuen Testament sind die Sakramente der heiligen Taufe und des heiligen Abendmahls. Durch diese, wie durch sein Wort, vermittelt Gott uns seine Gnade—die Gnade, die durch Christum uns entgegenkommt.

Herr, unser Gott, wir danken dir für Wort und Sakramente; um Christi willen. Amen.

C. F. W. Walther

Gottes Liebe und Barmherzigkeit Lies Philipper 3, 1–11

Glaube und Gnadenverheißung

Dem aber, der nicht mit Werken umgehet, glaubet aber an den, der die Gottlosen gerecht macht, dem wird sein Glaube gerechnet zur Gerechtigkeit. *Römer 4, 5*

"Das ist die Verheißung, die er uns verheißen hat: das ewige Leben" (1. Johannes 2, 25). So schreibt Johannes von der Gnadenverheißung des lieben Gottes. Die Gnadenverheißungen Gottes sind alle auf Jesu Christo gegründet. "Derselbige ist die Versöhnung für unsere Sünde, nicht allein aber für die unsere, sondern auch für der ganzen Welt" (1. Johannes 2, 2).

Unsere guten Werke können uns den Himmel nicht verdienen. Christus hat uns ja durch sein teures Blut den Himmel erkauft. Was Gott uns lehrt von Christi stellvertretender Genugtuung, das ergreifen wir im Glauben. "Dem aber, der nicht mit Werken umgehet, glaubet aber an den, der die Gottlosen gerecht macht, dem wird sein Glaube gerechnet zur Gerechtigkeit."

Unser Gefühl kann uns täuschen. Nur Gottes Gnadenverheißungen können unsere Herzen vor Gott stillen. "Daran erkennen wir, daß wir aus der Wahrheit sind, und können unser Herz vor ihm stillen, daß, so uns unser Herz verdammt, daß Gott größer ist denn unser Herz, und erkennet alle Dinge" (1. Johannes 3, 19–20).

O Heiliger Geist, gib, daß ich mich allezeit auf deine Gnadenverheißungen verlassen möge; im Namen Jesu! Amen.

Arnold H. Gebhardt

Gottes Liebe und Barmherzigkeit   Lies Hesekiel 33, 10–11

Wahre Bekehrung

Bekehret euch zu mir von ganzem Herzen mit Fasten, mit Weinen, mit Klagen! Zerreißet eure Herzen und nicht eure Kleider und bekehret euch zu dem Herrn, eurem Gott! Denn er ist gnädig, barmherzig, geduldig und von großer Güte und reuet ihn bald der Strafe. *Joel 2, 12–13*

Menschen sind in diesem Leben auf einer Reise in einem fremden Land. Ein Liederdichter singt: "Ich bin nur Pilger hier, mein Heim ist dort." Das rechte Ziel ist der Himmel. Von Natur gehen alle auf falschem Wege. Der Herr aber "will nicht, daß jemand verloren werde, sondern daß sich jedermann zur Buße kehre" (2. Petrus 3, 9) und spricht: "Bekehret euch"—nicht äußerlich ("zerreißet nicht eure Kleider"), sondern "von ganzem Herzen," so daß euer "Fasten, mit Weinen, mit Klagen" eine wahre, rechte, echte Reue und Buße bezeichnet. Bei dem Herrn ist Vergebung. "Er ist gnädig, barmherzig, geduldig und von großer Güte und reuet ihn bald der Strafe."

Aber, Herr, ich kann nicht wissen,
Wieviel meiner Fehler sein;
Mein Gemüt ist ganz zerrissen
Durch der Sünden Schmerz und Pein,
Und mein Herz ist matt von Sorgen;
Ach, vergib mir, was verborgen,
Rechne nicht die Missetat,
Die dich, Herr, erzürnert hat! Amen.

Luther Poellot

Gottes Liebe und Barmherzigkeit   Lies 2. Korinther 5, 17–21

Was heißt Vergebung der Sünden?

So du willst, Herr, Sünde zurechnen, Herr, wer wird bestehen? *Psalm 130, 3*

Wenn Gott mit uns nach Recht und Gerechtigkeit handeln wollte, wenn er jeden bösen Gedanken, jedes lieblose Wort, jede Unterlassung des Guten und jede unrechte Tat in unser Schuldbuch eintragen würde, dann wären wir ewig verloren. Aber Gott sei Dank, so führt er nicht Buch, wenn er mit uns handelt. Auch sagt er nicht einfach wie ein zulassender Vater: "Es ist schon gut, wir wollen es übersehen." Dann wäre er nicht ein gerechter Gott.

Wie macht er es denn bei der Sündenvergebung? Er weigert sich nicht, die Schuld anzurechnen, aber er schreibt sie in das Schuldbuch seines Sohnes. Er rechnet es ihm an. Der nahm alle Verantwortung für uns auf sich: die Schuld, die Strafe und Sühne unserer Sünde. "[Gott] hat den, der von keiner Sünde wußte, für uns zur Sünde gemacht." Nun kann es heißen: "Bei dir ist die Vergebung, daß man dich fürchte." Wir sind dankbar, daß der Gerechtigkeit Gottes genuggetan ist durch den Heiland, und wir so frei sind, denn Vergebung ist Nichtzurechnung unserer Schuld. So kann der gnädige Gott uns rechtfertigen.

**Hab ich Unrecht heut' getan,
Sieh' es, lieber Gott, nicht an! Amen.**

Paul F. Koenig

Gottes Liebe und Barmherzigkeit Lies Psalm 32

Die Zurechnung der Sünden

So du willst, Herr, Sünde zurechnen, Herr, wer wird bestehen? *Psalm 130, 3*

Bei solchen Worten, sagte Dr. Luther, mußte er das Buch mit Tränen niederlegen. Was konnte auch furchtbarer sein als die Zurechnung der Sünde vor Gott?

Es ist recht: Unsre Sünde ist uns gegenwärtig. Weil wir den alten Adam in uns haben, müssen wir vor Gott bußfertig bleiben. Nur dann erkennen wir die große Gnade Gottes in Christo, die unsre Sünde schneeweiß macht. Es bleibt ein Wunder Gottes, daß wir erlöst werden können. Das alles hat Luther schön in seinem Lied gesagt: "Denn so du willst das sehen an, was Sünd' und Unrecht ist getan, wer kann, Herr, vor dir bleiben? Bei dir gilt nichts denn Gnad' und Gunst, die Sünde zu vergeben; es ist doch unser Tun umsonst auch in dem besten Leben.... Darum auf Gott will hoffen ich, auf mein Verdienst nicht bauen; auf ihn mein Herz soll lassen sich und seiner Güte trauen."

Lieber Herr, laß uns vergeben und auch vergebend sein durch dein Opfer und Beispiel! Amen.

Otto F. Stahlke

Gottes Liebe und Barmherzigkeit Lies Jesaia 1, 18–31

Göttliches Richten

Wenn eure Sünde gleich blutrot ist, soll sie doch schneeweiß werden; und wenn sie gleich ist wie Rosinfarbe, soll sie doch wie Wolle werden. *Jesaia 1, 18*

"So kommt dann und laßt uns miteinander rechten, spricht der Herr." So beginnt der heutige Abschnitt. Also, jetzt wird der Herr mit seinem Volk ins Gericht gehen. Wie wird das wohl ausfallen? Wer diese Verse gelesen hat, kann darüber schnell einen Schluß ziehen. Da heißt es nämlich: "Und wenn ihr schon eure Hände ausbreitet, verberge ich doch meine Augen von euch; und ob ihr schon viel betet, höre ich euch doch nicht; denn eure Hände sind voll Bluts." Da ist doch nur *ein* Richterspruch möglich, nämlich: "Gehet hin von mir, ihr Verfluchten!"

Aber nein, anstatt dieses schrecklichen Richterspruchs hören wir ein Wort unaussprechlicher Gnade. Lies die Worte nochmals. Ist das möglich? Ja, so spricht der Herr: "Wo aber die Sünde mächtig worden ist, da ist doch die Gnade viel mächtiger worden." "Ob bei uns ist der Sünden viel, bei Gott ist viel mehr Gnade." Gott hat aus unendlicher Liebe seinen eingebornen Sohn in diese Welt gesandt, unsere Sünde und die Strafe unserer Sünde auf sich zu nehmen. "Er ist für mich gestorben, hat mir das Heil erworben."

Ich bin ganz getrosten Muts, ob die Sünden blutrot wären, müßten sie kraft deines Bluts, dennoch sich in schneeweiß kehren. Amen.

Herman A. Mayer

Gottes Liebe und Barmherzigkeit　　Lies Johannes 10, 12–18

Der gute Hirte

Ich bin ein guter Hirte und erkenne die Meinen und bin bekannt den Meinen. *Johannes 10, 14*

Ein Hirte nimmt sich seiner Schafe an. Er führt sie auf frische Auen und zum klaren Wasser. Er sorgt auch dafür, daß sie sicher sind vor den wilden Tieren. So haben die Schafe es bei ihrem Hirten gut. Das ist ein Bild, das uns zeigt, wie es sich verhält zwischen uns und Jesu. Er ist der gute Hirte, der für uns sorgt. Wir sind seine Schafe. Er sorgt dafür, daß wir sicher sind vor den Wölfen—den falschen Propheten, die uns großen Schaden antun wollen. Er sorgt auch dafür, daß unsere Seelen reichlich genährt werden durch sein Wort. So mangelt es uns an nichts.

Der gute Hirte kennt seine Schafe bei Namen. Er hat alles für sie getan, was nötig ist für ihre Seligkeit. Er hat seinen Heiligen Geist in ihre Herzen gesandt, daß sie ihn nun als ihren guten Hirten kennen und daß sie ihm folgen, wie und wohin er sie führt. Wie gut haben wir es nicht, weil wir einen solchen Hirten haben, und wie gerne sollten wir nicht auf seine Stimme achten, wenn er uns bei Namen ruft! Wie sollten wir nicht mit Verlangen dem Tag entgegen sehen, da wir ewig bei ihm im Himmel sein werden!

Herr Jesu, unser barmherziger Hirte, führe uns auf rechter Straße um deines Namens willen! Amen.

Gerhard C. Michael

Gottes Liebe und Barmherzigkeit Lies Jesaia 44, 18–28

Sünde und Missetat muß verschwinden

Ich vertilge deine Missetat wie eine Wolke und deine Sünde wie den Nebel. Kehre dich zu mir; denn ich erlöse dich. *Jesaia 44, 22*

Der natürliche Mensch setzt sich leicht über seine Sünden hinweg. Wer aber auf die Anklage seines Gewissens hört, dem wird die Sünde zu einer unerträglichen Last, und es wird ihm klar: niemand als Gott, gegen den ich gesündigt habe, kann mich freimachen von der Sünde.

Aber gerade das will Gott tun. Er hat keinen Gefallen am Tode des Gottlosen. Er will lieber vergeben als verdammen. Glaube seiner Zusage: "Ich vertilge deine Missetat wie eine Wolke und deine Sünde wie den Nebel." Dazu hat er seinen eingebornen Sohn in die Martern des Leidens und Sterbens kommen lassen, ja, bis in die Finsternis der Gottverlassenheit hinein, damit er alle Strafen der Sünder auf sich nähme und die Macht der Hölle zerbräche. Wie der Sturmwind die Wolken verjagt und die Sonne mit ihren Strahlen den Nebel vertilgt, so vertilgt Christi Blut und Gerechtigkeit die Sünden aller Menschen.

Wem gilt diese Zusage? Nicht dem, der mit sich selbst zufrieden ist, sondern dem, der wie der verlorne Sohn zum Vater kommt und in wahrer Reue und Buße seine Sünde bekennt und um Vergebung bittet.

Ich Betrübter komme hier und bekenne meine Sünden. Laß, mein Heiland, mich bei dir Gnade zur Vergebung finden! Amen.

Herman A. Mayer

Gottes Liebe und Barmherzigkeit   Lies Jesaia 52, 7–10

Das Wort von der Versöhnung

So bitten wir nun an Christus' Statt: Lasset euch versöhnen mit Gott! *2. Korinther 5, 20*

Dieses Wort des Apostels Paulus steht in einem Zusammenhang, der von Versöhnung handelt. In drei Versen ist viermal davon die Rede. Das Gegenteil von Versöhnung ist Streit, Hader, Groll und Feindschaft. Dieser traurige Zustand besteht überall in der Welt: zwischen Eheleuten, Geschwistern, Nachbaren und Völkern. Menschen, die einst mit einander befreundet waren, stehen einander jetzt feindselig gegenüber. Soll es wieder zum früheren Verhältnis kommen, dann muß eine Versöhnung stattfinden. Es ist schlimm, wenn ein Mensch unversöhnlich ist.

Das größte Elend in der Welt stammt von Feindschaft zwischen Gott und Menschen. Durch die Sünde sind die Menschen Gott entfremdet, und der Zorn Gottes ist offenbart über der Menschen Ungerechtigkeit. Nur Gott konnte den Bruch heilen. "Gott war in Christo und versöhnete die Welt mit ihm selber." Gott sorgte auch dafür, daß die durch Christum bewirkte Versöhnung uns Sündern zuteil werde. Gott "hat unter uns aufgerichtet das Wort von der Versöhnung." So lautet nun das Wort: Gott hat euch Sünder mit ihm selber versöhnt.

Gott, wir danken dir für dein heiliges Evangelium. Hilf, daß wir es schätzen im Glauben! Amen.

Herbert J. A. Bouman

Gottes Liebe und Barmherzigkeit   Lies Palm 130

Aus tiefer Not schrei' ich zu dir

Aus der Tiefe rufe ich, Herr, zu dir. Herr, höre meine Stimme! *Psalm 130, 1–2*

Der 130. Psalm ist sicher einer der bekanntesten und beliebtesten der Psalmen. Ihm zur Seite steht schon jahrelang das Lied Martin Luthers: "Aus tiefer Not schrei' ich zu dir, Herr Gott, erhör' mein Rufen, dein' gnädig' Ohren kehr' zu mir und meiner Bitt sie öffen! Denn so du willst das sehen an, was Sünd' und Unrecht ist getan, wer kann, Herr, vor dir bleiben?"

Die ersten Worte dieses Psalms sind ein bekanntes Sprichwort geworden. Wie der Psalmist, wie auch Martin Luther, so empfinden auch Gottes Kinder in heutigen Tagen dieselbe Not und schreien in ihrer Angst—und doch im Glauben—zum barmherzigen Gott um Hilfe und Errettung. Unsere Not kann vielerlei sein, doch ist das Grundübel und die größte Not in jedem Fall die Sünde. Das Christenherz weiß wohl, wo in dieser Not und für dieses Übel, Hilfe zu finden ist, nämlich in den Wunden Christi. In Christo sind alle unsere Sünden täglich vergeben. Im Glauben an unseren Heiland sind wir dieser Liebesgabe gewiß. Dann ist uns auch in jeder Not und in alle Ewigkeit Gottes Barmherzigkeit versichert.

Zu dir, Herr, schreie ich in meiner Not; um Jesu willen wirst du mir allezeit beistehen. Amen.

Alfred C. Seltz

Gottes Wort, ein Kleinod

Dein Wort ist unsers Herzens Freude und Trost.
Jeremia 15, 16

Daß die in der Christenheit Lebenden Gottes Wort haben, das ist eine Gnade, deren Größe von keinem Menschen ermessen und mit keinen Gedanken erreicht, viel weniger mit Worten völlig beschrieben werden kann.

Mit Gottes Wort haben wir ein himmlisches, uns hell leuchtendes Licht. Wir haben ferner eine Schatzkammer, in welcher für uns die Vergebung der Sünden liegt. Das Wort Gottes verkündigt nicht nur, daß aller Menschen Sünden getilgt worden sind durch Jesum Christum, sondern es ist zugleich die Hand Gottes, welche dieses köstliche Gut den Menschen darreicht. Mit dem Worte Gottes haben wir auch eine unversiegbare Quelle des Trostes. Wir haben auch ein scharfes Schwert, damit wir gegen alle unsere Feinde wehren und in jedem Kampf siegen können. Wir haben endlich in dem Worte Gottes einen Schlüssel des Himmels.

O große Gnade, die Gott allen denjenigen geschenkt hat, welche er mitten in der Christenheit hat geboren werden lassen! So sagen wir mit dem Propheten Jeremia: "Gottes Wort ist unsere Freude und Trost."

[Wir] bitten dich, laß sicherlich je mehr und mehr die reine Lehr' ausbreiten sich zu deiner Ehr'! Amen.

C. F. W. Walther

Gottes Liebe und Barmherzigkeit　　Lies Römer 8, 31–39

Unser Fürsprecher bei dem Vater

Wer will verdammen? Christus ist hie, der gestorben ist, ja vielmehr, der auch auferwecket ist, welcher ist zur Rechten Gottes und vertritt uns. *Römer 8, 34*

"Freund, wie bist du hereinkommen und hast doch kein hochzeitlich Kleid an?" So fordert der König im Gleichnis den Hochzeitsgast heraus, der es nicht für nötig hielt, das vom Gastgeber gelieferte Hochzeitskleid anzuziehen. "Er aber verstummte," heißt es dann von ihm. So müßten auch wir vor dem Richterstuhl Gottes verstummen als solche, die keine Entschuldigung haben. Wir müßten gewiß, wie der Hochzeitsgast in Jesu Gleichnis, fortan in die äußerste Finsternis geworfen werden.

Doch Dank sei Gott! Wir haben einen, der für uns vor Gott das Wort ergreift, wenn wir verstummen. Das ist unser Fürsprecher Jesus Christus. Der kann für uns zum Vater reden als für solche, die er selber teuer erkauft hat, und denen er das hochzeitliche Kleid besorgt hat—das Kleid seiner eigenen, durch Leiden und Tod für uns erworbenen Gerechtigkeit. Nun kann und will selbst der heilige Gott uns nicht verdammen, denn nun sind wir umkleidet mit der Gerechtigkeit und Heiligkeit, die vor ihm gilt und ihn erfreut.

Derhalben mein Fürsprecher sei, wenn du nun wirst erscheinen, und lies mich aus dem Buche frei, darinnen stehn die Deinen! Amen.

Hilton C. Oswald

Gottes Liebe und Barmherzigkeit   Lies Psalm 32

Vergebung der Sünden

Liebe Kindlein, ich schreibe euch, daß euch die Sünden vergeben werden durch seinen Namen. *1. Johannes 2, 12*

Johannes schreibt, daß uns die Sünden vergeben sind durch den Namen unsers Herrn und Heilandes, Jesu Christi. Er hat durch sein stellvertretendes Leben, Leiden und Sterben uns die Vergebung erworben. "An Christo haben wir die Erlösung durch sein Blut, nämlich die Vergebung der Sünden."

Der Vergebung unserer Sünden will uns der liebe Heiland durch das Wort der Absolution besonders gewiß machen. Wahr ist's ja, so oft wir das Wort des Evangeliums hören, und so oft wir zum heiligen Sakrament gehen, so oft wird unserm Herzen aufs neue die Gewißheit gebracht, daß uns die Sünden vergeben sind.

Ganz besonders aber geschieht dies auch durch das Wort der Absolution. In der Beichte bekennen wir dem Herrn bußfertig unsere Sünde, und daraufhin spricht der Beichtiger uns die Absolution oder Vergebung. Von dieser Absolution oder Vergebung sprechen wir gemäß der heiligen Schrift, daß wir sie empfangen als von Gott selbst, und ja nicht zweifeln, sondern fest glauben sollen, die Sünden seien dadurch vergeben vor Gott im Himmel.

O Jesu, deine Lieb' ist groß, ich komm mühselig, nackt und bloß, ach, laß mich Gnade finden! Amen.

Herman A. Harms

Gottes Liebe und Barmherzigkeit	Lies Psalm 71, 1–9

Lebenslängliche Liebe

Ja, ich will euch tragen bis ins Alter und bis ihr grau werdet. *Jesaia 46, 4*

In der Trauung versprechen Ehepaare sich lebenslängliche Liebe. Und wem käme nicht manches Beispiel von der Beständigkeit solcher Eheliebe bis ins späte Alter in die Erinnerung—so manches Bild greiser Gatten, die Hand in Hand durch die Jahre pilgern und einander in Liebe hegen und pflegen!

Aber dies ist nur ein matter Abdruck der lebenslänglichen Liebe Gottes in Christo. Diese Liebe hat die unsicheren Schritte unsrer Kindheit gelenkt; sie hat uns durch unsre Jugend begleitet; und nach Gottes Verheißung läßt sie uns auch im Alter nicht im Stich. Wenn unsere Kräfte abnehmen, verspricht er uns, auf Händen der Liebe zu tragen. Wenn Freunde und Verwandte vor uns ins Grab sinken, versichert er uns: "Ich will dich nicht verlassen noch versäumen." Wenn die Jahre Wehmut und Verzagtheit in uns erzeugen, so will er uns trösten. Wir bitten:

Ach, bleib bei uns, Herr Jesu Christ,
Weil es nun Abend worden ist;
Dein göttlich Wort, das helle Licht,
Laß ja bei uns auslöschen nicht!

Ach bleib mit deiner Treue bei uns, mein Herr und Gott! Beständigkeit verleihe, hilf uns aus aller Not! Amen.

Martin H. Bertram

Gottes Liebe und Barmherzigkeit   Lies Matthäus 22, 23–33

Der Gott der Lebendigen

Ich bin der Gott Abrahams und der Gott Isaaks und der Gott Jakobs. Gott aber ist nicht ein Gott der Toten, sondern der Lebendigen. *Matthäus 22, 32*

Wir alle müssen einmal sterben. Diese Tatsache ist ein Zeichen des Gerichtes Gottes über uns eigenwillige Menschen.

Dies war aber nicht Gottes originelle Absicht. Er hatte vor, mit den Menschen täglich in Verbindung zu sein und sich mit ihnen zu unterhalten wie ein Vater mit seinen Kindern.

Die Macht der Sünde ist es aber, die uns von Gott trennt und uns unter sein Gericht bringt.

Diese Macht hat aber nicht das letzte Wort, wie die Sadduzäer dachten. Gott ist eben der Lebendigen und nicht der Toten Gott. Durch Jesum Christum gibt er uns die Möglichkeit, ewiges Leben schon in dieser Welt zu empfangen.

Durch Wort und Sakrament macht Gott allen Menschen dieses neue Leben zugänglich. In der Taufe haben wir es empfangen. Durch das Wort der Vergebung und durch das Abendmahl erhält uns unser Gott in seiner Gnade.

Wir danken dir, Vater, daß du der Gott der Lebendigen bist und uns durch Christum ewiges Leben schenkst. Amen.

Jakob K. Heckert

Gottes Liebe und Barmherzigkeit   Lies Philipper 3, 13–21

Mein Heiland bringt mich ans Ziel

Ich jage ihm aber nach, ob ich's auch ergreifen möchte, nachdem ich von Christo Jesu ergriffen bin.
Philipper 3, 12

Ja, mein Heiland bringt mich ans Ziel. Mein Verlangen ist aber nicht nur, in den Himmel einzugehen, sondern vielmehr, himmlisch zu werden. Im Himmel wird das Ebenbild Gottes wieder völlig in mir hergestellt werden. Hier auf Erden bin ich noch weit vom Ziel. Ich bin noch längst nicht vollkommen. Die Sünde ist noch immer kräftig in mir und hält mich davon ab, so zu leben, wie ich als Kind Gottes leben sollte. Aber mit allen meinen Kräften jage ich dem Ziele nach. Mein tägliches Bemühen ist, die Sünde immer mehr zu überwinden und in der Heiligung von Tag zu Tag zuzunehmen und immer völliger werden.

Ich weiß, daß ich in meiner eigenen Kraft das Ziel nicht erreichen kann. Aber Christus hilft mir. Wenn ich stolpere und falle, dann richtet er mich wieder auf. Er hält mich bei der Hand und hebt und trägt mich, wie eine Mutter ihr Kind, bis es alleine gehen kann. Darum verzage ich nicht, wenn ich meine Schwachheit merke. Mein Heiland hilft mir einen Schritt nach dem andern zu tun; und endlich bringt er mich ans Ziel.

Jesu, unser Herr und Heiland, wir danken dir für deine Barmherzigkeit. Amen.

Clarence T. Schuknecht

Gottes Liebe und Barmherzigkeit   Lies 1. Korinther 13, 1–13

Die Liebe höret nimmer auf

Bleibet fest in der brüderlichen Liebe! *Hebräer 13, 1*

Viele in christlichen Ländern bekannte Sprichwörter haben dem Sinne nach ihren Ursprung in der Schrift. Manchmal wird ein Satz dem Volksmund geläufig, der direkt aus der Bibel geschöpft wurde. So ist es mit dem oben angegebenen Sprichwort (1. Korinther 13, 8).

Kaum gibt es eine wichtigere Wahrheit, als diese: das fortwährende Bestehen und die Macht der Liebe. Die größte und tiefste Liebe ist Gottes Liebe, die ihn bewogen hat, der ganzen Sünderwelt seinen einigen Sohn zur Erlösung und Seligkeit zu schenken (Johannes 3, 16). Weil hier die unergründliche Liebe Gottes so tröstend geoffenbart wird, hat man diesen kurzen Johannesvers "die kleine Bibel" genannt. Nichts ist uns armen Sündern von größerem Wert, als die Liebe des himmlischen Vaters, der seines eigenen Sohnes nicht verschonet, sondern ihn für uns alle dahingegeben hat (Römer 8, 32). Gottes Liebe höret nimmer auf!

Ein schwacher, doch wunderbarer, Abschein ist die Liebe, die im Christenherzen wohnt. Vom Heiligen Geist gewirkt, ist sie mächtiger als alle Menschenkraft. Ihre Folgen reichen in den Himmel. Möge sie in uns wohnen!

Durch die Macht deiner Liebe, Gott, laß immerwährende Liebe auch in unsern Herzen wohnen! Amen.

Alfred C. Seltz

Gottes Liebe und Barmherzigkeit — Lies Psalm 134

Der aaronische Segen

**Der Herr segne dich und behüte dich! Der Herr lasse sein Angesicht leuchten über dir und sei dir gnädig! Der Herr hebe sein Angesicht über dich und gebe dir Frieden!
4. Mose 6, 24–26**

Dieser Segen schließt unsere Hauptgottestdienste und ist ein Hinweis auf die heilige Dreieinigkeit. Dabei erinnern wir uns auch, daß der Herr spricht (Offenbarung 1, 8): "Ich bin ... der Anfang und das Ende, ... der da ist, und der da war, und der da kommt, der Allmächtige."

"Der Herr [Gott der Vater] segne dich," nicht nur im allgemeinen, sondern "mit allerlei geistlichem Segen in himmlischen Gütern durch Christum" (Epheser 1, 3) "und behüte dich." Er ist der "Menschenhüter" (Hiob 7, 20), welcher die Seinen behütet "wie einen Augapfel im Auge" (Psalm 17, 8).

"Der Herr [Gott der Sohn] lasse sein Angesicht leuchten über dir und sei dir gnädig," das heißt "erzeige sich freundlich und tröstlich, sehe dich nicht sauer an ... sondern lache dich fröhlich und väterlich an, welches geschieht, so er unsere Sünde uns vergibt" (Luther).

"Der Herr [Gott der Heilige Geist] hebe sein Angesicht über dich," sehe dich mit Liebe an, "und gebe dir Frieden" mit Gott und in deinem Gewissen!

Der Herr segne uns, behüte uns vor allem Übel und bringe uns endlich ins ewige Leben! Amen.

Luther Poellot

Kreuz und Trost　　　　　　　　Lies Psalm 77, 1–16

Göttlicher Trost

Wenn mir gleich Leib und Seele verschmachtet, so bist du doch, Gott, allezeit meines Herzens Trost.
Psalm 73, 26

Gott ist ein Gott des Trostes. Christus hat für uns den besten Trost erworben, indem er sein Leben für die Vergebung der Sünden aufopferte. Der Heilige Geist wird Tröster genannt, weil er uns diesen Trost zueignet.

Trotzdem müssen wir oft mit Hiskia klagen: "Um Trost war mir sehr bange." Wir geraten in Angst, wenn unsere Sünden uns anklagen. Doch finden wir wiederum Trost, wenn wir im Glauben sprechen: "Du wirfst alle meine Sünde hinter dich zurück."

Das Gesetz zeigt uns unsere Sünden und Gottes Zorn. Es offenbart unsere sündlichen Begierden, Gedanken, Worte und Werke. Es verurteilt uns und belastet uns wegen der Sünde. Darauf spricht der Heiland diese tröstliche Einladung: "Kommet her zu mir, alle, die ihr mühselig und beladen seid, ich will euch erquicken." Diese Erquickung empfinden wir, wenn wir das Vertrauen haben: Gott vergibt mir reichlich und täglich alle meine Sünden um Christi willen "In Christi Wunden schlaf ich ein, die machen mich von Sünden rein."

Vater der Barmherzigkeit, tröste uns in unserer Trübsal, damit wir auch andere trösten können! Amen.

Albert T. Bostelmann

Kreuz und Trost Lies Johannes 10, 1–11

Der gute Hirte

Ich bin ein guter Hirte. *Johannes 10, 12*

Für die Zuhörer Jesu waren Hirten und Herden auf den Gefilden ihres Heimatlandes ein vertrautes Bild. Und da Jesus sich den guten Hirten nannte, erstand wohl eine ganze Reihe von Bildern vor ihren geistlichen Augen. Ein guter Hirte führte seine Schafe zu grünen Auen und labte sie an frischen Wasserbächen. Er geleitete sie sicher auf steinigen Pfaden. Er zog das Lamm aus dornigen Hecken. Er ging dem verirrten Schafe nach. Er schützte die Schafe mit eigener Lebensgefahr vor Dieben, Räubern und Wölfen. Er wachte über die Herde bei Tag und bei Nacht.

So führt Jesus, der gute Hirte, auch uns auf unsrem ganzen Lebensweg, manchmal auf ebener Straße, manchmal auf felsigem Pfade. Er, der uns durch sein Leiden und Sterben zu seinem Eigentum erworben hat, trägt uns auf Armen der Liebe, so daß wir mit David sprechen können: "Der Herr ist mein Hirte; mir wird nichts mangeln." Er stärkt uns. Wenn wir irregehen, geht er in seiner Heilandsliebe uns nach. Er verläßt uns auch nicht auf dem Gang durch das finstere Todestal. Auch dann kann unser Glaube mit David sprechen: "Du bist bei mir, dein Stecken und Stab trösten mich."

Weil ich Jesu Schäflein bin
Freu' ich mich nur immerhin. Amen.

Martin H. Bertram

Kreuz und Trost Lies Jesaia 43, 1–7

Fürchte dich nicht!

Ich habe dich bei deinem Namen gerufen. *Jesaia 43, 1*

Das Volk Israel war zunächst Gottes Eigentum, weil er es geschaffen hatte. Und er hatte es auch erlöst—aus der Knechtschaft Ägyptens und aus der Sünde. Gott fügt hinzu: "Ich habe dich bei deinem Namen gerufen; du bist mein!" Wasserströme und Feuerflammen konnten Israel nicht schaden, denn der Herr war mit ihnen.

Gilt dies nicht auch von uns Christen, die wir durch den Glauben Gottes Volk sind? Wir sind Gottes Eigentum, weil Gott uns geschaffen hat und weil Jesus Christus uns mit seinem teuren Blut erlöst hat. Ist Gott mit uns, bei uns und für uns, wer mag wider uns sein? Wenn Gott uns schützt, wer kann uns schaden? Wir können mit dem Psalmisten sprechen: "Gott ist unsere Zuversicht und Stärke, eine Hilfe in den großen Nöten, die uns getroffen haben."

So gewiß Gott die herrlichen Verheißungen zu seinem Volke Israel erfüllt hat, so gewiß geschieht das heute noch und wird geschehen bis auf den Tag, da er die Sammlung seiner Kinder zum Schluß bringen wird. Selig sind alle, die mit seinem Namen genannt sind und seine Stimme hören. Diese brauchen sich nicht fürchten.

> **O Jesu, wahres Leben,**
> **Du hast dich mir gegeben**
> **Und in mein Herz gesetzet,**
> **Auch Seel' und Mut ergötzet. Amen.**

Paul F. Wieneke

Kreuz und Trost Lies Psalm 73, 23–28

Trost und Tröster

Der ... Gott alles Trostes. *2. Korinther 1, 3*

In einer Welt, in der Not und Trübsal tägliche Gefährten sind, finden wir hier einen treffenden Namen für unsern Gott. In der Schrift finden wir den Gott alles Trostes, der uns zu trösten verspricht, wie einen seine Mutter tröstet. Wer erinnert sich aus seiner Kindheit nicht der trostreichen Stimme der Mutter, mit der sie kindlichen Kummer stillte! So will uns auch Gott mit der Stimme seines Wortes trösten. In der Schrift finden wir den Gott, der da sagt: "Sei getrost, ... deine Sünden sind dir vergeben." Da finden wir den Heiligen Geist, der der Tröster heißt, dessen besonderes Amt es ist, uns den Trost Gottes tief ins Herz zu senken. Oft haben wir in unserm Leben dem Psalmisten die Worte nachsprechen können: "Das ist mein Trost in meinem Elende; denn dein Wort erquicket mich." Auch wo Gott uns nicht völlig von Leid befreit, gibt er uns doch den Trost seiner Nähe, und wir sprechen: "Wenn mir gleich Leib und Seele verschmachtet, so bist du doch, Gott, allezeit meines Herzens Trost und mein Teil." Auch dem Apostel war das Leiden nicht unbekannt, und doch spricht er hier von dem "Gott alles Trostes, der uns tröstet in alle unserer Trübsal."

> **Wer wär' mein Tröster dann im Schmerz?**
> **Wer auf dem Sterbebette?**
> **Wer einst am Tage des Gerichts?**
> **Ach, hier und dort hätt' ich ja nichts,**
> **Wenn ich nicht Jesum hätte.**

Martin H. Bertram

Kreuz und Trost Lies Römer 8, 35–39

Mein Vater ist bei mir

Du bist bei mir, dein Stecken und Stab trösten mich.
Psalm 23, 4

Zu den bittersten Erfahrungen im Leben gehört gewiß das Gefühl des Alleinseins. Besonders für Kinder ist das ein Schrecken, wenn sie fühlen, es ist niemand bei ihnen und sie sind ganz allein. Wenn aber der Vater spricht: Sei ruhig, ich bin bei dir—dann legt sich die Angst und es ist wieder alles gut. Das gilt auch, so lange wir leben. Ich kann manche Not überstehen, wenn ich nur weiß, ich bin nicht alleine, es ist jemand bei mir.

Hat nun der Vater im Himmel überhaupt etwas verheißen, so ist es dies, daß er die Seinen nicht verläßt. Wie er einst zu Josua sprach: "Ich will dich nicht verlassen noch von dir weichen," so bezeugt er es allen den Seinen durch das Wort seines Sohnes: "Siehe, ich bin bei euch alle Tage bis an der Welt Ende." Daran halte ich mich, und das erhält mich.

Das gilt aber nicht mir allein, sondern auch dem ganzen Haushalt Gottes, seinem Volk auf Erden. Es mag wohl scheinen, als hätte der Herr seine Kirche verlassen, aber "Gott ist bei ihr drinnen, darum wird sie wohl bleiben."

Der Herr ist noch und nimmer nicht von seinem Volk geschieden, er bleibet ihre Zuversicht, ihr Segen, Heil und Frieden. Amen.

Daniel E. Poellot

Kreuz und Trost — Lies Römer 8, 24–27

Der Beistand des Trösters

Wenn aber jener, der Geist der Wahrheit, kommen wird, der wird euch in alle Wahrheit leiten. *Johannes 16, 13*

Wir bekennen: Der Heilige Geist hat mich durch das Evangelium berufen, mit seinen Gaben erleuchtet, im rechten Glauben geheiliget und erhalten; er vergibt mir und allen Gläubigen alle Sünden; er wird mich und alle Toten auferwecken und mir samt allen Gläubigen in Christo ein ewiges Leben geben.

Jesus nennt den Heiligen Geist einen Tröster. Das ist einer, der nicht nur unsere Tränen trocknet und uns in Verzagtheit Mut zuspricht, sondern sich auch an unsere Seite stellt und rechten Beistand leistet. Sein Amt ist, uns zu unterstützen, uns sicher zu leiten, wohl auch uns zurechtzuweisen, wo wir sonst auf Abwege gerieten. Er ist uns eine rechte Stärkung auf dem Wege.

Wir müssen bekennen, daß wir oft das Amt des Geistes unterschätzen. Wäre es nicht um diese dritte Person der Gottheit, so hätten wir nur wenig Nutzen von den Werken der ersten beiden Personen. Ihm verdanken wir es, daß wir unseren Lauf vollenden. Wollte er uns verlassen oder wollten wir ihn durch mutwilliges Sündigen von uns treiben, so gingen wir verloren. Darum bitten wir Gott:

Nimm deinen Heiligen Geist nicht von uns! Amen.

Daniel E. Poellot

Kreuz und Trost　　　　　　　　Lies Jesaia 54, 4–10

Freude nach dem Weinen

Sein Zorn währet einen Augenblick, und er hat Lust zum Leben; den Abend lang währet das Weinen, aber des Morgens die Freude. *Psalm 30, 6*

"Nach dem Lachen kommt das Weinen" So heißt es in einem Sprichwort, welches kleine Kinder manchmal hören müssen, und auch oftmals erfahren. Bei dem Psalmisten ist aber dies Sprichwort ganz umgekehrt. Im Psalm heißt es, daß Lachen und Freude nach dem Weinen kommen. So ist es auch. Das ist Gottes gnädige Verheißung.

Schon von jeher haben gläubige Kinder Gottes erfahren, daß Gott in seiner Liebe und Gnade alles im Leben der Seinen so leitet und führt, daß Freude immer auf Weinen folgt. So ging es im Leben Abrahams, Davids, Hiobs und anderer Glaubenshelden. So war es auch im Leben Jesu. Nach dem Weinen in Gethsemane und auf Golgatha kam die Freude des Ostersonntags.

Durch den Glauben an den Heiland, Jesum Christum, der für uns alles Weinen und Trauern überwunden und besiegt hat, wird uns die ewige Freude der Seligkeit zuteil. Dafür wollen wir Gott loben und preisen und ohne Ende rühmen und danken. Der Herr hat verheißen: "Die mit Tränen säen, werden mit Freuden ernten."

Lieber Heiland, schenke auch uns die ewige Freude des Himmels nach dem Weinen dieses zeitlichen Lebens! Amen.

Lester H. Gierach

Kreuz und Trost Lies Psalm 27

Gott bleibt bei uns

Ich will dich nicht verlassen noch versäumen.
Hebräer 13, 5

Unter allen Bekümmernissen und Beschwerden des Lebens wiegen nur wenige so schwer auf dem Herzen wie die Einsamkeit. Wenn durch Untreue oder Tod oder andere Trennung eine liebe Seele nach der anderen uns verläßt und der Kreis unserer Lebensgefährten immer kleiner wird, empfinden wir einen Schmerz, der uns alle Freude rauben kann. "Es ist nicht gut, daß der Mensch allein sei" (1. Mose 2, 18) gilt heute noch ebenso wie im Paradiesgarten. Der weise Salomo spricht: "Wehe dem, der allein ist!" (Prediger 4, 10). Und leider müssen auch wir bekennen, daß wir zur Einsamkeit anderer beigetragen oder unsere eigene Einsamkeit wenigstens zum Teil selbst verursacht haben.

Einer aber verläßt uns nicht. Der Heiland kennt aus eigener Erfahrung den Schmerz der Einsamkeit. Er hat sogar die Qual der Gottverlassenheit gelitten und unsere Sünden der Verschlossenheit gegen andre versöhnt. Er spricht zu uns: "Siehe, ich bin bei euch alle Tage bis an der Welt Ende" (Matthäus 28, 20). Es heißt von Christen: Allein und doch nicht allein. Damit trösten wir uns. Damit wollen wir auch andere trösten.

Herr Jesu, bleibe bei uns, und hilf uns auch, deine Gegenwart mit anderen zu teilen! Amen.

Daniel E. Poellot

Kreuz und Trost Lies Jesaia 66, 10–14

Mein Vater tröstet mich

Ich will ihr Trauern in Freude verkehren und sie trösten. *Jeremia 31, 13*

Kinder weinen oft. Ob aus wirklichen oder nur vermeintlichen Gründen, ihr Gemüt wird oft von Traurigkeit überwältigt, und die Tränen fließen reichlich. Doch wenn der Vater kommt und sein Kind herzt und tröstet, dann hört das Weinen bald auf, und das Kinderherz wird wieder froh und still.

Das gilt auch von den Kindern Gottes, so alt sie auch werden. Das Trauern und Klagen wird keinem erspart, wenn es auch nicht alle Christen in demselben Maß plagt. Unsere Leiden sind manchmal selbstverschuldet, manchmal von anderen Menschen verursacht, oder wir können sie überhaupt nicht erklären. Einerlei, wir wissen schon, was es heißt, zu weinen und zu trauern.

Wir wissen aber auch, was es heißt, getröstet zu werden. Da neigt sich der Vater im Himmel zu uns herab. Er nimmt die Ursache unserer Klagen hinweg; oder er zeigt uns die Sonnenseiten in unserem Leben; oder er ersetzt unseren Verlust mit neuem Segen; oder er gibt uns Kraft, die Traurigkeit zu überwinden und wieder heiter zu sein. Und einmal "wird Gott abwischen alle Tränen von ihren Augen."

Gott ist und bleibt getreu, er tröstet nach dem Weinen, er läßt für trübe Nacht die Freudensterne scheinen. Amen.

Daniel E. Poellot

Kreuz und Trost Lies Jesaia 26, 11. 21

Trübsal

Herr, wenn Trübsal da ist, so suchet man dich; wenn du sie züchtigest, so rufen sie ängstiglich. *Jesaia 26, 16*

Dies Wort gilt zunächst den Heidenvölkern. Dieselben kümmern sich wenig um Gott, bis irgend ein Unglück sie befällt. Dann schreien sie zu Gott in ihrer Not. Aber leider steht es auch bei Christen nur zu oft so, daß sie Gott vergessen, bis er mit der Rute kommt. Deswegen heißt es in den Sprüchen Salomos: "Mein Kind, verwirf die Zucht des Herrn nicht und sei nicht ungeduldig über seiner Strafe. Denn welchen der Herr liebet, den straft er, und hat Wohlgefallen an ihm wie ein Vater am Sohn."

Wie schnell kommt bei uns das Murren, wenn es uns schlecht geht. Wir vergessen, daß wir es mit unsern Sünden gar nicht besser verdient haben, ja daß uns noch viel Schlimmeres treffen sollte. Wir vergessen auch, daß die Züchtigung nicht aus Zorn, sondern aus der Liebe fließt. "Ich habe dich je und je geliebet." Freilich, "keine Züchtigung ... dünkt uns Freude, sondern Traurigkeit," und doch, "selig ist der Mensch, den Gott straft; darum weigere dich der Züchtigung des Allmächtigen nicht! Denn er verletzet und verbindet; er zerschmeißet, und seine Hand heilet." Heimsuchung ist immer Heimsuchung. Der Vater will seinen verlornen Sohn wieder heimholen.

Hilf, Helfer, hilf in Angst und Not, erbarm' dich mein, o treuer Gott! Amen.

Herman A. Mayer

Kreuz und Trost — Lies Hesekiel 34, 11–16

Jesu Schafe

Meine Schafe hören meine Stimme, und ich kenne sie, und sie folgen mir. Und ich gebe ihnen das ewige Leben; und sie werden nimmermehr umkommen, und niemand wird sie mir aus meiner Hand reißen. *Johannes 10, 27–28*

Als Kinder haben wir wahrscheinlich dieses Lied gesungen: "Weil ich Jesu Schäflein bin freu' ich mich nur immerhin über meinen guten Hirten, der mich schön weiß zu bewirten, der mich liebet, der mich kennt, und bei meinem Namen nennt."

Auch für uns den Erwachsenen, ist dies eine herrliche Wahrheit: Der Herr Jesus ist unser gute Hirte, und wir sind seine Schäflein. Er leitet uns zu den grünen Auen und zum frischen Wasser. Er sieht dazu, daß alle unsere Bedürfnisse—leiblicher und geistlicher Art—gesättigt werden. Er beschützt uns vor aller Gefahr.

Jedes einzelne seiner Schafe ist dem Herrn wertvoll. Er liebt und kennt einen jeden von uns; er weiß, was jedem nötig ist. Und er gibt uns die herrliche Verheißung, daß wir—durch sein heiliges Leben und seinen bitterer Tod von unseren Sünden erlöst—in das ewige Leben kommen werden. Niemand kann uns aus seiner Hand reißen, denn er steht uns immer zur Seite und wacht über uns, seine Schafe und Lämmer.

Herr und Heiland Jesu Christo, du guter Hirte, gib daß wir immer gerne deine Stimme hören und dir fröhlich folgen bis in die Ewigkeit! Amen.

Reinhold Stallman

Kreuz und Trost　　　　　Lies Matthäus 28, 16–20

Der Christen Trost

Siehe, ich bin bei euch alle Tage bis an der Welt Ende.
Matthäus 28, 20

Dem bußfertigen Schächer am Kreuz gibt Jesus die Versicherung: "Wahrlich, ich sage dir, heute wirst du mit mir im Paradies sein" (Lukas 23, 43). Mit diesen Worten verheißt Jesus dem reumütigen Sünder nicht nur die Seligkeit im Himmel, sondern auch, daß er dort der Gegenwart und Gemeinschaft Jesu teilhaftig werden soll. Der Schächer braucht sich nicht zu schämen, wenn Mose und die Patriarchen ihn in der Mitte der Seligen erblicken, denn Jesus ist mit ihm.

Im obigen Text verspricht der sanftmütige und demütige Heiland, daß er auch während ihrer Wallfahrt auf Erden bei seinen Christen sein werde. Jesu Gegenwart bei ihnen bedeutet, daß er alle ihre Sünden vergeben hat und seine schirmende Hand über sie ausstreckt. In allen Lebenslagen, in guten und bösen Tagen, ist er ihr Schutz.

Welch ein erquickender Trost für Christen! Wenn Jesus bei ihnen ist bis an der Welt Ende, so überwinden sie alle Übel, auch den Tod. Auch Todesfurcht muß dann verschwinden. Daran laßt uns täglich denken.

Herr Jesu, bleibe bei uns, denn es will Abend werden in unserem Leben und in unserer Welt! Amen.

Louis J. Roehm

Kreuz und Trost — Lies Psalm 91

Sicher in Stürmen

Seid getrost; ich bin's; fürchtet euch nicht! *Markus 6, 50*

Dies Trostwort hörten zuerst die Jünger in einer stürmischen Nacht auf dem Meer. Der Herr hatte sie zu dieser Schiffahrt treiben müssen. Sie wären zu gerne bei dem Volk geblieben, das nach der wunderbaren Speisung Jesum mit Gewalt zum König machen wollte. Diesem Vorhaben waren auch die Jünger geneigt. Um sie von ihren Träumen abzubringen, zwang er sie, übers Meer zu fahren. Ihre größte Qual war, daß der Herr nicht bei ihnen war. Hatte er sie verlassen? Nein, denn "er sah, daß sie Not litten." Das freilich wußten sie noch nicht. Sie mußten es jetzt lernen, daß der Herr immer bei den Seinen ist in jedem Sturm. Als Angst und Not am höchsten waren, sahen sie eine Gestalt auf dem Meer wandeln. "Ein Gespenst!" riefen sie aus und sahen nur ein Vorzeichen des Untergangs. Da hörten sie aber seine geliebte Stimme: "Seid getrost; ich bin's; fürchtet euch nicht!" Er trat ins Schiff, und der Wind legte sich.

Ja, im Sturm, aber doch wohl geborgen! So ist der Herr allezeit bei den Seinen. Wenn die Not am größten ist, so ist Gottes Hilfe am nächsten. Seid getrost! Fürchtet euch nicht!

Beschirme uns, getreuer Gott, in allen Stürmen! Amen.

Victor A. Bartling

Kreuz und Trost　　　　　　　　Lies Psalm 68, 1–20

Einsamkeit

Kommet her zu mir, alle, die ihr mühselig und beladen seid, ich will euch erquicken! Nehmt auf euch mein Joch und lernet von mir; denn ich bin sanftmütig und von Herzen demütig; so werdet ihr Ruhe finden für eure Seelen. *Matthäus 11, 28–29*

Ist Dein Leben manchmal einsam? Manchmal ist solches der Fall, weil keine Familie dabei ist. Vielleicht lebt man allein und kann nicht aus dem Haus hinausgehen. Manchmal sind wir einsam, obwohl wir Umgang mit vielen Menschen haben. Viele Glieder der Familie sind nebenbei. Einsamkeit ist doch schwierig in jeder Situation. Sie nimmt unsere Energie einfach weg.

Gott kommt zu uns und ist immer dabei. Solches lesen wir in unserm Bibelvers. Die Last der Einsamkeit können wir auf ihn legen. Er gibt uns kostenlos seine Liebe um Christi willen. Er ist immer bei uns mit seiner Gnade, weil er uns seine Kinder durch die Taufe gemacht hat. Und er wird uns nie verlassen.

Einsamkeit ist ein Zeichen einer Welt die nicht vollkommen ist. Das, was wegen der Sünde fehlt, kann Jesus füllen. Wir bekommen die Fülle seiner Vergebung, seiner Liebe. In dieser Welt werden Probleme wie Einsamkeit nicht verschwinden. Aber gerade bei unsern Problemen ist auch der Friede und die Freude im Herrn.

Lieber Jesus, du bist immer bei uns. Welch ein Trost! Amen.

Curtis P. Giese

Kreuz und Trost　　　　　　　　Lies Jesaia 40, 1–8

Der Trost der Vergebung

Trostet, tröstet mein Volk! spricht euer Gott. Redet mit Jerusalem freundlich und prediget ihr, daß ihre Ritterschaft ein Ende hat. *Jesaia 40, 1–2*

Das sagt Gott seinen Predigern. Das sollen sie wissen, daß sie Gottes Volk trösten sollen. Und das sollen die Kinder Gottes wissen, daß ihre Prediger den Auftrag haben, sie zu trösten. Damit meint es Gott sehr ernst, weshalb er zweimal sagt: "Tröstet, tröstet mein Volk!"

Wir beachten, daß Gott diesen Trost auf sein Volk beschränkt. Dieser Trost wäre ja für alle da, denn Christus ist für alle gestorben. Aber die Welt sucht ihren Trost in anderen Dingen und nicht bei Gott. Und die Welt muß zu ihrem Schrecken erfahren, daß alle diese anderen Dinge keinen rechten Trost gewähren.

Womit die Prediger die Kinder Gottes trösten sollen ist dies: Ihre Ritterschaft ist beendigt. Die Zwingherrschaft der Sünde, die Tyrannei der Mächte der Finsternis, die uns geknechtet hielt, ist gebrochen. Wir haben Zwiefältiges empfangen von der Hand des Herrn—ein zwiefältiges, doppeltes, überfließendes Maß von Gnade. Das war ein wunderbarer Tausch: Zwiefältiges "um alle ihre Sünde." Wie gerne werden wir zuhören, wenn unsere Prediger uns diesen Trost verkündigen!

Herr, tröste mich wieder mit deiner Hilfe! Amen.

Otto H. Schmidt

Ein Trostwort: "Fürchte dich nicht!"

Fürchte dich nicht, Abram; ich bin dein Schild.
1. Mose 15, 1

Ein besonders tröstlicher Ausdruck in der Bibel sind die Worte, "Fürchte dich nicht!" Mehr als siebzigmal finden wir diese Ermunterung im Alten sowohl als im Neuen Testament, als der liebe Gott einzelne Personen, wie Abraham, Isaak und Jakob, oder Städten wie Jerusalem, oder Gruppen von Nachfolgern zu trösten suchte.

Jedermann weiß, was Furcht und Angst sind. Es mag nur ein Besorgnis sein, oder es dürfte etwas sehr Furchtbares sein, das uns droht und uns verletzen oder schaden könnte. Einerlei was es nun sein mag, können wir uns darauf gefaßt machen: Gott spricht uns sein "Fürchte dich nicht" zu!

Der alte Abraham war nicht in Lebensgefahr; er hatte keine Ursache, ängstlich zu sein. Aber er war sehr besorgt: Gott hatte ihm viele Nachkommen versprochen, jedoch in hohem Alter wartete er immer noch auf einen Sohn. Gott sah den alten Mann, betrübt, unglücklich, elend, und suchte ihn zu trösten. "Fürchte dich nicht," sagte der Herr; "ich bin dein Schild und dein sehr großer Lohn." Dann führte Gott ihn hinaus und weissagte, so viele Nachkommen wie Sterne am Himmel soll er noch haben! Und das ist auch geschehen.

Lieber Gott, ich danke dir für die Worte, ich soll mich auch nicht fürchten. Amen.

Edwin W. Leverenz

Das Abwischen der Tränen

Der Herr Herr wird die Tränen von allen Angesichten abwischen. *Jesaia 25, 8*

Tränen sind gewöhnlich ein Zeichen von Trauer, Verlust, Pein oder bitterer Enttäuschung In diesem Leben haben wir oft Anlaß zu Tränen Die Welt ist ein Jammertal. Sie ist das geworden durch die Sünde.

Doch Gott kennt und sieht unsere Tränen. Er ist unseres Leides teilhaftig. In Liebe verspricht er uns, daß er alle Tränen von unseren Angesicht abwischen wird. Er nimmt den Stachel aus dem, das uns die Tränen verursacht. Wie eine Mutter ein bekümmertes Kind tröstet und ihm die Tränen abwischt, so handelt der Herr mit uns. Er tröstet uns mit seinem Wort, vergibt uns die Sünde und verheißt uns das ewige Leben. Ganz besonders aber in jener seligen Stunde, da wir von den Toten auferweckt und in den Himmel eingehen werden, wird er sich überaus gnadenvoll und herzlich zu uns beugen und mit unaussprechlich göttlicher Freundlichkeit uns die Tränen vom Gesicht abwischen. Wir singen in einem Begräbnisliede: "Christus wischet ab all eure Tränen, habt das schon, wonach wir uns erst sehnen, euch wird gesungen, was in keines Ohr allhier gedrungen." Welche Liebe von unserem Herrn!

Lieber Gott, trockne unsere Tränen durch die Hoffnung des ewigen Lebens! Amen.

Otto H. Schmidt

Kreuz und Trost   Lies Johannes 16, 20–23

Die Getrösteten

Selig sind, die da Leid tragen; denn sie sollen getröstet werden. *Matthäus 5, 4*

Wenn ein Kind einen Schmerz hat, so geht es sofort zu den Eltern für Trost.

So ist es auch mit uns und unserem himmlischen Vater. In dieser Welt leiden wir viel Schmerz. Da ist Krankheit, Kummer, Betrübnis aller Art. Aber wir sind nicht wie Waisenkinder. Wir haben einen liebevollen Vater im Himmel. In allem unseren Kummer gibt er uns himmlischen Trost. Sein Heiliger Geist erinnert uns an Jesum und sein Erlöserwerk. Er überzeugt uns, daß unsere Sünden vergeben sind—dann sind wir getröstet.

Als Gottes getröstete Kinder ist es auch unser hohes Vorrecht, andere zu trösten. Dazu gibt es gewiß viel Gelegenheit. Da kann man Kranken und Betrübten ein ermunterndes Wort zusprechen. Da kann man den Armen und Notleidenden, und in Kriegszeiten den Flüchtlingen, mit Wort und besonders mit Tat helfen.

Endlich wird uns auch der ewige Trost im Himmel zuteil. Da werden wir, samt allen, die an Jesum als ihren Sünderheiland glauben, den vollkommenen Himmeltrost genießen. Mit dieser Verheißung trösten wir uns untereinander.

Wir danken dir, lieber Vater, für deinen liebevollen Trost. Gib, daß wir ihn immer genießen! Amen.

Reinhold Stallman

Kreuz und Trost   Lies Matthäus 11, 25–30

Kommt zur Hochzeit!

Saget den Gästen: Siehe, meine Mahlzeit habe ich bereitet. *Matthäus 22, 4*

Auch heute noch ladet der Heiland uns ein: "Kommet her zu mir, alle, die ihr mühselig und beladen seid, ich will euch erquicken!" Er will ewige Ruhe geben für unsere Seelen. Nach dem Tode und Gerichtstag wird es zu spät sein, seligzuwerden. Die Einladung zur Hochzeit im Himmel kommt zu uns in diesem Leben. Alles ist bereit. Durch Gottes Wort und Sakrament bringt der Heiland uns jetzt Vergebung und Frieden. Hier ist völlige Erlösung von der Sünde und deren schrecklichen Nachfolgen: Traurigkeit, Enttäuschung, Tod. Deshalb kommt Jesu köstliche Einladung zu uns. Hier ist Trost für alle Herzeleiden. Der Heiland gibt uns die ewigen Freuden des Himmels. Alles ist uns erworben und versichert durch sein stellvertretendes Leiden und Sterben. O, daß doch jeder Vater, jede Mutter, jeder Sohn, jede Tochter diese Einladung hören würde, und auch durch die kräftige Wirkung des Heiligen Geistes durch den Glauben den Segen empfange! Niemand wird es je bereuen, bei dieser himmlischen Hochzeit des Lammes ein Gast zu sein.

Lieber Heiland, hilf uns, deine freundliche, gnadenvolle, selige Einladung zu beherzigen! Amen.

Paul M. Freiburger

Kreuz und Trost — Lies Psalm 51

Die Last der Sünden

Ich erkenne meine Missetat, und meine Sünde ist immer vor mir. *Psalm 51, 5*

Was David hier bekennt von der Last seiner Sünden, muß das Bekenntnis eines jeden bußfertigen Christen sein. Sieht der Christ dann, wie seine schwere Last auf Jesum Christum gelegt wurde, und wie er die ganze Last so gerne und willig getragen hat, so bricht er in dankbarem Gesang aus.

Mit tiefem Gefühl steht der lutherische Pastor Paul Gerhardt vor Jesu Kreuz, denkt an seine Sünden und sagt: "Ich, ich und meine Sünden, die sich wie Körnlein finden des Sandes an dem Meer, die haben dir erreget das Elend, das dich schläget, und das betrübte Marterheer."

So sind denn wir Menschen und unsere Sünden die Ursache des Leidens Jesu. Diese Sünden sind so zahlreich, daß wir gar nicht begreifen können, wie viel der Heiland hat dulden müssen, uns von dieser Last zu befreien. Er hat es aber völlig verrichtet dadurch, daß er um unserer Sünde willen dahingegeben und um unserer Gerechtigkeit willen auferwecket wurde. So kann die Schrift uns versichern: "Wenn eure Sünde gleich blutrot ist, soll sie doch schneeweiß werden."

Liebster Herr Jesu, laß dein Tot und Leiden mir stets in meinem Herzen ruhen! Amen.

Walter W. Stuenkel

Kreuz und Trost   Lies Römer 15, 4–13

Trost der Schrift

Was ... zuvor geschrieben ist, das ist uns zur Lehre geschrieben, auf daß wir durch Geduld und Trost der Schrift Hoffnung haben. *Römer 15, 4*

Der wahre Trost der Schrift und ihre Hoffnung liegen in Christo. Er sagt: "Suchet in der Schrift; denn ihr meinet, ihr habt das ewige Leben darinnen; und sie ist's, die von mir zeuget."

Der wahre Trost der Schrift liegt im Heiland der Welt, von dem Jesaia geweissagt hat: "Es wird sein die Wurzel Jesse ... auf den werden die Heiden hoffen."

Gott der Heilige Geist betreibt einen geistlichen Ackerbau im Herzen der Menschen, um das öde Land in einen Paradiesgarten zu verwandeln. Der Same ist das Wort Gottes. Der Sämann ist Christus, sowie jeder, der da hilft, Gottes Wort in der Welt auszubreiten: Pastoren, Lehrer, Missionare, alle Christen groß und klein. Ein rechter, wohlgepflegter Gottesgarten im Herzen des Menschen durch den Glauben an Christum Jesum ist ein herrlicher Segen.

Herr, lehre uns stets, die Heilige Schrift dazu zu gebrauchen, daß wir darin Christum, den Trost der Welt, immer besser erkennen und auf ihn allein all' unser Vertrauen und Hoffnung setzen zu unserer Seelen Seligkeit! Amen.

Herbert D. Poellot

Kreuz und Trost　　　　　　　　　Lies Jesaia 42, 1–9

Gott erhält den schwachen Glauben

Das zerstoßene Rohr wird er nicht zerbrechen und das glimmende Docht wird er nicht auslöschen.
Jesaia 42, 3

Ist etwas, das eine gläubige Seele schrecken kann, so ist's die Anfechtung, wenn die Seele sich einbildet, daß sie nicht recht bete, gar keinen Glauben habe.

Solchen geängsteten Seelen soll es zum Trost dienen, daß ein im Namen Jesu, auf sein Verdienst und Blut gesprochenes Gebet ein rechtes Gebet sei, und ein schwacher Glaube ebensowohl ein wahrer und seligmachender sei, als der starke. Wenn man gerne wollte, so ist das schon der Glaube, weil dieses Verlangen eine Wirkung des Heiligen Geistes ist.

Der schwache Glaube ergreift Jesum, sein heiliges Verdienst und seine Wunden, wie der starke. Der Satan kann uns das Glaubenslicht nicht im Herzen auslöschen, weil die Finsternis ja das Licht nicht auslöschen kann. Gebet, Lesen in der Schrift, Geduld, Harren auf Gott stärken den Glauben.

Der Glaube ist Gottes Gabe, und Gott wird nicht mehr von dir erfordern, denn was er dir gegeben hat. Christus ist auch für die Schwachgläubigen gestorben. Er betet für sie, daß ihr Glaube, obwohl schwach, nicht aufhöre.

Meinen schwachen Glauben stärk' und zerbrich des Teufels Werk, daß ich nimmermehr verzage, Christum stets im Herzen trage! Amen.

Martin Luther

Kreuz und Trost — Lies Jesaia 40, 1–5

Der Trost des Evangeliums

Tröstet, tröstet mein Volk! ... prediget ihr ... ihre Missetat ist vergeben. Jesaia 40, 1–2

Die Propheten des Alten Testaments kannten nicht nur das Gesetz, sondern auch das Evangelium. Gerade der Prophet Jesaia, von Kapitel 40 an, spendet herrliche Trostworte. Die Knechtschaft der Sünde ist zu Ende, denn es gibt jetzt Vergebung für die Missetat.

Das Evangelium von der Vergebung ist der Trost aller Zeiten. Es befreit von der Zwangsherrschaft der Sünde. Die Sünde ist Ursache alles Elendes auf Erden, hat die Menschen zu Sklaven gemacht, beherrscht sie und treibt sie zu allem Bösen. "Das Gute, das ich will, das tue ich nicht sondern das Böse, das ich nicht will, das tue ich.... Ich elender Mensch, wer wird mich erlösen von dem Leibe dieses Todes?"

Und wenn der Mensch in Sünde fällt, dann kommt alsbald das Gesetz und verklagt ihn. Es droht ihm die Hölle. Das ist die Ritterschaft, die Tyrannei, von der Jesaia sagt, daß sie zu Ende ist, denn die Sünde ist vergeben.

O süßes Wort des Trostes! "Redet mit Jerusalem freundlich," sagt unser Text. Eigentlich: "Redet zum Herzen Jerusalems!" Dieser Trost der Vergebung allein kann zerbrochene, zerschlagene Herzen aufrichten und neu beleben.

Seid unverzagt, ihr habet die Hilfe vor der Tür. Der eure Herzen labet und tröstet, steht allhier. Amen.

Herman A. Mayer

Kreuz und Trost Lies Micha 7, 18–19

Trost

Siehe, um Trost war mir sehr bange. Du aber hast dich meiner Seele herzlich angenommen, daß sie nicht verdürbe; denn du wirfst alle meine Sünde hinter dich zurück. *Jesaia 38, 17*

Diese sind Worte Hiskias, ein frommer König in Juda, "da er krank gewesen und von der Krankheit gesund worden war" (V. 9).

Anstatt "Trost" übersetzen manche "Besserung" (nämlich von seiner Krankheit). Aber der Zusammenhang in diesem Vers deutet vielmehr auf etwas geistliches. Hiskia war bange wegen seinen Sünden, womit er die Krankheit wohl verdient hatte. Er war in Seelenangst und -pein, und wußte sich nicht zu helfen.

Der Herr aber sah mit herzlichem Erbarmen seine Not, und aus Liebe errettete seine Seele vom Verderben. Das Übergangswort *denn* leitet die Rettung ein: Gott wirft alle seine Sünden hinter sich—nicht daß er sie vergißt (sonst wäre er nicht mehr allwissend), sondern daß er sie alle vergibt und ihrer nicht gedenkt (Psalm 79, 8). Luther hat es richt: "Wo Vergebung der Sünden ist, da ist auch Leben und Seligkeit."

> Jesus nimmt die Sünder an,
> Mich hat er auch angenommen
> Und den Himmel aufgetan,
> Daß ich selig zu ihm kommen
> Und auf den Trost sterben kann:
> Jesus nimmt die Sünder an. Amen.

Luther Poellot

Kreuz und Trost　　　　　　　　Lies Hebräer 7, 21–25

Jesus, unser Priester

Du bist ein Priester in Ewigkeit nach der Ordnung Melchisedeks. *Hebräer 7, 21*

Christus ist ein Hoherpriester, aber nicht nach der Ordnung Aarons, also auch nicht aus dem Hause und Geschlecht Levis. Dann wäre uns nicht geholfen, und er hätte uns auch nicht eine ewige Seligkeit bereitet.

Nein, er ist ein Hoherpriester nach der Ordnung Melchisedeks. Die heilige Schrift berichtet uns nichts weiter von der Herkunft und Abstammung dieser geheimnisvollen Person. So ist auch Christus ohne Anfang und ohne Ende. Sein Priestertum ist ein ewiges, das der himmlischer Vater eingesetzt hat. Jesus hat darum ein unvergängliches Priestertum, daher er auch selig machen kann immerdar die, die durch ihn zu Gott kommen. Er lebet immerdar, vertritt uns und bittet für uns.

Solch selige Menschen sind wir, die wir einen Fürsprecher haben vor dem Thron des heiligen Gottes, dessen Fürbitte alle Morgen neu ist. Unser Hoherpriester geht uns zur Seite und vertritt uns. Darum gereicht uns sein priesterliches Amt zum Trost in allen Lebenslagen, besonders in Krankheit und Trübsal, im Leben und im Sterben.

Jesus, unser Hoherpriester, wir danken dir, daß du dich für uns geopfert hast und noch für uns betest. Amen.

Walter H. Bouman

Kreuz und Trost　　　　　　　　Lies Hebräer 13, 1–6

Jesu Gegenwart

Siehe, ich bin bei euch alle Tage bis an der Welt Ende.
Matthäus 28, 20

Welch herrliches Wort! Der Heiland verheißt seinen Jüngern insgesamt und einzeln seine allmächtige Gnadengegenwart bis ans Ende der Tage. Sie sind seine Gesandten, die er nie aus den Augen lassen wird. Sie dürfen zu jeder Zeit auf seinen Gnadenbeistand rechnen, bei der Ausbreitung des Evangeliums wie auch im Privatleben. Seine Gnade und Allmacht werden sie begleiten auf allen ihren Wegen.

Dieser herrliche Trost gilt auch uns, jeden Tag, jede Stunde. Ist uns ein hartes Leben beschieden? Er legt nicht mehr auf, als wir tragen können. Sind wir krank? "Ich bin der Herr, dein Arzt." Stehen wir im hohen Alter mit allerlei Beschwerden? "Ich will euch tragen bis ins Alter." Haben wir eins unserer Lieben verloren? "Das Mägdlein ist nicht tot, sondern es schläft." Klopft gar der Todesengel an die eigene Tür? "Fürchte dich nicht, denn ich habe dich erlöset; ... du bist mein." Jagen uns die Zeitläufte einen Schrecken durch die Glieder? "Denen, die Gott lieben, dienen alle Dinge zum besten." Er hat alles in seiner Hand. "Es kann mir nichts geschehen, als was er hat versehen und was mir selig ist." Wohl dem, der auf ihn traut.

Wir glauben, Herr; hilf unserem Unglauben! Amen.

Otto E. Sohn

Kreuz und Trost Lies Offenbarung 21, 1–8

Das neue Jerusalem

Ich, Johannes, sah die heilige Stadt, das neue Jerusalem. *Offenbarung 21, 2*

"Wie wird's sein, wie wird's sein, wenn ich tret' in Salem ein." Welcher Christ hat nicht oft gewünscht, er hätte ein klares Bild vom Himmel, vom neuen Jerusalem? Die Bibel redet von dem, das dort nicht mehr sein wird—kein Hunger, kein Durst, keine Trauertränen, kein Tod, kein Geschrei, keine Schmerzen, nur Freude, Genüge, ewiges Leben. Wir lesen: "Dieser Zeit Leiden sind nicht wert der Herrlichkeit, die an uns soll offenbaret werden." Welche Glückseligkeit!

In der Offenbarung gebraucht Johannes viele symbolische Bilder von irdischen Schätzen, um uns, die wir noch nicht verklärt sind, die Herrlichkeiten des Himmels zu erlären. Im neuen Jerusalem sah er goldene Gassen, Perlentore, Mauern von Jaspis, Gründungen geschmückt mit allerlei Edelsteinen, eine Stadt von lauterem Gold gleich dem reinen Glas. Das Herrlichste ist, daß wir Gott von Angesicht zu Angesicht sehen werden. Dort werden wir auch unsere Lieben wiedersehen. Der erhöhte Erlöser wird uns weiden und leiten zu dem lebendigen Wasserbrunnen.

Mein erhöhter Erlöser, ich sehne mich nach dem neuen Jerusalem, wo ich dich ewig preisen werde. Amen.

Gottfried H. Naumann

Kreuz und Trost — Lies Psalm 25

Unsere himmlische Heimat

Unser Wandel ... ist im Himmel. *Philipper 3, 20*

Wer allewege im Auge behält, daß unsere eigentliche Heimat und Bürgerchaft im Himmel ist, hat immer großen Trost in diesem Leben. Diese Erde ist ihm eine Fremde; der Himmel ist seine Heimat; im Himmel ist sein Wandel. Während er noch in der Welt ist und fleißig ist in seinem irdischen Beruf, trachtet er doch nach dem, was droben ist. Er bedenkt allezeit, daß er hier keine bleibende Stadt hat, und sucht darum mit allem Ernst die zukünftige. Diese himmlische Heimat ist schon jetzt sein eigen. Schon jetzt ist er Bürger mit den Heiligen und Gottes Hausgenosse. Er darf singen: "Wer will mir den Himmel rauben, den mir schon Gottes Sohn beigelegt im Glauben?"

Was für ein herrlicher Trost ist das doch in diesem Jammertal! Welch ein Trost für die Todesstunde! Der Apostel sagt: "Von dannen wir auch warten des Heilandes Jesu Christi, des Herrn." Im Tode erscheint uns der Heiland Jesus Christus, um uns zu sich zu nehmen ins ewige Leben, daheim zu sein bei ihm. "Selig sind die Toten, die in dem Herrn sterben, von nun an." Spricht Jesus: "Wo ich bin, da soll mein Diener auch sein" (Johannes 12, 26).

    Herr Jesu, weil du für mich gestorben bist habe ich großen Gewinn: ewiges Leben in meines Vaters Haus. Amen.

Herman A. Harms

Kreuz und Trost — Lies Jesaia 43, 1–3

Ich will bei euch sein

Ich will euch nicht Waisen lassen; ich komme zu euch.
Johannes 14, 18

Zu den größten Lasten des Lebens gehört die Verlassenheit. Wenn man ohne Familie und Verwandte ist, wenn man keine nahen Freunde kennt, wenn sich niemand unser annimmt und wir ganz alleine sind, dann drücken alle anderen Lasten desto schwerer. Solche Einsamkeit ist oft die Erfahrung bei hohem Alter, aber sie kann auch unter anderen Umständen bei uns eintreffen, wie bei den Jüngern des Herrn Jesu, als sie ihn zu Grabe tragen mußten und die bisherige innige Gemeinschaft mit ihm beendet war.

Ist Einsamkeit unser Kreuz? Sprechen wir mit jenem Kranken am Teich Bethesda: "Ich habe keinen Menschen?" Fassen wir uns doch wieder! Der Heiland spricht: "Ich komme zu euch." Und das ist nicht nur zum gelegentlichen Besuch sondern zum bleibenden Aufenthalt an unserer Seite, alle Tage bis an der Welt Ende. Er, der wie sonst kein Mensch erfahren hat, was Verlassenheit bedeutet, spricht zu uns: "Ich will euch nicht Waisen lassen." Das stärkt, das erquickt, das nimmt der Einsamkeit den Stich. Ist er bei uns, dann sind wir nicht alleine.

> **Ich weiß, daß du mich nicht verläßt,**
> **Dein' Wahrheit bleibt mir ewig fest.**
> **Du bist mein rechter, treuer Hirt,**
> **Der ewig mich behüten wird. Amen.**

Daniel E. Poellot

Gottvertrauen

Wie teuer ist deine Güte, Gott, daß Menschenkinder unter dem Schatten deiner Flügel trauen! *Psalm 36, 8*

"Verlaß dich auf den Herrn von ganzem Herzen, und verlaß dich nicht auf deinen Verstand," sagt der weise Salomo. Trotzdem verläßt man sich oft auf eigene Klugheit, auf eigene Gerechtigkeit, wie jener Pharisäer im Tempel. Oder, man verläßt sich auf das Versprechen anderer Menschen und vergißt dabei, daß sie nicht im Stande sind, unter allen Umständen ihr Versprechen gutzumachen.

Aber auf den Herrn können wir unter allen Umständen unser Vertrauen setzen. "Des Herrn Wort ist wahrhaftig, und was er zusagt, das hält er gewiß." Er bezeugt, daß er uns liebt, denn er ist die Liebe. Er hatte verheißen, seinen eingebornen Sohn zu senden, und das hat er getan. Er spricht zum bußfertigen Sünder: "Deine Sünden sind dir vergeben," und sie sind vergeben. Er verspricht: "Ich will dich nicht verlassen noch von dir weichen," Jesus hat das ergänzt als er sprach: "Siehe, ich bin bei euch alle Tage bis an der Welt Ende." In der Stunde des Todes können wir zuversichtlich sagen: Der Herr wird meinen Ausgang und Eingang bewahren. Das hat er versprochen.

    Herr, auf dich traue ich. Laß mich nimmermehr zuschanden werden! Amen.

Albert T. Bostelmann

Gottvertrauen — Lies Jesaia 40, 1–11

Die Stimme des guten Hirten

Meine Schafe hören meine Stimme, und ich kenne sie, und sie folgen mir. *Johannes 10, 27*

Das Hirtenbild ist eines der beliebtesten Motive in der christlichen Kunst. Jesus als der gute Hirte mitten unter den Schafen seiner Herde, ein Schäflein, das sich verirret hatte, auf dem Arm—dieses Bild erfreut sich seit Jahrhunderten bei den Christen der gleichen Beliebtheit. Das ist auch mehr als verständlich, denn das Bild vom guten Hirten ist ja nicht der Phantasie irgendeines christlichen Künstlers entsprungen, sondern geht zurück auf Worte unseres Herrn und Heilandes selbst, in denen er sich als der gute Hirte bezeichnet. "Meine' Schafe hören meine Stimme," spricht Jesus. Er zeigt uns damit, daß er, der gute Hirte, seine Herde mit seiner Stimme, durch sein Wort, sammelt und zusammenhält. "Es weiß, Gott Lob ein Kind von sieben Jahren," sagt Luther in den Schmalkaldischen Artikeln, "was die Kirche sei, nämlich ... die Schäflein, die ihres Hirten Stimme hören." Die Kirche Jesu Christi ist überall da, wo die Stimme des guten Hirten erschallt, wo das Evangelium von Jesu Christo dem Sünderheiland gepredigt wird.

Herr Jesu, du Hirte deiner Schafe, rufe auch uns immer wieder zu dir durch dein Evangelium! Amen.

Manfred Roensch

Gottvertrauen — Lies Jesaia 43, 1–7

Wir sind des Herrn!

Wir leben oder sterben, so sind wir des Herrn.
Römer 14, 8

Welch tröstliches Wort: Wir sind des Herrn! Wer dies glaubt, der ist fröhlich und getrost, der fürchtet sich vor niemandem und vor keinem Übel, auch nicht in Krankheit und vor einer ernsten Operation. Er wirft alle seine Sorge auf den Herrn. Er fühlt sich sicher und geborgen unter den Fittigen des Höchsten. Ja, im Leben und im Sterben sind wir des Herrn.

Aber sind wir auch wirklich des Herrn? Von Natur stehen wir unter dem Gesetz. Das Gesetz verdammt uns wegen unserer Sünde, und unser Gewissen stimmt diesem Urteil bei. Aber nun kommt das Evangelium und bringt uns die frohe Botschaft von unserer Versöhnung mit Gott durch Christi Blut und Tod. Sein Blut macht uns rein von allen Sünden. Weil Christus uns erworben und gewonnen hat, so sind wir des Herrn; darum halten wir fest an dieser Wahrheit: "Wir leben oder sterben, so sind wir des Herrn." Ja, auch im Sterben, denn unser Tod ist wert gehalten vor ihm. Welch ein herrlicher Trost! Kap. 8 sagt Paulus: "Ich bin gewiß, daß weder Tod noch Leben, weder Engel noch Fürstentum, noch Gewalt ... mag uns scheiden von der Liebe Gottes die in Christo Jesu ist."

Herr Jesu, dir leb' ich, Herr Jesu, dir sterb' ich, Herr Jesu, dein bin ich, tot und lebendig mach' mich nur selig! Amen.

Walter H. Bouman

Gottvertrauen — Lies Psalm 91

Mein Vater behütet mich

Wer unter dem Schirm des Höchsten sitzt und unter dem Schatten des Allmächtigen bleibt, der spricht zu dem Herrn: Meine Zuversicht und meine Burg, mein Gott, auf den ich hoffe! *Psalm 91, 1–2*

Kinder sind vielen Gefahren ausgesetzt, gegen welche sie wegen ihrer schwachen Kräfte wehrlos sind. Da muß der Vater beständig über sie wachen und sie vor manchem Unfall beschützen. Seine Kraft und seine Weisheit behütet sie oft, wo sie sonst Schaden leiden müßten.

Darin ist der Vater im Himmel der Meister selbst. Nicht nur in den Kindesjahren, sondern bei voller Lebenskraft und ins hohe Alter hinein ist er unser Schutz und Schirm. Das hat er uns verheißen: "So du durch Wasser gehest, will ich bei dir sein, daß dich die Ströme nicht sollen ersäufen, und so du ins Feuer gehest, sollst du nicht brennen, und die Flamme soll dich nicht anzünden."

Darum bekenne ich, daß mich mein Vater im Himmel "wider alle Fährlichkeit beschirmet und vor allem Übel behütet und bewahret; und das alles aus lauter väterlicher, göttlicher Güte und Barmherzigkeit, ohne alle mein Verdienst und Würdigkeit."

Ich liege und schlafe ganz mit Frieden denn allein du, Herr, hilfst mir, daß ich sicher wohne. Amen.

Daniel E. Poellot

Gottvertrauen — Lies Psalm 46

Gläubiges Warten

Sei stille dem Herrn und warte auf ihn! *Psalm 37, 7*

Das Stillesitzen ist kleinen Kindern schwer. Und das Stillehalten ist oft erwachsenen Kindern schwierig, besonders wenn Krankheit und Not herrschen oder wenn man von Nahrungs- und Geldsorgen gequält wird. Dann kann man nicht leicht ruhig sitzen und warten bis Hilfe kommt. Dann ist man ungeduldig, mißmutig und verzagt. Da sagt der Psalmist: "Sei stille dem Herrn." Erkenne Gott als deinen Vater in Christo und verlaß dich ganz auf ihn. Nicht ein blindes Schicksal, sondern ein gnädiger Gott und Vater lenkt alle Dinge. "Schickt er mir ein Kreuz zu tragen, dringt herein Angst und Pein, sollt' ich drum verzagen? Der es schickt, der wird es wenden!" Das heißt Stillesein im Herrn.

"Warte auf ihn," heißt es im Text. Er ist schon unterwegs mit seiner Hilfe. Hat er nicht verheißen: "Wenn sie noch reden, will ich hören"? "Hilft er nicht zu jeder Frist, hilft er doch, wenn's nötig ist"—in seiner Weise und zu seiner Zeit. Darum sagt er: "Harre des Herrn! Sei getrost und unverzagt und harre des Herrn!"

Harre, meine Seele, harre des Herrn;
Alles ihm befehle, hilft er doch so gern!
Wenn alles bricht, Gott verläßt uns nicht;
Größer als der Helfer ist die Not ja nicht. Amen.

Paul F. Koenig

Gottvertrauen Lies Matthäus 6, 28–34

Die Blumen

Schauet die Lilien auf dem Felde! *Matthäus 6, 28*

Wie anmutig und schön wachsen die Lilien empor, ohne daß die Menschen oder sie selbst dafür Sorge tragen! Denn sie arbeiten ja nicht, auch spinnen sie nicht. Sie verrichten also keins der beiden Geschäfte, durch welche im gewöhnlichen Leben die Kleider beschafft werden. Aber ob sie auch nicht selbst ihre Kleidung sich bereiten, so sind sie doch nicht ohne Kleid und Hülle, sondern haben ein wunderschönes Kleid, ein Kleid so schön, daß der Heiland ausruft: "Ich sage euch, daß auch Salomo in aller seiner Herrlichkeit nicht bekleidet gewesen ist als derselbigen eins." Das Kleid der Lilien ist ihre Farbenpracht und ganze Ausstattung.

Warum sollen wir nicht die Lilien und andere Blumen betrachten? Der Heiland gibt die Antwort: "So denn Gott das Gras auf dem Felde also kleidet, das doch heute stehet und morgen in den Ofen geworfen wird, sollt' er das nicht viel mehr euch tun, o ihr Kleingläubigen?" Dieser Herr hat ferner das Kleid der vollkommenen Gerechtigkeit Christi für uns bereitet, womit wir vor Gott bestehen können. Darum sorget nicht, sondern trachtet am ersten nach dem Reich Gottes!

Der die Blumen nicht vergißt, auch mein guter Vater ist. Lob' ihn, meine Seele! Amen.

William Boehm

Gottvertrauen — Lies Psalm 139

Der Herr ist nahe und hilft

Der Herr ist nahe bei denen, die zerbrochenes Herzens sind, und hilft denen, die zerschlagen Gemüt haben. *Psalm 34, 19*

Der Herr ist nahe. Der Herr hilft. Das sind zwei Wahrheiten, die immer und immer wieder offenbar werden im Leben der Kinder Gottes. So ist es schon immer gewesen. Man denke an den Lebenslauf der Erzväter, an die lehrreiche Geschichte der Kinder Israel, an die Propheten des Alten Bundes und an die Apostel und Evangelisten des Neuen Testaments. Allen denen stand der Herr zur Seite mit seiner Liebe und Gnade und Barmherzigkeit. Er half ihnen in ihrer Not. Er hat die Seinen nicht verlassen noch versäumt.

Auch heute noch ist der gnädige und liebreiche Gott uns nahe. Seine Verheißung steht fest: "Ich bin bei euch alle Tage bis an der Welt Ende." In seiner ewigen Liebe hilft er ganz besonders denen, die zerbrochenes Herzens sind. Das sind diejenigen, die ihre Sündennot erkennen und sich auf den Heiland verlassen. Solche wissen, daß der Heiland unsere Sündenschuld bezahlt und unsere Strafe getragen hat. Er hat für unsere Sünden genuggetan. Weil der Heiland Jesus Christus das getan hat, ist der Herr nahe mit seiner Hilfe, hier zeitlich und dort ewiglich.

Wir danken dir, lieber Herr, daß du uns nahe bist and uns täglich hilfst. Amen.

Lester H. Gierach

Gottvertrauen — Lies Epheser 2, 11–22

Wahre Hoffnung

Erfahrung ... bringet Hoffnung, Hoffnung aber läßt nicht zuschanden werden. *Römer 5, 4–5*

"Du darfst die Hoffnung nicht sinken lassen!" "Wir wollen das Beste hoffen!" so oder ähnlich lauten die Ermahnungen des Menschen. Das Leben ohne Hoffnung ist doch unerträglich.

Und so hofft der Mensch: der Kranke auf Genesung, der junge Mensch auf eine gute Stellung, junge Leute auf eine glückliche Ehe, eine nette Wohnung, ein gutes Auskommen. Aber heimlich ist oft die Angst mit Hoffnung verknüpft: Wenn es doch anders kommt, was dann? Solange unsere Hoffnung bloß auf unsere eigne Tüchtigkeit, auf die Freundschaft anderer Leute, auf die günstigen Umstände beruht, dann können wir nur mit Sorge hoffen.

Aber die Bibel ermahnt uns "fröhlich in Hoffnung" zu sein. Das ist bloß möglich, wenn wir sie auf Gott setzen. Es ist eine Hoffnung, die über Tod und Grab hinausschauen kann. Der Apostel Petrus nennt diesen Glauben eine "lebendige Hoffnung," die sich in der von Christo verschafften Erlösung gründet und uns durch seine Auferstehung offenbar wurde. Darauf beruht unsere Hoffnung!

> Des freu' ich mich von Herzen fein,
> Bin gutes Muts und harre dein,
> Verlass' mich gänzlich auf dein'n Nam'n.
> Hilf, Helfer, hilf! Drauf sprech' ich: Am'n.

Paul T. Kreiss

Gottvertrauen   Lies Matthäus 7, 7–11

Gott will dich erretten

Rufe mich an in der Not, so will ich dich erretten, so sollst du mich preisen. *Psalm 50, 15*

Daß Gottes Kinder sich oft in Not und Trübsal befinden, das wissen alle, die den Namen Jesu Christi tragen, Glieder seines Reiches sind und ihm als seine Jünger dienen.

Das christliche Leben ist kein Ruheort, sondern ein Kampfplatz. Da gibt es fürchterliche Feinde und gewaltige Anfechtungen, die besiegt werden müssen. Der Teufel, die böse Welt und unser arges Fleisch sind nicht Freunde, wenn das christliche Leben und die ewige Seligkeit in Frage kommt. Solches verursacht Schwierigkeit, Elend, Angst und Not im Leben der Kinder Gottes.

Darum ist Gottes Wort und Verheißung so tröstlich. Gottes gnädige Einladung ist: "Rufe mich an in der Not" Darauf folgt dann die Verheißung: "Ich will dich erretten!" Das kann Gott auch tun, denn er ist der allmächtige Gott. Bei ihm ist kein Ding unmöglich. Er hat uns ja von der allergrößten Not erlöst; er hat uns aus dieser Not herausgeholfen. Das ist die Sündennot. Der Herr Jesus hat uns von dieser Not erlöst durch sein heiliges Leben und unschuldiges Leiden und Sterben.

    Lieber Gott, leite und führe uns, daß wir dich in allen Nöten anrufen, loben, preisen und danken! Amen.

Lester H. Gierach

Gottvertrauen Lies 2. Mose 40, 34–38

Mein Vater leitet mich

Du leitest mich nach deinem Rat. *Psalm 73, 24*

Kinderschritte straucheln und gleiten leicht. Oft ist es nötig, daß der Vater sein Kind anfaßt und sorgfältig gängelt, damit es sicher geht und nicht fällt und Schaden leidet. Wohl will kindischer Eigensinn zuweilen die Vaterhand abschütteln, aber an der Hand des Vaters geht's doch viel besser.

Auch das wollen wir als Kinder Gottes nicht vergessen. Geschieht es wohl mit der Zeit, daß wir in manchen Sachen selbständig handeln und auch mit der Erfahrung ein Maß der Verantwortlichkeit auf uns nehmen müssen, so bleibt es dennoch wahr, daß wir uns an den Vater halten müssen, damit er uns hält und leitet und wir sicher gehen.

Darum ist dies mein Lebensplan: "In allen meinen Taten lass' ich den Höchsten raten," denn "er gängelt mich mit Vaterhänden, sein gnädig Auge leitet mich." Und dann geht alles gut. An seiner Hand geschieht kein Fehltritt, keine Umleitung, kein Irrweg. "Der Wolken, Luft und Winden gibt Wege, Lauf und Bahn, der wird auch Wege finden, da dein Fuß gehen kann."

Drum lassen wir uns gerne führen, wie Gottes Hand uns gnädig lenkt, weil wir aus seiner Leitung spüren, daß er auf unser Bestes denkt. So wunderlich es oftmals scheint, so selig ist es doch gemeint. Amen.

Daniel E. Poellot

Gottvertrauen Lies Jesaia 41, 1–14

Ein dreifacher Glockenklang

Fürchte dich nicht, ich bin mit dir; weiche nicht, denn ich bin dein Gott! Ich stärke dich, ich helfe dir auch, ich erhalte dich. *Jesaia 41, 10*

Diesen Spruch hat ein frommer Christ einen dreifachen Glockenklang genannt, der wundervoll erquickend ins Herz dringt. Beim ersten Schlag heißt es: "Fürchte dich nicht, ich bin mit dir." Wie ein Kind in dunkler Nacht sich fürchtet, so wird es auch uns manchmal angst und bange im Dunkel der Zukunft, und wissen nicht, wo aus noch ein. "Ich bin mit dir," spricht der Herr. Wir sind nicht alleine. "Es kann mir nichts geschehen, als was er hat versehen, und was mir selig ist."

Beim zweiten Glockenschlag heißt es: "Weiche nicht, denn ich bin dein Gott." Nur nicht weglaufen! Zu Gott kommen, bei Gott bleiben, ist wichtig. "Halte dich an mich, ich bin dein Gott."

Der dritte ist ein Dreiklang: "Ich stärke dich, ich helfe dir, ich erhalte dich." Laß kommen, was will, für alles ist gesorgt. "Und wenn die Welt voll Teufel wär' und wollt' uns gar verschlingen!" In unsrer Schwachheit ist er unsere Stärke, in Hilflosigkeit kommt er uns zur Hilfe. Und wenn wir gänzlich verzagt sind, will er uns wieder aufrichten. Greif zu, halte fest. Es wird dir nichts Böses widerfahren.

So nimm denn meine Hände und führe mich bis an mein selig Ende, und ewiglich! Amen.

Herman A. Mayer

Gottvertrauen — Lies 1. Korinther 12, 18–27

Fürst, Hauptmann, Held

Er ist das Haupt des Leibes, nämlich der Gemeinde; welcher ist der Anfang und der Erstgeborne von den Toten.
Kolosser 1, 18

Christus ist das Haupt seiner Gemeinde, seiner Kirche. Diese Aussage erscheint uns keineswegs ungewöhnlich. Wir haben sie schon oft gehört in der Predigt und im Unterricht, und wir halten sie selbstverständlich für richtig. Aber begreifen wir eigentlich, was uns der Apostel Paulus mit diesem Bild sagen will, daß Christus das Haupt des Leibes, nämlich der Gemeinde, ist? Erkennen wir eigentlich, daß er uns damit die unlösbare Verbindung zwischen unserem Herrn Jesu Christo und uns, die wir doch zu seiner Gemeinde und Kirche gehören, geradezu demonstrieren will? Der Leib kann ohne das Haupt nicht leben und das Haupt nicht ohne den Leib. Sie bilden zusammen eine unauflösliche Lebensgemeinschaft. Der fromme Graf Zinzendorf singt: "Er das Haupt, wir seine Glieder, er das Licht und wir der Schein, er der Meister, wir die Brüder, er ist unser, wir sind sein." Unser Herr Christus ist der Anfang und der Erstgeborne von den Toten. Er wird die Glieder seines Leibes nicht im Tode lassen, sondern sie zum ewigen Leben führen.

Du Haupt deiner Gemeinde, laß auch uns lebendige Glieder an deinem Leibe bleiben! Amen.

Manfred Roensch

Segen des Gottvertrauens

Der Segen des Herrn macht reich ohne Mühe.
Sprüche 10, 22

Wie oft haben wir nicht schon das Sprichwort gehört: "An Gottes Segen ist alles gelegen." Doch wie schwer fällt es uns, besonders in den Tagen des Alters, diese Wahrheit in unserm Leben zu erweisen. Wenn Krankheit, Gebrechlichkeit, Mühe und Anfechtung uns belasten, dann verlieren wir oft den Mut des Glaubens und Gottvertrauens.

Salomo sagt durch Eingebung des Geistes: "Der Segen des Herrn macht reich ohne Mühe." Wer Gott vertraut und auf seine Hilfe sich verläßt, der wird mit dem unbekannten Dichter des 17. Jahrhunderts singen: "Alles ist an Gottes Segen und an seiner Gnad' gelegen, über alles Geld und Gut. Wer auf Gott sein' Hoffnung setzet, der behält ganz unverletzet einen freien Heldenmut."

Der Segen des Gottvertrauens besteht in der gewissen Zuversicht, daß Gottes Gnade unser Teil ist, nicht weil wir sie verdient haben, sondern nur weil Jesus Christus uns mit Gott versöhnt hat, wodurch nun alles, was wir im Glauben denken, sprechen, oder tun, uns zum Segen gedeiht. So möge es mit uns allen sein heute und immerdar!

Wie Gott will, so muß es bleiben, wenn Gott will, bin ich bereit. Herr, stärke meinen Glauben! Amen.

Walter W. Stuenkel

Die Glaubenshand

Sei getrost, meine Tochter; dein Glaube hat dir geholfen.
Matthäus 9, 22

Nur Glaube macht mit Jesu Kontakt und vermittelt seine Gaben. Das lernen wir in der Geschichte von der Heilung der Blutflüßigen, welcher Jesus zurief: "Sei getrost, meine Tochter; dein Glaube hat dir geholfen." Zwölf Jahre hatte sie gelitten. Sie hatte von Jesu gehört. Sie dachte: "Wenn ich ihn nur zu sehen bekäme, so brauchte ich nur den Saum seines Kleides anrühren, um seine Heilkraft zu erschleichen." Die Gelegenheit kam, als Jesus inmitten eines Gedränges durch die Stadt zog. Sie drängte sich durch und rührte sein Kleid an, und sofort spürte sie ihre Heilung. Jesus wandte sich um und fragte: "Wer hat mich angerührt?" Jesus wußte wohl, wer es war. Er sah den starken Glauben der Frau an seine Rettermacht. Sie und alle sollten wissen, was Glaube wirkt. Auf ihr öffentliches Geständnis sagte Jesus: "Sei getrost, meine Tochter; dein Glaube hat dir geholfen." So ist es immer, wenn eine schwer beladene Seele sich ihm nähert und sozusagen nur den Saum seines Kleides berührt in Vertrauen auf sein Wort. Der Herr spürt den Kontakt und sagt: "Sei getrost; dein Glaube hat dir geholfen."

O Jesu, stärke unseren Glauben und hilf uns! Amen.

Victor A. Bartling

Gottvertrauen — Lies Psalm 20

Eine gottesfürchtige Herausforderung

David aber sprach zu dem Philister: Du kommst zu mir mit Schwert, Spieß und Schild; ich aber komme zu dir im Namen des Herrn Zebaoth. *1. Samuel 17, 45*

Es gab einen entscheidenden Zweikampf zwischen dem Riesen Goliath und David, dem einfachen Hirtenjüngling. Sollte Goliath gewinnen, dann würde Israel den Kampf verlieren. Sollte aber David den Riesen überwältigen, dann würde Israel den Sieg gewinnen. Während der Philister Goliath mit seiner großen Kraft und seinen Waffen prahlte, berief sich David auf den Namen des Herrn. David überwandt seinen stolzen Gegner mit seiner Schleuder und hieb dem Riesen mit dessen eigenem Schwert den Kopf ab.

David ist ein Bild eines schlichten Christen, der sein Vertrauen auf Gottes Namen und Wort setzt, und damit die Welt mit ihrer stolzen, frechen Weisheit besiegt. Zugleich ist David ein Vorbild unsers Erlösers, dessen Sieg über den Teufel uns befreit hat von allen unsren Feinden, so daß wir den Sieg behalten und mit Freuden Gott dienen können.

So oft haben Menschen wagehalsiges Selbstvertrauen, und sie versuchen Gott. Möge Gott uns einen siegreichen Glauben an Christi Verdienst schenken!

Vergib uns, o Vater, unsern Hochmut und verleihe uns die Demut eines wahren Glaubens an Christum! Amen.

Gerhard T. Naumann

Gottvertrauen · Lies Psalm 121

Mein Vater wacht

Der dich behütet, schläft nicht. *Psalm 121, 3*

Ein treuer Vater wacht über sein Kind. Damit beweist er einmal, daß ihm am Wohlergehen seines Kindes viel gelegen ist, und dadurch ist er auch imstande, seinem Kinde zu helfen und manchem Übel zu wehren. Wer ein Vater ist, weiß wohl, wie manche schlaflose Stunde das von ihm fordert. Aber er tut das gerne, denn er hat sein Kind lieb.

So wacht der Vater im Himmel über uns, alle Tage und Stunden unseres Lebens. Auch nicht einen Augenblick wendet er sein Auge von uns ab. Da geschieht nichts, wovon er nicht weiß. Da kann kein Feind uns überfallen. Da kann uns kein Unglück treffen.

In der Wachsamkeit meines Vaters ist mir also meine Seligkeit gesichert. Wacht er über mich, so erhält er mich in meinem Glauben, bewahrt mich gegen die Angriffe des Teufels und ist mein Beistand in Todesnot. "Es kann mir nichts geschehen, als was er hat versehen und was mir selig ist."

Zugleich aber erkenne ich, daß ihm alle meine Wege bekannt sind, auch wo sie ihm nicht gefallen. Da bitte ich um Vergebung und um Rat und Kraft zum Wandel nach seinem Willen.

Des Höchsten Auge sieht auf die, die auf ihn hoffen spät und früh, daß er sie schütz' und rette. Amen.

Daniel E. Poellot

Gottvertrauen • Lies Psalm 21

Ein Gott und ein Mittler

Es ist *ein* Gott und *ein* Mittler zwischen Gott und den Menschen, nämlich der Mensch Christus Jesus.
1. Timotheus 2, 5

Um der Sünde willen war der Mensch ewig von Gott verstoßen und damit auch von dem Urquell aller Freude und Seligkeit. Aber nun ist ein Mittler geworden, "der Mensch Christus Jesus." Er ist wahrhaftiger Gott und auch wahrhaftiger Mensch. Er konnte daher ein Gott annehmbarer Vermittler zwischen Gott und den Menschen sein. Er hat den Zorn des Vaters ausgesöhnt und für mich genuggetan Er ist unser Friedefürst, der Frieden gemacht hat zwischen Gott und den Menschen. Durch das Blut Jesu sind wir nun Gott wiederum nahe gebracht. "An Christo haben wir die Erlösung durch sein Blut, nämlich die Vergebung der Sünden."

Nun haben wir Frieden mit Gott durch unsern Herrn Jesum Christum. "Ich bin bei Gott in Gnaden durch Christi Blut und Tod. Was kann mir endlich schaden? Was acht' ich alle Not? Ist er auf meiner Seiten, gleichwie er wahrlich ist, laß immer mich bestreiten auch alle Höllenlist." Durch Christum ruht Gottes Wohlgefallen auf mir. Im Vertrauen auf meinen Mittler bin ich des Segens Gottes gewiß. Mit ihm wird Gott mir alles schenken.

All, was mein Tun und Anfang ist, gescheh' im Namen Jesus Christ, denn er ist mein Mittler. Amen.

Herman A. Harms

Gottvertrauen Lies Jesaia 46, 1–11

Bis ins Alter in Gottes Schutz

Ich will euch tragen bis ins Alter und bis ihr grau werdet ... ich will heben und tragen und erretten.
Jesaia 46, 4

Der Gegensatz zwischen dem wahren, lebendigen Gott und den stummen, toten, hilflosen Götzen wird uns besonders klar in diesem Kapitel. Schon Kap. 44 hat Jesaia das Lächerliche am Götzendienst hervorgehoben. Der Götzenmacher sucht sich im Wald eine schöne Buche, Eiche oder Zeder. Die Hälfte gebraucht er als Feuerholz, und aus dem übrigen schnitzt er sich einen ohnmächtigen Götzen!

Wie ganz anders ist es, wenn der ewige Gott zu den Seinen sagt: "Ich will euch tragen." Das hat er getan von Mutterleib und Kindesbeinen an. "In ihm leben, weben und sind wir." Er hat uns nicht nur erschaffen, sondern er erhält uns auch. Er versorgt uns reichlich und täglich mit aller Notdurft und Nahrung des Leibes und Lebens. Er beschirmt und bewahrt uns vor allem Übel.

Und gerade im Alter, wenn Gesicht und Gehör nachlassen, wenn Leibes—und Verstandeskräfte versagen, dann kommt er uns zur Hilfe. Er versichert uns aufs neue: "Ich will es tun; ich will heben und tragen und erretten." Wie gar mancher, der alt und grau geworden ist, hat sich dies Wort des Trostes vorgehalten!

Ich trau auf dich, mein Gott und Herr.
Wenn ich dich hab, was will ich mehr? Amen.

Herman A. Mayer

Gottvertrauen — Lies Psalm 121

Gebet um Gottes Schutz

Behüte mich wie einen Augapfel im Auge; beschirme mich unter dem Schatten deiner Flügel. *Psalm 17, 8*

David spricht dichterisch: "Behüte mich wie einen Augapfel im Auge; beschirme mich unter dem Schatten deiner Flügel." Er redet auch von den Gottlosen, die uns "verstören." Er vergleicht die Gottlosen mit Löwen, die des Raubes begehren. Darum bittet er um Gottes Schutz. Gott wolle ihn behüten wie man den Augapfel beschützt.

David erlebte viel Gefahr in seinem Leben—als ein junger Hirte, auch im Krieg mit Goliath und den Philistern. Sogar verfolgte ihn der König Saul. Aber David war immer unter Gottes Schutz. Er war daher auch des Dankes voll und lobte, ehrte und gab Gott Preis in vielen Psalmen.

In unserem täglichen Leben sind auch wir vielen Gefahren ausgesetzt. Einerlei wo wir sind—bei der Arbeit, unterwegs, im Haushalt—da ist immer Gottes Schutz nötig. Satans Pfeile fliegen auch nicht immer bei uns vorbei. Lasset uns nicht nur um Schutz bitten, sondern lasset uns täglich Gott mit David loben, preisen, ehren und danken für die Fürsorge, die er uns erzeigt hat, besonders für das Heil, das er uns durch Christum Jesum bereitet hat.

Behüte mich wie einen Augapfel, lieber himmlischer Vater! Amen.

Otto F. Stahlke

Gottvertrauen — Lies Psalm 31

Ein Gott der Hoffnung

Gott aber der Hoffnung erfülle euch mit aller Freude und Frieden im Glauben. *Römer 15, 13*

Lebendige Hoffnung hat Gott uns erworben in Christo, unserm Heiland. Das ist die Hoffnung des ewigen Lebens. Diese Hoffnung ist uns überaus notwendig in dem elenden Leben dieser Zeit. Diese Hoffnung erfüllt uns "mit aller Freude und Frieden im Glauben." Freude im Glauben erfährt das bekümmerte Herz des Sünders in der Gewißheit, daß wir durch Jesum volle und freie Vergebung der Sünden empfangen haben und damit Gottes Gnade.

Mit dieser Freude wird dem beunruhigten Herzen auch Friede gegeben, der Friede Gottes, der uns in dem Vertrauen erhält, daß Gott unser lieber Vater und Jesus unser Heiland und Bruder ist, der bei uns alle Tage ist bis an der Welt Ende. Ist unser Herz mit diesem Frieden im Glauben erfüllt, so wird die Hoffnung des ewigen Lebens uns auch dermaßen beseelen, daß unser ganzes Leben davon regiert wird.

Diese herrlichen Segnungen gibt uns der Gott der Hoffnung durch Kraft seines Heiligen Geistes, der durch das Evangelium in unserm Herzen wirkt. "Himmelan geht unsre Bahn" wird nun unsere Losung sein.

Gnädiger Vater, Gott der Hoffnung, schenke uns Glauben und damit auch Freude und Frieden in Christo! Amen.

Herman A. Harms

Gottvertrauen — Lies Psalm 33

Bis hieher, und nicht weiter

[Gott] sprach: Bis hieher sollst du kommen und nicht weiter! *Hiob 38, 11*

Wenn es donnert und blitzt, wenn Wasserwogen brausen, wenn ein Erdbeben eine Großstadt zu zerstören droht, so hören wir in solchen Naturereignissen Gottes laute Stimme. Er ist der Schöpfer und Erhalter aller Dinge. In aller Not rufen wir ihn um Hilfe an. In dieser Sünderwelt läßt Gott es auch zu, daß grausame Tyrannen ihr Haupt erheben und viele Menschen bedrücken, foltern, oder gar auch ermorden. Wider solche Bösewichte verteidigen sich mit Recht alle Obrigkeiten und Völker.

Da scheint es zuweilen, als ob Gott nicht mehr Gott ist, und als ob ganz gottlose Mächte den Sieg gewinnen. Allen Naturkräften, wie auch allen Tyrannen, hat aber der allmächtige Gott Grenzen gesetzt. Er befiehlt jeder Macht, wie nahe sie dem Menschen kommen darf. Er sagt: "Bis hieher und nicht weiter!" Für Gottes Kinder ist in diesen Worten reicher Trost. Gott hat uns lieb. Er wird uns nicht zu Grunde schlagen lassen. Er hat uns durch Christi Blut erlöst, vergibt uns alle unsere Sünden, steht uns in jeder Not bei und hilft us.

In deine Hände befehlen wir uns, lieber Gott, in Zeit und in Ewigkeit, durch Jesum Christum. Amen.

Alfred C. Seltz

Gottvertrauen — Lies Psalm 13

Christliche Hoffnung

Ich hoffe aber darauf, daß du so gnädig bist; mein Herz freuet sich, daß du so gerne hilfest. *Psalm 13, 6*

Reden wir nach menschlicher Weise von Hoffnung, dann ist das immer eine heikele Sache, denn in dem Worte "Hoffnung" liegt immer ein Gedanke des Zweifels. Vielleicht mag das, was wir da hoffen, auch schief gehen und nicht so ausfallen, wie wir es hoffen.

Beim lieben Gott ist das ganz anders. Bei ihm ist kein Wanken. Er ist ewig derselbe gütige, barmherzige Gott, unser guter Vater im Himmel. Er ist und bleibt unveränderlich treu. Seine Gnade wird nie von uns weichen. In seinem Sohn, unserem Heiland, ist ja seine Gnade erschienen, und um seines Sohnes willen hat er uns angenommen. Wir sind seine lieben Kinder und er ist unser lieber Vater. Auf ihn verlassen wir uns; er ist unsere Hoffnung.

In unserer Christenhoffnung liegt kein Zweifel, denn diese Hoffnung ist fest gegründet auf ihn und auf seine Verheißung. Deswegen ist unsere Hoffnung gleich mit Freude verbunden, denn wir wissen, daß er so gerne hilft. Darum brauchen wir nie Sorge oder Zweifel unser Herz beunruhigen lassen. Wir hoffen nur auf ihn; er wird ja alles wohl machen.

Ich freue mich in dir, Herr, und bin unverzagt. Amen.

Eugene Seltz

Gottvertrauen — Lies Psalm 71, 1–11

In guten Händen

Ich will euch tragen bis ins Alter und bis ihr grau werdet ... ich will heben und tragen und erretten.
Jesaia 46, 4

Wir gehen und wir wandern von einem Jahr zum andern. So wird ein Jahr dem anderen angereiht, bis wir schließlich ein hohes Alter erreicht haben. Wie sind wir so weit gekommen? Eben weil Gott seine Verheißung an uns wahr gemacht hat: "Ja, ich will euch tragen bis ins Alter und bis ihr grau werdet." Mit dem Alter kommen auch die Gebrechen, Leibesschwachheit. Die Gelenke werden steif, der Gang wird immer langsamer. Kein Wunder, daß man oft von älteren Personen den Seufzer hört: "Verlaß mich nicht im Alter." Dann kommt die trostreiche Antwort: "Ich will es tun; ich will heben und tragen." So geht es uns zuzeiten; aber sein Auge wacht über uns, auch wenn unsere Zeit abgelaufen ist. Wenn unsere Wallfahrt zu Ende ist, steht er uns zur Seite und spricht: "Ich will erretten." So sind wir in guten Händen und sicher aufgehoben. In alle Ewigkeit können wir ihm dann danken, daß er uns selig gemacht hat und wir nun wieder jung sind wie ein Adler, geheilt von allen unseren Gebrechen. Dann wird unser Mund voll Lachens und unsere Zunge voll Rühmens sein.

Herr, erhalte uns gnädiglich in den Tagen, die uns nicht gefallen und beschere uns dereinst ein seliges Stündlein! Amen.

Walter H. Bouman

Niemals verlassen

Ich bin jung gewesen und alt worden und habe noch nie gesehen den Gerechten verlassen oder seinen Samen nach Brot gehen. *Psalm 37, 25*

"Die Gottseligkeit ist zu allen Dingen nütz und hat die Verheißung dieses und des zukünftigen Lebens." So schreibt St. Paulus an Timotheus, seinen jungen Mitarbeiter (1. Timotheus 4, 8). Das haben alle Kinder Gottes schon von jeher erfahren, denn Gottes Wort lügt nicht. Wenn die Not am größten ist, dann ist Gott am nächsten.

Dieses erfuhr auch der Psalmist. Er sah mit seinen eigenen Augen keinen Gerechten verlassen noch einen Frommen nach Brot gehen. Dieses Wort Gottes bleibt wahr. Freilich geraten Kinder Gottes auch manchmal in Not; wir müssen durch viel Trübsal in das Reich Gottes eingehen. Aber Gott verläßt die Seinen nie.

Gottes Sohn, unser Heiland Jesus Christus, wurde von Gott verlassen an unserer Stelle. Er mußte vom Kreuz ausrufen: "Mein Gott, mein Gott, warum hast du mich verlassen?" Durch dieses Angstgeschrei hat der Heiland für uns die Angst des Todes und der Hölle gebüßt. Durch den Glauben an ihn werden wir einst ewiglich in Freude Leben. "Wer da glaubet und getauft wird, der wird selig werden," spricht Jesus.

Lieber Heiland, stärke in mir das Vertrauen, daß du auch mich niemals verlassen wirst! Amen.

Lester H. Gierach

Gottvertrauen — Lies Psalm 46

Ein' feste Burg

Gott ist unsere Zuversicht und Stärke, eine Hilfe in den großen Nöten, die uns getroffen haben. *Psalm 46, 2*

Man kann die Worte des 46. Psalms nicht lesen, ohne an das vertrauenskräftige Lied, "Ein' feste Burg," zu denken. Es ist mit Recht "das Wiegenlied unserer evangelischen Kirche" genannt worden, denn hierin legt Dr. Martin Luther ein kräftiges Zeugnis ab von dem Heldenmute und der Siegesgewißheit, womit er auf Gott als auf seine feste Burg vertraute.

Das ganze Lied ist ganz besonders geeignet wie Luther selbst es oft benutzt hat, in schwere Zeiten das Vertrauen zu stärken und freudigen Glaubensmut zu verleihen. Nicht nur zum Reformationsfeste, sondern unser ganzes Leben hindurch sollen wir mit unsern Mitgliedern der Kirche triumphierend singen: "Ein' feste Burg is unser Gott, ein' gute Wehr und Waffen; er hilft uns frei aus aller Not, die uns jetzt hat betroffen. Der alt' böse Feind, mit Ernst er's jetzt meint, groß' Macht und viel List sein' grausam' Rüstung ist, auf Erd' ist nicht seinsgleichen."

Luther sieht den Teufel herumgehen wie ein brüllender Löwe. Er widersteht ihm aber fest im Glauben an Jesum, seinen Heiland. So mögen wir es tun!

Herr, wir sind schwache Sünder, aber durch dich werden wir zu Überwindern. Amen.

Walter W. Stuenkel

Gott unsere Zuflucht

Herr Gott, du bist unsere Zuflucht für und für.
Psalm 90, 2

Gott ist ewig. "Ehe denn die Berge worden, und die Erde und die Welt geschaffen worden, bist du, Gott, von Ewigkeit zu Ewigkeit." Er ist ohne Anfang und ohne Ende, der unveränderliche, allmächtige, gütige Gott.

Soweit wir in Betracht kommen, so "währet unser Leben siebenzig Jahre, und wenn's hoch kommt, so sind's achtzig Jahre; und wenn's köstlich gewesen ist, so ist's Mühe und Arbeit gewesen; denn es fähret schnell dahin, als flögen wir davon." Zacharias Hermann beschreibt unseren kurzen Lebenslauf also: "Wir blühen auf und fallen ab; wir steigen aus der Wieg' ins Grab."

Wir haben unsere bangen Stunden. Teufel, Welt und unser sündliches Fleisch fechten uns an. Sehr oft geraten wir in Versuchung. Wenn wir schließlich durch das finstere Todestal gehen, müßten wir sagen: "Die Angst meines Herzens ist groß," wenn wir nicht zuversichtlich glauben könnten: "Herr Gott, du bist unsere Zuflucht für und für." Um Jesu willen haben wir einen Zugang zu seiner Gnade. Deshalb wird er sich unser annehmen. In diesem Trost können wir leben und sterben, ja, dermaleinst selig sterben.

Herr Jesus, gib daß ich am Lebensende meine Zuflucht nehme zu deinen Wunden, wo ich Vergebung finde! Amen.

Albert T. Bostelmann

Gottvertrauen — Lies Psalm 23

Hiobs Bekenntnis

Ich weiß, daß mein Erlöser lebet; und er wird mich hernach aus der Erde auferwecken. *Hiob 19, 25*

Hiob war ein merkwürdiger Mann, ein reicher Eigentümer, durch den Gott seinem Volke Wichtiges lehrte. Gottesfürchtig, verlor er doch alles. Todkrank, war sein Glaube an Gott schwer angefochten, daß er Gott fast lästerte. Doch bekannte er: "Der Name des Herrn sei gelobt!"

Wo fand er diese Hoffnung? Weib und Freunde konnten nicht helfen. Gott allein konnte. "Ich weiß," sang Hiob, "daß mein Erlöser lebet; und er wird mich hernach aus der Erde auferwecken ... und werde in meinem Fleisch Gott sehen." Er hatte einen Fürsprecher, einen Heiland. Durch ihn würde er, wieder lebendig gemacht, vor Gott als Gerechter stehen. Seine Worte wollte er in Blei und Stein eingraviert sehen.

Was für ein Glaubensbekenntnis! Wir, die wir Jesum, nach seinem Tod und Auferstehen, als unsere Gerechtigkeit klar sehen, sollen doch auch, was unser Elend auch sein mag, froh bekennen, daß er alles wohl machen wird, und daß wir auch auferstehen und Gott in Freuden schauen werden.

Lieber Gott, laß das, was Hiob sah, auf unseren Herzen eingeprägt bleiben; um Christi willen! Amen.

Walter H. Koenig

Gottvertrauen — Lies Matthäus 14, 22–32

Mein Vater hält mich fest

Du hältst mich bei meiner rechten Hand. *Psalm 73, 23*

Ohne den festen Griff des Vaters kann ein kleines Kind oft nicht aufrecht stehen. Oft zieht ein Vater sein Kind aus Not und Gefahr. Und oft verhütet es der feste Griff des Vaters, daß das Kind davonläuft und sich zu seinem Schaden verirrt.

So macht es Gott mit seinen Kindern. Es heißt: "Wer sich lässet dünken, er stehe, mag wohl zusehen, daß er nicht falle." Daß er aber nicht fällt, steht nicht bei ihm, sondern bei Gott, der ihn festhält. Als Petrus in Gefahr stand, im See zu ertrinken, da ergriff ihn der Herr Jesus bei der Hand und rettete ihn. Und daß Gottes Kinder auf dem Weg zur Seligkeit bleiben, geschieht nicht aus eigener Kraft, sondern "ihr werdet aus Gottes Macht durch den Glauben bewahret zur Seligkeit."

Darum will ich der Hand Gottes nicht widerstreben, denn sie hält mich fest und sicher. Und sollte ich meinen, daß ich Gottes haltende Hand nicht mehr nötig habe, dann wolle Gott aus Gnaden eben durch seine Hand mich wieder zurechtsetzen. Und ich werde dankbar zu ihm sprechen: "Du hältst mich bei meiner rechten Hand."

Lieber Vater, verlaß uns nicht und ziehe deine Hand nicht von uns ab! Amen.

Daniel E. Poellot

Gottvertrauen Lies Psalm 118, 1–9

Das Vertrauen auf Gott

Es ist gut auf den Herrn vertrauen und sich nicht verlassen auf Menschen. *Psalm 118, 8*

Das erste Gebot lautet: "Du sollst nicht andere Götter haben neben mir." Gott will, daß wir über alle Dinge unser Vertrauen auf ihn setzen. Es kann gar nicht fehlen: Wenn jemand die rechte Erkenntnis von Gott hat und ihn von ganzem Herzen fürchtet und liebt, so wird er auch auf ihn vertrauen und von Herzen auf ihn hoffen. So lautet der Psalm: "Die den Herrn fürchten, hoffen auch auf den Herrn; der ist ihre Hilfe und Schild." Kurz, durch solch herzliches Vertrauen auf Gott machen wir ihn recht zu unserem Gott.

Nicht nur bis zu einem gewissen Grade, sondern zu aller Zeit und unter allen Umständen soll unser Vertrauen auf Gott gerichtet sein. So wollen wir den einen, wahren Gott ehren und ihn zu unserem Gott machen. Müssen wir Christen nicht bekennen, daß kein Gebot von uns mehr übertreten wird als das erste? Darum leitet diese Betrachtung uns zur Buße, daß wir Gott um Gnade und Vergebung bitten. Und auch leitet sie uns zum rechten Glauben an Gott, besonders an Jesum Christum, seinen Sohn. Wer glaubt, der hat das ewige Leben.

Herr, wir hoffen darauf, daß du so gnädig bist. Unser Herz freut sich, daß du so gerne hilfst. Amen.

Paul F. Wieneke

Gottvertrauen — Lies Psalm 103

Der Herr hört

Wenn die (Gerechten) schreien, so höret der Herr und errettet sie aus all ihrer Not. *Psalm 34, 18*

Könnte es eine göttliche Verheißung geben, die köstlicher und tröstlicher ist als die oben angegebene? Merken wir es wohl: Dieses Trostwort kommt nicht von Menschen, sondern von Gott. Gott hört, wenn die Gerechten schreien, und Gott ist es, der sie aus aller Not errettet.

Das ist der Herr, der Himmel und Erde gemacht hat, und auch uns Leib und Seele, Augen, Ohren und alle Leibesglieder geschenkt und dieselben bis auf diese Stunde erhalten hat. Das ist der Herr, der alle Gewalt hat im Himmel und auf Erden. Bei Gott ist kein Ding unmöglich. Er kann viel mehr tun als was wir bitten oder verstehen. Das ist der Gott, der uns einladet, ihn anzubeten. Vor ihm sollen wir mit dem Geschrei unseres Herzens erscheinen, immer in der gewissen Zuversicht, daß er uns helfen wird.

Und wie könnte es anders sein? Er hat ja seines einigen Sohnes nicht verschont, sondern hat ihn für uns alle dahingegeben. Wie sollte er uns nicht alles schenken, was uns zum ewigen Heil dient? Er hat uns die große Gabe gegeben, seinen Sohn. Die kleineren Gaben gibt er auch.

Hilf uns, lieber Vater im Himmel, daß wir im festen Vertrauen dich in allen Nöten anrufen! Amen.

Lester H. Gierach

Gottvertrauen — Lies Matthäus 9, 18–25

Wir sind des Herrn

Wir leben oder sterben, so sind wir des Herrn.
Römer 14, 8

Als Luthers geliebtes Lenchen im Sterben lag, betete er: "Ich habe sie sehr lieb, aber, lieber Gott, da es dein Wille ist, will ich sie gerne bei dir wissen." Dann sagte er zu ihr: "Mein Töchterlein, du bleibst gerne hier bei deinem Vater und ziehest auch gerne zu jenem Vater?" "Ja, lieber Vater, wie Gott will," sagte das Kind. "Du liebes Töchterlein, der Geist ist willig aber das Fleisch ist schwach." Dann wandte der Vater sich vom Bett ab und sprach: "Ich habe sie ja sehr lieb; aber wir leben oder sterben, so sind wir des Herrn." In seinen Händen verschied sein Lenchen. Als man sie in den Sarg legen wollte, sprach er: "Du liebes Lenchen, wie wohl ist dir geschehen. Ich bin fröhlich im Geist; aber traurig im Fleisch. Wunderbar ist es zu wissen, daß sie im Frieden und ihr wohl ist." Als das Volk kam zur Bestattung sagte er: "Lasst's euch nicht leid sein, ich habe eine Heilige in den Himmel geschickt." Und zu Melanchthon sprach Luther: "Sie ist wohl dahingefahren. Selig sind die Toten, die im Herrn sterben." Ja, des Herrn sind wir, im Leben und im Tod.

Wir danken dir, Herr Jesu Christe, daß du dem Tode die Macht genommen hast. Amen.

Henry Blanke

Ich hoffe auf dich

Nun, Herr, wes soll ich mich trösten? Ich hoffe auf dich. *Psalm 39, 8*

Wir Menschen lassen uns oft so sehr zu den Angelegenheiten dieses Erdenlebens verführen, daß wir dabei vergessen, wie flüchtig es alles ist. Gewiß ist die Gegenwart das einzige Leben, das wir jetzt haben. Gewiß müssen wir die Verantwortlichkeiten anerkennen, die jetzt auf uns liegen. Gewiß empfinden wir die Not, die uns jetzt drückt. Doch bei dem allen steht fest: Es hat einmal ein Ende—mein Leben, meine Arbeit, alle meine Sachen in der Welt.

Was dann? Daraufhin lautet der Gedankengang des 39. Psalmes: "Wes soll ich mich trösten? Ich hoffe auf dich." Auf Gottes Gnade verlassen wir uns, denn sie wird uns nicht versinken lassen in des bitteren Todes Not. Auf seine Liebe trauen wir, denn von ihr kann selbst der Tod uns nicht scheiden. Auf seine Allmacht bauen wir, die uns hinüberrückt über Tod und Grab. Den Trost haben wir, weil uns der Lebensfürst die Tür des Himmels weit aufgetan und uns das ewige Leben verheißen hat.

Alles, alles, was wir sehen,
Das muß fallen und vergehen;
Wer Gott hat, bleibt ewig stehen.
Das hilf uns, lieber Vater im Himmel! Amen.

Daniel E. Poellot

Gottvertrauen · Lies Hebräer 4

Unser Herr kennt unsere Schwachheit

Wir haben nicht einen Hohenpriester, der nicht könnte Mitleid haben mit unserer Schwachheit, sondern der versucht ist allenthalben gleich wie wir, doch ohne Sünde. Darum lasset uns hinzutreten mit Freudigkeit zu dem Gnadenstuhl, auf daß wir Barmherzigkeit empfahen und Gnade finden auf die Zeit, wenn uns Hilfe not sein wird. Hebräer 4, 15–16

Es war einmal ein König, der sein Volk wirklich liebte und ihm wirklich helfen wollte. Er mochte sein Volk besser kennenlernen. Deswegen kam er aus seiner Burg öfters, und hatte sich verkleidet damit niemand ihn erkennen konnte. Er hat mit allerlei Leuten geredet: Kindern, alten Leuten, Bänkiern, und Bauern. Dadurch konnte er sein Volk kennenlernen, und sehen, was sein Volk wirklich brauchte.

Im Hebräerbrief lesen wir von unserem Herrn, der uns wirklich kennt. Er ist der Herr der ganzen Welt. Trotzdem ist er zur Erde gekommen und hat mit uns gelitten und unsere Schwachheit gelernt, doch ohne Sünde. Er kennt die Tiefe unserer Sorgen und die Höhe unserer Freude, weil er das alles selbst erlebt hat. Vor allem weiß er, daß wir seine Gnade bedürfen. Um das zu geben, ist er am Kreuz für unsere Sünde gestorben. Dieses wunderschöne Verhältnis gibt er uns durch sein Wort und sein Sakrament. Jetzt bleibt er immer bei uns. Er ist ein König, der für sein Volk wirklich sorgt.

Herr Jesu, du bist ein König voller Liebe. Gelobt seist du, unser Herr! Amen.

Curtis P. Giese

Gottvertrauen Lies Jesaia 63, 7–17

Gott unser Vater

Abraham weiß von uns nicht, und Israel kennt uns nicht. Du aber, Herr, bist unser Vater und unser Erlöser; von Alters her ist das dein Name. *Jesaia 63, 16*

Die Bezeichnung Vater für Gott ist verhältnismäßig selten im Alten Testament. Im Neuen Testament jedoch ist der Vatername zum Grundton geworden. Das ist das große Geheimnis, das unser Heiland uns offenbart. Das ist die Frucht seines Leidens, Sterbens und Auferstehens. Darin liegt unser Heil und unsere Seligkeit: der Gott im Himmel ist mein Vater und ich bin sein Kind. Der die ganze Welt auf seinen Allmachtshänden trägt, hält auch mich in seiner Vaterhand. Und was er für mich tut, tut er "aus lauter, väterlicher, göttlicher Güte und Barmherzigkeit, ohne alle mein Verdienst und Würdigkeit."

Gott mein Vater! Ich kann mich auf ihn verlassen. Er sieht weiter als ich, sein Kind. Ich darf ihm meine Nöte klagen, seien sie groß oder klein. "Hilft er nicht zu jeder Frist, hilft er doch, wenn's nötig ist." Ich darf ihm auch meine Sünden bekennen, denn er ist mein Vater und Erlöser. Er wird mir auch Kraft verleihen, die Sünde zu bekämpfen und ihm zu Ehren zu leben. Und endlich, wenn's zum Sterben geht, dann schickt der Vater seine Diener aus, mich, sein Kind, ins Vaterhaus heimzuholen.

Sorge Vater, sorge du, sorge für mein Sorgen,
Sorge selbst für meine Ruh heut' sowohl als morgen!
Amen.

Herman A. Mayer

Gottvertrauen Lies 5. Mose 28, 1–6

Segenswunsch

Der Herr behüte dich vor allem Übel; er behüte deine Seele! Der Herr behüte deinen Ausgang und Eingang von nun an bis in Ewigkeit! *Psalm 121, 7–8*

Der Herr behüte dich—so hat der Psalmist schon gesagt—"daß dich des Tages die Sonne nicht steche, noch der Mond des Nachts." Von der führenden Hand und dem hütenden Auge geht der Psalmist jetzt über zum schattenden Flügelpaar Gottes, das vom Himmel her sich über uns ausstreckt. Wie eine Henne ihre Küchlein sammelt unter ihre Flügel, so beschirmt und überschattet der treue Menschenhüter seine Kinder mit den Fittigen seiner Allmacht and Treue. Unter solchem Schutz, du Erdenwanderer, zeuch nur getrost deines Weges und nimm den Segen mit von Oben! Der Herr behüte deinen Ausgang und Eingang in seinem Hause und in unserm Heim. Im irdischen Beruf und Tageswerk wolle Gott dich segnen und behüten!

Gott behütet auch unsern letzten Ausgang, den Ausgang aus dieser Welt, daß es ein Abschied sei im Frieden. Er behütet unsern letzten Eingang, daß es ein Eingang sei in sein himmlisches Reich, in die ewige Heimat.

Herr, segne uns mit seligem Sterben und mach' uns zu Himmelserben! Amen.

Walter H. Bouman

Gottvertrauen Lies Jesaia 51, 1–11

Der starke Arm des Herrn

Wohlauf, wohlauf, zeuch Macht an, du Arm des Herrn! Wohlauf, wie vorzeiten, von Alters her! *Jesaia 51, 9*

Der Herr hat soeben sein Volk getröstet. Es soll sich nicht fürchten, sondern festhalten an den Verheißungen, daß er sein gefangenes Volk erlösen wird. Laß die Feinde spotten. Sie können nichts ausrichten. Sie sind wie ein von Motten zerfressenes Kleid und wie ein von Würmern zernagtes wollenes Tuch. Das dreifache "Wohlauf" können wir wohl auch mit "Wach auf" übersetzen. Es schien dem Volk, als ob Gott schliefe; er hört nicht, er handelt nicht. Wie oft im menschlichem Leben fangen wir erst dann an zu beten, wenn wir in Not stecken! Und wenn die Hilfe nicht sofort kommt, meinen wir, wir müßten Gott durch unser Flehen aufwecken, wie die Jünger: "Herr, hilf uns, wir verderben!" Der Heiland war bei ihnen im Schiff, aber er schlief. Kümmert er sich nicht, daß sie in Gefahr sind?

Vielleicht enthält er seine Hilfe absichtlich vor, um uns aufzuwecken, denn nicht er schläft, sondern wir. Durch die Not kommen wir wieder zur Besinnung. Weil wir in guten Zeiten so leicht Gott vergessen, muß er uns zuweilen auch böse Zeiten senden. Beides, Gutes und Böses, wollen wir aus seiner gnadenvollen Hand hinnehmen. Denn auch das Böse muß uns zum besten dienen.

Hilft er nicht zu jeder Frist,
Hilft er doch, wenn's nötig ist. Amen.

Herman A. Mayer

Gottvertrauen — Lies Psalm 33

Die Erfüllung

Es fehlte nichts an allem Guten, das der Herr dem Hause Israel geredet hatte. Es kam alles. *Josua 21, 45*

"Es kam alles", das ist das eigentliche Thema des Buches Josua. Alles, was Gott versprochen hatte, wurde erfüllt. Die Israeliten bekamen das Land der Verheißung. Sie wohnten in Häusern, die sie nicht gebaut, ernteten, wo sie nicht gesät, genossen die Frucht der Weingärten, die sie nicht gepflanzt hatten. Sie besiegten ihre Feinde. Jeder Stamm bekam, was ihm Gott zugedacht hatte. Wahrlich, es kam alles! Wie konnte es auch anders sein? Des Herrn Wort ist wahrhaftig, und was er zusagt, das hält er gewiß. Sein Name ist: Ich bin, der ich bin! Ich bin der treue Gott, der wahre Gott, der alle seine Worte wahr macht. Ja, wir haben einen Gott, vor dem allen Zweifel samt Angst und Pein verschwinden müssen. Gott hat auch uns ein Land versprochen: das Himmelreich, wo Freude die Fülle ist. Da sind die Wohnungen, die uns unser Herr und Heiland bereitet hat, wohin er nach seiner Auferstehung gegangen ist, wohin er uns einst bringen wird. Dort werden wir mit lachender Zunge sagen können: "Es ist alles erfüllt, er hat alles, was er versprochen, gehalten, nur viel herrlicher, als wir es uns je vorgestellt hatten." Und wie Gott dem Bundesvolk in Gnaden gab, was er versprochen hatte, so gibt er uns um Christi willen die Seligkeit.

Herr, du hast alles wohl gemacht, dein Wort hat uns nicht zuschanden werden lassen. Lob und Dank sei dir! Amen.

Martin J. Naumann

Gottvertrauen — Lies Jeremia 10, 14–16

Laß dein Haus von Gott bauen

Wo der Herr nicht das Haus bauet, so arbeiten umsonst, die dran bauen. *Psalm 127, 1*

Wer es sich heute, besonders bei den hohen Baukosten, leisten kann, sich ein Eigenheim bauen zu lassen, der tut gut, sich nach einem erfahrenen Fachmann und einer altbewährten Baufirma umzusehen. Wertarbeit ist beim Bau eines Hauses auf die Dauer von großer Bedeutung. Die Bewährungsprobe durch Zeit und Witterung stellt so manchen vor die bittere Tatsache, daß die ganze Arbeit umsonst war, um es mit unserem Textwort auszudrücken. Dieses Psalmwort will uns vor solchen Enttäuschungen schützen und anhalten, unser Haus und Leben von dem bauen zu lassen, dessen Bauwerk sich nie als umsonst erweist. Wie so mancher historische Bau den Namen des Erbauers erkennen läßt, dürfen wir durch Gottes Gnade zu unserem Trost mit Stolz vor der Öffentlichkeit auf unsere Haustafel schreiben: Von Gott erbaut!

Mit diesem Warenzeichen können wir versichert sein, daß der Bau unseres Lebens auf Ewigkeit standhält und von Jesu Christo und seinem Heilswerk garantiert ist. Laßt euch von ihm erbauen durch sein Wort und Sakrament zu einer Behausung Gottes im Geist. Es gibt keinen Besseren.

Herr Gott, himmlischer Vater, wir danken dir, daß wir dir den Bau unseres Leben anbefehlen dürfen durch Jesum Christum, unseren Herrn. Amen.

Horst Hoyer

Eine ewige Heimat

Unser Wandel ... ist im Himmel, von dannen wir auch warten des Heilandes Jesu Christi, des Herrn.
Philipper 3, 20

Die Bibel nennt uns Gotteskinder, Erlöste, Gläubige, und vieles andere noch. Sie hat für uns Christen auch diesen Namen: "Pilger."

Was heißt das? Das heißt, wir sind hier in dieser Welt nur auf Besuch. Unsere Heimat ist anderswo. Am Ende aller Dinge wird der Herr Jesus wiederkommen in Herrlichkeit, um uns in unsere richtige Heimat zu holen.

Ja, hier sind wir lediglich auf Besuch. Hier wollen wir uns nicht allzusehr einwurzeln lassen, die Werte der Welt annehmen oder so tun, als würden wir hier ewig leben. Wir wollen stets unser Leben so führen, damit wir unsere "Heimreise" nicht gefährden.

Ein Diplomat im Ausland vergißt nie, wo er zu Hause ist und wen er vertritt. Wir "Ausländer" wollen durch tägliche Reue über begangene Sünden und durch ein tägliches Hinrennen zu Jesu unsere Verbindung zu der ewigen Heimat aufrechterhalten. In Jesu hat Gott uns aus Gnade diese Heimat frei geschenkt. Wir wollen unser himmlisches Bürgerrecht stark ans Herz drücken—heute und jeden Tag.

Gieße deinen Geist auf mich, Vater, damit ich mein himmlisches Bürgerrecht nie preisgebe! Amen.

Robert Bugbee

Gottvertrauen · Lies Psalm 91, 1–10

In Gottes Händen

Meine Zeit stehet in deinen Händen. *Psalm 31, 16*

Bei David schließt "meine Zeit" alle seine Lebenslagen mit ein, seine Leiden und Freuden, sein Glück und Unglück, seine guten und bösen Tage. Welch ein Trost für uns Christen! Wenn unsere Zeit in Gottes Händen steht, dann ist sie in guten Händen, in den Händen eines liebenden himmlischen Vaters, der uns um Christi willen gnädig ist. Wie nötig ist uns dieser Trost, die wir täglich sündigen und wohl eitel Strafe verdienen! Wollte Gott nach Recht und Gerechtigkeit mit uns handeln, so könnten wir nimmer bestehen. Aber "bei dir ist die Vergebung, daß man dich fürchte."

In Gottes Händen sind wir in fähigen Händen, den Händen eines allwissenden, allmächtigen, allgegenwärtigen Gottes. Er kennet, was für ein Gemächte wir sind, sieht unsere Tränen und weiß von unserer Trauer. Kein Haar fällt ohne seinen Willen von unserem Haupt. Er hat Mitleid mit uns, und weiß in allen Nöten Hilfe und Rat. "Weg hat er allerwegen, an Mitteln fehlt's ihm nicht; sein Tun ist lauter Segen, sein Gang ist lauter Licht." Er bleibt, wie er ist, der ewig liebreiche und hilfsbereite Vater.

In wieviel Not hast du nicht, gnädiger Gott, über uns Flügel gebreitet! Amen.

Paul F. Koenig

Gottvertrauen · Lies Offenbarung 7, 13–17

Mein Vater nimmt mich heim

Danksaget dem Vater, der uns tüchtig gemacht hat zu dem Erbteil der Heiligen im Licht. *Kolosser 1, 12*

Ein Kind ist ein Erbe. Nach Bestimmung des Vaters kommt einmal die Zeit, wo dem Kinde seine Erbschaft zuteil wird, ja, wo das Kind sogar das Vaterhaus bezieht und zu eigen einnimmt.

"Sind wir denn Kinder, so sind wir auch Erben, nämlich Gottes Erben und Miterben Christi." Das bringt uns unsere Kindschaft Gottes, daß er uns dazu bestimmt hat, sein Vaterhaus zu übernehmen. Er nimmt uns heim. Das Vaterhaus wird unser.

Es ist gewiß schon jetzt unser. Doch leben wir noch immer in der Wartezeit und haben den Genuß des Vaterhauses noch nicht. "Wir wissen aber, ... daß wir einen Bau haben, von Gott erbauet, ein Haus, nicht mit Händen gemacht, das ewig ist, im Himmel."

Der Begriff von Erbschaft betont aber, daß unser ewiges Vaterhaus nicht darum unser ist, weil wir es verdient oder selbst erworben haben. Der Vater, der uns das Erbteil durch seinen Sohn beschert hat, macht uns durch seinen Heiligen Geist auch tüchtig, das Erbteil zu erlangen. Ihm sei Lob und Dank für seine Gnade in alle Ewigkeit!

Sehet, welch eine Liebe hat uns der Vater erzeiget, daß wir Gottes Kinder sollen heißen! Amen.

Daniel E. Poellot

Alles Irdische vergeht

Alles Fleisch ist Heu, und ... alle seine Güte ist wie eine Blume auf dem Felde.... Das Heu verdorret, die Blume verwelket; aber das Wort unsers Gottes bleibet ewiglich.
Jesaia 40, 6–7

Auf die herrliche Trostpredigt zu Beginn des 40. Kapitels folgt sofort ein ernster Bußruf, denn die Herrlichkeit des Herrn soll offenbaret werden. Wer kann aber vor dem Herrn bestehen? Der Prophet hört eine Stimme: "Predige!" "Was soll ich predigen?" Antwort: "Alles Fleisch ist Heu." Das Wort Fleisch bezeichnet hier die durch die Sünde verderbte Menschheit. Mit allem, was sie ist und hat, ist sie doch nur wie das Gras, das bald vertrocknet.

Das ist ein Bild der Nichtigkeit und der Hinfälligkeit des Menschen. Selbst das Beste am Menschen—sein Wissen und Können, alle seine Erfindungen und Errungenschaften—ist wie eine Blume, die bald verwelkt. Woher kommt das? "Denn des Herrn Geist bläset drein," oder wie Mose sagt: "Das macht dein Zorn, daß wir so vergehen, und dein Grimm, daß wir so plötzlich dahin müssen."

Der Mensch vergeht wie Gras, "aber das Wort unsers Gottes bleibet ewiglich." "Himmel und Erde werden vergehen, aber meine Worte vergehen nicht." Das sind herrliche Gnadenworte! Es sind dieselben Worte, die auch heute noch im Evangelium erklingen.

Dein göttlich Wort, das helle Licht, laß ja bei uns auslöschen nicht! Amen.

Herman A. Mayer

Gottvertrauen · Lies Kolosser 1, 12–23

Mein ewiger Heiland

Jesus Christus gestern und heute und derselbe auch in Ewigkeit. *Hebräer 13, 8*

Jesus Christus, in dem sich alles erfüllte, was Gott durch die Propheten geredet hatte, wird in Ewigkeit derselbe liebevolle, getreue Heiland bleiben, auf dessen Wort man sich mit festem Vertrauen verlassen kann und an dessen Teilnahme an unsern Besorgnissen wir nie zu zweifeln brauchen. In den wechselvollen Geschicken dieses Erdenlebens suchen wir nach einem festen Halt und Grund, worauf wir sicher ruhen können. Einen solchen haben wir in dem Herrn Jesu.

Wird alles Irdische weggerissen, Jesus und sein Heil stehen uns fest. Werden menschliche Freunde treulos, Jesus wird uns nicht verlassen. Wollen wir unter der Last des Kreuzes fast verschmachten, Jesus wird uns immer zur Seite stehen, uns zu trösten und zu stärken. Hält der Teufel uns unsere Sünden vor, verklagt uns unser Gewissen, Jesus ist hier, der gestorben und wieder auferwecket ist. In seinem Wort hat der Heiland uns ein für allemal sein Herz geöffnet. Er ist der Grund, der unsern Anker ewig hält. Wie er war vor aller Zeit, so bleibt er in Ewigkeit.

Herr Jesu, wie wohl ist mir in der Gewißheit, daß dein Heilandsherz mir allezeit offen steht! Amen.

Clarence T. Schuknecht

Christlicher Glaube   Lies Matthäus 5, 43–6, 13

Ich glaube ... an Gott den Vater

Darum sollt ihr also beten: Unser Vater in dem Himmel!
Matthäus 6, 9

Wir bekennen mit der ganzen Christenheit: "Ich glaube an einen einigen allmächtigen Gott." Dieser einige Gott, so hoch erhaben über uns, die wir Erde und Asche sind, ist nicht ferne von uns. Im heiligen Vaterunser lehrt uns Christus, ihn unsern Vater nennen. Damit will er uns locken, daß wir glauben sollen, Gott sei unser rechter Vater und wir seine rechten Kinder, auf daß wir getrost und mit aller Zuversicht ihn bitten sollen wie die lieben Kinder ihren lieben Vater.

Aber wie darf ich armer Sünder mich so vertrauensvoll dem großen Gott nahen und ihn Vater nennen? Das kann ich nicht aus eigenem Verdienst noch aus eigener Würdigkeit, sondern allein um Christi meines Heilandes willen. In der Fülle der Zeit hat Gott seinen Sohn in die Welt gesandt, geboren von einem Weibe und unter das Gesetz getan, auf daß er die, so unter dem Gesetz waren, erlösete, daß wir die Kindschaft empfingen. Weil wir nun Gottes Kinder sind, hat Gott gesandt den Geist seines Sohnes in unsere Herzen, der schreiet: "Abba Vater." Darum sagen wir getrost: "Unser Vater im Himmel!"

Ich danke dir, mein Gott' daß ich dich Vater nennen darf. Laß mich dein Kind sein und bleiben! Amen.

Fred Kramer

Christlicher Glaube Lies Johannes 15, 1–16

In Christo

Bleibt in mir und ich in euch. *Johannes 15, 4*

Das Bild von Christo als dem rechten Weinstock, von Gott dem Vater als dem Weingärtner und von uns Christen als den Reben am Weinstock hat uns viel zu sagen vom christlichen Glauben und Leben. Kein Christ kann allein stehen, in eigener Kraft. Wir haben von uns selbst kein geistliches Leben sondern sind geistlich tot. Das Christenleben hat seinen Sitz in Christo. Von ihm empfängt es Nahrung und Kraft. Christus ist der Weinstock; wir sind die Reben. Wie eine Weinrebe nicht leben und Frucht tragen kann, wenn sie vom Weinstock abgeschnitten wird, so auch der Christ, wenn er von Christo getrennt wird. In dem Fall muß er ohne Fehl verdorren und ohne Frucht bleiben. Darum ermahnt Jesus seine Jünger: "Bleibt in mir und ich in euch." Dieses Bleiben aber geschieht nur, wenn wir im Glauben an ihn stehen und dieser Glaube genährt und gestärkt wird durch fleißiges Hören des Wortes Gottes und Brauch der heiligen Sakramente. So bleiben wir in Christo, und, Wunder der Gnade! so bleibt auch er in uns und erfüllt uns mit Leben und Kraft, daß wir recht Früchte bringen zu Gottes Ehre und unseres Nächsten Nutzen.

Herr, bleibe in mir, damit auch ich in dir bleibe und Frucht bringe in Geduld! Amen.

Fred Kramer

Christlicher Glaube   Lies Psalm 51

Die Gabe des Heiligen Geistes

Verwirf mich nicht von deinem Angesichte und nimm deinen Heiligen Geist nicht von mir. *Psalm 51, 13*

Um den Heiligen Geist zu bitten, ist die allernotwendigste und seligste Bitte, denn in diesem Leben haben wir vonnöten einen Führer, Lehrer und Tröster. Und das ist der Heilige Geist. Er führt uns in alle Wahrheit; er lehrt uns Jesum Christum erkennen; er erklärt ihn uns; er tröstet uns in allerlei Leiden und Trübsal, ja, in der Stunde des Todes. Um den Heiligen Geist sollen bitten Alte und Junge, Große und Kleine, die Eltern für sich und ihre Kinder, denn der Heilige Geist ist das Pfand unseres Erbes. Wer hier den Heiligen Giest nicht hat, der kann auch dort nicht selig werden. Ohne den Geist kann man nicht fromm werden, nicht fromm leben—nicht das ewige Leben ererben.

Hat uns Gott aber den Heiligen Geist gegeben, so sind wir die glückseligsten Menschen. denn der Geist wirkt in uns den Glauben an Christi Verdienst. Durch die Gnadenmittel erhält er uns auch in dem seligmachenden Glauben. Hat uns Gott den Geist gegeben, so wollen wir ihn nicht von uns stoßen durch gottloses Leben. Vielmehr bitten wir, "Nimm deinen Heiligen Geist nicht von mir."

Schaffe in mir, Gott, ein rein Herz und gib mir einen neuen gewissen Geist! Amen.

J. F. Starck

Christlicher Glaube   Lies 2. Korinther 3, 4–11

Der Geist kommt durchs Evangelium

Habt ihr den Geist empfangen durch des Gesetzes Werke oder durch die Predigt vom Glauben? *Galater 3, 2*

In seinem Brief an die Galater redet der Apostel Paulus von der Freiheit der Kinder Gottes durch die Wirkung des Heiligen Geistes. Er schreibt: "Regieret euch aber der Geist, so seid ihr nicht unter dem Gesetze." Wer den Heiligen Geist hat, der ist frei von dem Fluch des Gesetzes, denn er ist nun gewiß, daß alle seine Sünden vergeben sind.

Nun fragt der Apostel die Galater, ob sie den Heiligen Geist durch die Werke des Gesetzes oder durch die Predigt vom Glauben empfangen hätten. Haben eure Werke des Gesetzes euch Frieden gebracht? Hat das Gesetz eure Herzen erneuert und euch willig gemacht, Gott zu gehorchen? Oder hat die Predigt des Evangeliums das in euch bewirkt?

Die Antwort auf diese Frage ist: Nicht unser Tun des Gesetzes, sondern die Botschaft von der sündenvergebenden Gnade Gottes in Christo Jesu hat uns Frieden gebracht. Das Gesetz machte uns auch nicht willig, Gott zu gehorchen, sondern dazu wurden wir erst dann tüchtig, als wir im Evangelio die Liebe Gottes in Christo, unserem Heiland, erkannten.

Herr, laß mich das Evangelium von Christo hören, und mach mich durch dasselbe frei, dir zu dienen! Amen.

Clarence T. Schuknecht

Christlicher Glaube Lies 5. Mose 6, 4–15

Der einige allmächtige Gott

Ich bin der Herr, dein Gott....Du sollst keine andern Götter neben mir haben. 2. Mose 20, 2–3

Wenn ich als Christ bekenne: "Ich glaube an einen einigen allmächtigen Gott," so bekenne ich, daß dieser einige allmächtige Gott mein Gott ist, den allein ich ehre, den allein ich über alles liebe, dem allein ich vertraue, von dem allein ich alles Gute erwarte in diesem und jenem Leben. Außer diesem einigen allmächtigen Gott gibt es keinen Gott. Darum darf ich auch nicht andere Götter haben. Ich darf niemand und nichts in dieser Welt fürchten und ehren über ihn; ich darf niemand und nichts in dieser Welt lieben wie ihn; ich darf mein Vertrauen auf nichts in dieser Welt setzen als auf ihn allein. Ich kann ihm vertrauen, denn er ist der allmächtige Gott, bei dem kein Ding unmöglich ist. Keine Not, die mich in diesem Leben betreffen kann, ist so groß, daß er sie nicht heben kann, kein Unglück so schwer, daß er es nicht wenden kann. Darum soll er allein mein Gott sein. Gott allein will ich über alle Dinge fürchten, lieben und vertrauen, denn in Christo hat er mich zuerst geliebt.

Lieber Gott, gib mir deinen Geist, daß ich dich über alle Dinge fürchte und liebe und dir vertraue! Amen.

Fred Kramer

Christlicher Glaube　　　　Lies Johannes 17, 1–10

Gott, alles in allem

Von ihm und durch ihn und zu ihm sind alle Dinge.
Römer 11, 36

Von Gott kommt alles. Er ist der Schöpfer aller Dinge. "In ihm leben, weben und sind wir." Von ihm sagt der Apostel weiter zu den Athenern: "Gott, der die Welt gemacht hat und alles, was drinnen ist, sintemal er ein Herr ist Himmels und der Erde, wohnet er nicht in Tempeln mit Händen gemacht. Sein wird auch nicht von Menschenhänden gepfleget, als der jemandes bedürfe, so er selber jedermann Leben und Odem allenthalben gibt."

Als der Mensch durch den Sündenfall von Gott abgefallen war und sich wider ihn empört hatte, sandte Gott seinen Sohn als Erlöser und Heiland. *Durch ihn*, den Sohn Gottes, hat Gott den Menschen mit sich selbst versöhnt. "Gott war in Christo und versöhnte die Welt mit ihm selber und rechnete ihnen ihre Sünden nicht zu und hat unter uns aufgerichtet das Wort von der Versöhnung."

Und *zu ihm* sind alle Dinge. Durch seinen Heiligen Geist beruft, sammelt, erleuchtet und heiligt er die Menge der Gläubigen und erhält sie im wahren einigen Glauben. "Niemand kann Jesum einen Herrn heißen ohne durch den Heiligen Geist."

Des Morgens, Gott, dich loben wir, des Abends auch beten vor dir. Amen.

Herman A. Harms

Christlicher Glaube Lies Psalm 25, 1–7

Was Glaube heißt

Derhalben muß die Gerechtigkeit durch den Glauben kommen, auf daß sie sei aus Gnaden, und die Verheißung fest bleibe. *Römer 4, 16*

Gott verheißt die Seligkeit allen, die an Jesum Christum glauben. Aber, was heißt denn Glaube? Was tun wir, wenn wir an Gott glauben? Ferner fragen wir: Warum und wie macht unser Glaube uns selig? Worin liegt seine Kraft?

Viele meinen: Glauben heißt, etwas für wahr halten. Viele meinen, ihr Glaube sei ein Werk, das ihnen etwas verdient. Für andere ist Glaube weiter nichts als eine Meinung. Keins von diesen wird dem biblischen Zeugnis vom Glauben gerecht.

Paulus sagt, daß Glaube und Gnade zusammen gehören. Die Gerechtigkeit, die vor Gott gilt, ist ganz und gar ein Geschenk Gottes durch seinen Sohn. Darum heißt Glauben, ganz und gar von sich selbst abzusehen und an Gottes Verheißung festzuhalten. So bleibt die Verheißung fest. Der Psalmist sagt: "Nach dir, Herr, verlanget mich. Mein Gott, ich hoffe auf dich.... Du bist der Gott, der mir hilft; täglich harre ich dein." Glaube ist die feste Überzeugung: Gott schenkt mir alles für Leib und Seele, für Zeit und Ewigkeit, aus Gnaden um Christi willen.

Ich weiß, an wen ich gläube: mein Jesus ist des Glaubens Grund. Amen.

Herbert J. A. Bouman

Christlicher Glaube   Lies Epheser 1, 15–23

Eine heilige christliche Kirche

Seid fleißig, zu halten die Einigkeit im Geist durch das Band des Friedens. *Epheser 4, 3*

Gott, der aus Liebe zur gefallenen Menschheit seinen Sohn hat lassen Mensch werden, daß er uns von Sünde und Strafe erlösete, hat auch die frohe Botschaft von unserer Erlösung in aller Welt predigen lassen. Durch diese Predigt sammelt und erhält er sich zu allen Zeiten eine Kirche in der Welt, in der Menschen das Evangelium hören und zum Glauben kommen. Diese Kirche, die vor Menschen oft arm und dürftig aussieht, ist wirklich etwas überaus Herrliches. Sie ist erstlich *eine*. Es kann nur *eine* Kirche geben, denn es ist "*ein* Leib, und *ein* Geist ... *ein* Herr, *ein* Glaube, *eine* Taufe, *ein* Gott und Vater (unser) aller." Alle Christen in der ganzen Welt bilden diese *eine* Kirche. Die *eine* Kirche ist heilig. Gott hat sie sich erwählt, hat sie gewaschen von Sünden durch Christi Blut. Er heiligt sie von Tag zu Tag. Sie ist christlich. Die Kirche, wo auch immer sie ist, glaubt an Jesum Christum. Endlich ist die Kirche apostolisch. Die Apostel sind die bleibenden Lehrer der Kirche, die erbaut ist auf dem Grund der Apostel und Propheten, da Jesus Christus der Eckstein ist.

Dank sei dir, Gott, daß du auch mich zu einem Glied deiner Kirche berufen hast. Amen.

Fred Kramer

Christlicher Glaube   Lies Philipper 1, 3–11

Der Herr führt's hinaus

[Ich] bin desselbigen in guter Zuversicht, daß, der in euch angefangen hat das gute Werk, der wird's auch vollführen bis an den Tag Jesu Christi. *Philipper 1, 6*

"Ich glaube, daß ich nicht aus eigener Vernunft noch Kraft an Jesum Christum meinen Herrn, glauben oder zu ihm kommen kann; sondern der Heilige Geist hat mich durch das Evangelium berufen, mit seinen Gaben erleuchtet, im rechten Glauben geheiliget und erhalten."

Mit diesen Worten aus dem Kleinen Katechismus ist eigentlich klar, wer das gute Werk in uns angefangen hat, nämlich Gott der Heilige Geist. Er hat uns zum Glauben an Jesum Christum gebracht durch das Evangelium in Wort und Sakrament.

Bedeutet dies, daß er uns zwar auf den Weg gebracht hat, daß wir aber nun allein weiterlaufen müssen? So könnte es aussehen, aber so ist es nicht. Verließen wir uns auf unsere Kräfte, wir würden das Ziel nie erreichen. Uns stärkt und trägt die Zusage, daß Gott das gute Werk, das er in uns anfing, auch zum guten Ende führen wird. Und wie lange wird der Geist dies Amt ausführen? Der Apostle fügt hinzu: "Bis an den Tag Jesu Christi"—bis an den Tag seiner letzten Zukunft.

Führe mich, o Herr, und leite meinen Gang nach deinem Wort! Sei und bleibe du auch heute mein Beschützer und mein Hort! Amen.

Manfred Roensch

Christlicher Glaube — Lies 1. Petrus 1, 18–25

Das ewige Wort Gottes

Alles Fleisch ist wie Gras und alle Herrlichkeit der Menschen wie des Grases Blume. Das Gras ist verdorret, und die Blume abgefallen; aber des Herrn Wort bleibet in Ewigkeit. *1. Petrus 1, 24–25*

Alles auf Erden ist vergänglich. Der Mensch selbst hat hier nur ein kurzes Dasein. Daher sagt Jakobus: "Was ist euer Leben? Ein Dampf ist's, der eine kleine Zeit währet, darnach aber verschwindet er." Ja, selbst Himmel und Erde werden vergehen, wie uns der Herr sagt. Doch er fügt diese tröstliche Wahrheit hinzu: "Aber meine Worte vergehen nicht."

Welch ein köstlicher Trost ist das für uns, wenn wir an die Verderblichkeit alles Irdischen und an unsere eigene Vergänglichkeit denken! Das Wort des Herrn und alles, was er uns in demselben offenbart und verheißen hat, vergeht nicht. Davon sagt Petrus: "Das ist das Wort, welches unter euch verkündiget ist."

Und was offenbart uns dieses Wort? Es offenbart uns unsere Erlösung durch Jesum Christum, und daß er uns ewige Wohnungen bei seinem Vater im Himmel bereitet hat. Laßt uns allezeit nach diesen Wohnungen trachten Vom Himmel wird unser Heiland kommen, um uns heimzuführen.

Gott Heiliger Geist, erhalte uns fest im Glauben an dein ewiges und unwandelbares Wort! Amen.

F. C. Otten

Christlicher Glaube Lies Johannes 4, 47–54

Der Glaubensgrund

Der Mensch glaubete dem Wort, das Jesus zu ihm sagte, und ging hin. *Johannes 4, 50*

Gott spricht zu uns durch sein Wort. Dieses Wort ist kein leerer Schall. Dieses Wort enthält tatsächlich das, was er uns zusagt und verspricht. Es ist Wahrheit. Es entspricht der Realität. Es ist Erfüllung.

Als Jesus auf Bitte des königlichen Beamten zu Kapernaum—ohne den sterbenden Jungen gesehen zu haben—einfach sagte: "Gehe hin, dein Sohn lebet," da ging der betrübte Vater hin, mit der Überzeugung, daß Jesus die Wahrheit gesagt hatte.

Warum ging er hin? Warum war er überzeugt, daß sein Sohn lebte? Weil, wie der Evangelist sagt: "Der Mensch glaubete dem Wort, das Jesus zu ihm sagte." Er setzte sein ganzes Vertrauen auf Jesum. Er verließ sich auf seine helfende Treue. Für ihn war Jesu Wort Wahrheit und Realität.

Das Wort Gottes ist auch unser Glaubensgrund, auf dem wir unsern Glauben gründen. Es ist ein wahrhaftes und gewisses Wort. Was Gott zusagt, das hält er gewiß. Selig sind, die sich an Gottes Wort halten, die es gerne hören und es bewahren.

Ich glaub', was Jesu Wort verspricht,
Ich fühl' es oder fühl' es nicht. Amen.

Emanuel Beckmann

Christlicher Glaube — Lies Psalm 32

Buße und Absolution

Da sprach David zu Nathan: Ich habe gesündiget wider den Herrn. Nathan sprach zu David: So hat der Herr deine Sünden weggenommen, du wirst nicht sterben.
2. Samuel 12, 13

Der berühmte Held David, der den Riesen Goliath gefällt hatte, war nun selber gefallen. Er war nicht auf der Hut als sein alter Adam ihn versuchte und er mit lüsternen Augen auf Bathseba, Urias Weib, schaute und dann mit ihr Ehebruch begang. Als da der Teufel David beim Wickel hatte, verführte er ihn auch zum Mord Urias, um seinen Ehebruch zu verhüllen.

Aber Gott in seiner Gnade sandte den Prophet Nathan zu David, welcher ihm seine Missetaten vorhielt. Da bekannte David seine Sünden mit reumütigem Herzen. Darauf versicherte der Prophet dem König, daß Gott seine Sünden vergeben hätte.

Dieser Fall Davids betont die Warnung des Apostels: "Wer sich lässet dünken, er stehe, mag wohl zusehen, daß er nicht falle." Daher müssen wir wachen und beten, damit wir nicht in Versuchung fallen. Geschieht es aber, daß wir stolpern und trotz unsrer besseren Erkenntnis in schändliche Sünden fallen, dann können wir doch immer die Versicherung haben, daß Gott um Christi willen jeden bußfertigen Sünder vergibt und wieder zu sich nimmt.

Barmherziger Vater, verleihe mir durch deinen Geist jede Sünde zu hassen und dir in Liebe zu dienen! Amen.

Gerhard T. Naumann

Christlicher Glaube   Lies 1. Johannes 1, 5–2, 2

Vergebung der Sünden

An [Christo] wir haben die Erlösung durch sein Blut, nämlich die Vergebung der Sünden, nach dem Reichtum seiner Gnade. *Epheser 1, 7*

Nichts ist wichtiger als die Vergebung aller unserer Sünden. Sollte es der Vergebung einer einzigen Sünde mangeln (sei es auch nur eines bösen Gedanken), so könnten wir unserer Seligkeit nicht sicher sein. Anderseits ist die völlige Vergebung unserer Sünden die Versicherung des ewigen Lebens. "Denn wo Vergebung der Sünden ist, da ist auch Leben und Seligkeit," schreibt Dr. Martin Luther im Kleinen Katechismus.

Wenn nun diese Vergebung auch im geringsten Grad von unserer eigenen Fähigkeit abhinge, wären wir ohne Hoffnung. Unsere Erlösung ermöglichte nur der Reichtum der unermeßlichen Gnade Gottes, der das Blut seines unschuldigen Sohnes forderte. "Das Blut Jesu Christi, seines Sohnes, macht uns rein von aller Sünde" (1. Johannes 1, 7).

Diese Vergebung wird uns auf dreifache Weise versichert: durch die Taufe, die Abwaschung unserer Sünden; durch das Wort der Wahrheit im Evangelium; und durch das Essen und Trinken des Leibes und Blutes Christi im Abendmahl, "gegeben und vergossen zur Vergebung der Sünden."

Heiliger Geist, laß die unverdiente Vergebung Gottes durch Christum uns zu brünstiger Liebe gegen Gott und unsere Mitmenschen treiben! Amen.

Otto E. Naumann

Christlicher Glaube   Lies Römer 1, 13–17

Erhalten durch das Evangelium

Durch welches [Evangelium] ihr auch selig werdet ... so ihr's behalten habt. *1. Korinther 15, 2*

Der Glaube hält sich an das Wort, das so gering scheint, daß alle Welt nicht einen Heller darum gäbe, und doch so ein großes Ding tut, daß es Himmel und Erde zerreißen, und alle Gräber auftun wird in einem Augenblick.

Und wenn du nur im Glauben bleibst, so sollst du dadurch ewig leben und ein Herr werden über alle Dinge, obschon dein Glaube schwach ist—und wie schwächlich du hinfort lebst, daß du nur nicht lebst nach deinen Gedanken und deiner Vernunft, sondern nach der Schrift.

Die Mutter wirft das Kind nicht weg, weil es schwach ist. Schwach ist es wohl und kann ihm selbst nicht helfen; aber weil es der Mutter im Schoß und in den Armen bleibt, so hat es keine Not. Kommt's aber aus der Mutter Wartung, so ist es verloren. Also tue auch du. Willst du selig werden, siehe zu, daß du nur im Wort bleibst, dadurch dich Gott trägt und erhalten will.

Summa, wir können nicht bleiben wider Sünde, Tod und Hölle außer durch dies Evangelium, davon hier St. Paulus sagt und spricht, daß wir dadurch stehen und selig werden. Durch das Wort werden wir getröstet und erhalten.

Selig sind, die das Wort Gottes hören und bewahren. Dazu hilf uns, Herr! Amen.

Martin Luther

Christlicher Glaube Lies Apostelgeschichte 22, 6–16

Wasser und Blut

Dieser ist's, der da kommt mit Wasser und Blut, Jesus Christus, nicht mit Wasser allein, sondern mit Wasser und Blut. *1. Johannes 5, 6*

Also will er allezeit das Blut in der Taufe mengen, daß darinnen scheine und ersehen werde das rosinfarbene, unschuldige Blut Christi. Nach menschlichen Augen scheint da nichts als lauter weiß Wasser, das ist wahr; aber Sankt Johannes will uns die innerlichen und geistlichen Augen des Glaubens auftun, daß wir damit sehen nicht allein Wasser, sondern auch das Blut unsers Herrn Jesu Christi.

Warum das? Die heilige Taufe ist uns erworben durch dasselbige Blut, welches er für uns vergossen und für die Sünde bezahlt hat. Das Blut und desselbigen Verdienst und Kraft hat er in die Taufe gelegt, daß man es darinnen erlangen solle. Denn welcher die Taufe empfähet im Glauben, das ist eben, als würde er sichtlich mit dem Blute Christi gewaschen und von Sünden gereinigt. Denn Vergebung der Sünden erlangen wir nicht durch unsere Werke, sondern durch des Sohnes Gottes Sterben und Blutvergießen. Solche Vergebung aber legt und steckt er in die Taufe.

Ich bin getauft auf deinen Namen, Gott Vater, Sohn und Heil'ger Geist, ich bin gezählt zu deinem Samen, zum Volk, das dir geheiligt heißt. Amen.

Martin Luther

Christlicher Glaube Lies Jesaia 55, 6–11

Nur durch die Gnadenmittel

So kommt der Glaube aus der Predigt, das Predigen aber durch das Wort Gottes. *Römer 10, 17*

Die Gnadenmittel sind das Evangelium und die Sakramente. Das Gesetz benutzt der Heilige Geist, um die Sünde aufzudecken, damit der Hunger nach Christi Gerechtigkeit gewirkt werde.

Solange ein Mensch selbstgerecht und pharisäisch ist, wird er weder Buße tun noch Hilfe suchen. Ohne das Evangelium sind die Menschen entweder selbstgerecht oder sie verzweifeln.

Unser Erlöser im Stande seiner Erhöhung spricht zu uns nur durch die Heilige Schrift. Gott tut Wunder durch das Wort. Als Jesus einst den Geiz strafte und sagte, es sei leichter, "daß ein Kamel durch ein Nadelöhr gehe, denn daß ein Reicher ins Reich Gottes komme," sprachen seine Jünger entsetzt: "Wer kann denn selig werden?" Jesus antwortete: "Bei den Menschen ist's unmöglich, aber bei Gott sind alle Dinge möglich" (Matthäus 19, 24–26).

Zu Pfingsten, wie Jesus seinen Jüngern verheißen hatte, war es die schriftgemäße, vom Heiligen Geist eingegebene Predigt des Petrus und die Taufe, die den wahren Glauben in 3,000 Menschen wirkten. Abendmahl und Wort stärken den Glauben.

Ich glaube, lieber Herr. Durch die Gnadenmittel hilf meinem Unglauben! Amen.

Martin Luther

Gericht und Rettung

Wie den Menschen ist gesetzt, einmal zu sterben, danach aber das Gericht, also ist Christus einmal geopfert, wegzunehmen vieler Sünden. *Hebräer 9, 27–28*

Beides bleibt wahr. Der Tod ruft einen jeden Menschen vor den Stuhl der Herrlichkeit des wiederkehrenden Christus. Dem letzten Gericht kann kein Mensch ausweichen. Der Gott, der uns erschaffen hat und geboten, nach seinem heiligen Willen zu leben, hält uns auch für unsere Taten und Werke verantwortlich. Und wie es dabei nach Recht und Gerechtigkeit ausfällt, wissen wir, denn vor ihm ist kein Lebendiger gerecht.

Doch das andere Moment ist ebenso wahr und gibt dem ganzen Vorgang des Gerichts eine neue, selige Wendung: Christus ist geopfert, wegzunehmen die Sünde. Und auch davon ist kein Mensch ausgeschlossen. "Gott hat alles beschlossen unter den Unglauben, auf daß er sich aller erbarme" (Römer 11, 32). Jesus Christus ist das Lamm Gottes, welches der Welt—der ganzen Welt—Sünde trägt.

So stehen Gesetz und Evangelium neben einander. Doch dieser Unterschied besteht: Das Gesetz will gehalten werden, und das können wir nicht; das Evangelium will im Glauben angenommen werden, und in Gottes Kraft ist das uns zur Seligkeit möglich gemacht.

Herr Jesus, hilf mir glauben! Amen.

Daniel E. Poellot

Christlicher Glaube — Lies Lukas 21, 25–36

Er wird wiederkommen

Des Menschen Sohn [wird kommen] in der Herrlichkeit seines Vaters mit seinen Engeln. *Matthäus 16, 27*

Die Kirche hat von Anfang an geglaubt und bekannt, daß der gen Himmel gefahrene Christus wiederkommen wird, und zwar nicht in Niedrigkeit, wie bei seiner Menschwerdung, sondern in Herrlichkeit. Christus hatte seinen Jüngern das verheißen. Zeit und Stunde seiner Wiederkunft hatte er ihnen nicht gesagt, sondern hatte sie ermahnt, in steter Buße auf sein Kommen zu warten. Als er gen Himmel gefahren war und seine Jünger ihm wehmütig nachblickten, wurden sie von Engeln an seine Verheißung erinnert. Die Apostel belehrten die Kirche über die Wiederkunft Christi, wiewohl sie Zeit und Stunde derselben nicht kannten. Paulus lobt die Korinther, weil sie warteten auf die Offenbarung des Herrn. Er belehrt die Thessalonicher, daß Christus kommen wird wie ein Dieb in der Nacht. Er ermahnt sie, nicht zu schlafen, sondern nüchtern zu sein. Ob Christus auch lange verzieht, so wird er doch gewiß kommen. Gott rechnet die Zeit nicht wie wir. Vor ihm ist ein Tag wie tausend Jahre und tausend Jahre wie ein Tag. Wenn Gottes Zeit gekommen ist, wird Christus wiederkommen.

Himmlischer Vater, hilf, daß wir in Buße und Glauben erfunden werden, wenn dein Sohn kommt! Amen.

Fred Kramer

Christlicher Glaube   Lies 1. Korinther 15, 12–49

Die Auferstehung der Toten

Alle, die in den Gräbern sind, werden seine Stimme hören und werden hervorgehen. *Johannes 5, 28–29*

Die christliche Kirche glaubt auf Grund der Schrift, daß die Toten, die im Herrn sterben, selig in Gott leben, und daß Gott am Jüngsten Tag ihre sterblichen Leiber von den Toten auferwecken wird. Bei den Juden zu Jesu Zeit war die Auferstehung der Toten ein Glaubensartikel, geleugnet nur von den Sadduzäern. Bei Martha, der Schwester des verstorbenen Lazarus, war darüber kein Zweifel: "Ich weiß wohl, daß er auferstehen wird ... am Jüngsten Tage." Die christliche Kirche, die mit der Auferstehung Jesu ins Dasein kam, glaubt, daß der auferstandene Christus alle Toten auferwecken wird. Dieser Glaubensartikel ist für uns Christen überaus lieblich und tröstlich. Hier erkranken und veralten unsere Leiber, und schließlich müssen wir sterben. Der Gedanke an den Tod ist für uns in der Regel kein erquicklicher Gedanke. Aber wir sollen den Tod nicht fürchten, denn Christus hat dem Tode die Macht genommen, und das Leben und ein unvergängliches Wesen ans Licht gebracht. Darum warten wir auf die Auferstehung der Toten und die Verklärung unserer sterblichen Leiber.

Herr Jesu, der du mich von Sünde und Tod erlöst hast, hilf mir im Glauben warten auf meine Auferstehung! Amen.

Fred Kramer

Christlicher Glaube Lies Offenbarung 19, 11–16

Der König aller Könige

... welche wird zeigen zu seiner Zeit der Selige und allein Gewaltige, der König aller Könige. *1. Timotheus 6, 15*

Der Apostel Paulus sagt uns, daß wir am großen Auferstehungstage Jesum sehen werden als den König aller Könige und Herrn aller Herren. Wir werden ihn dann sehen in seinem Stand der Erhöhung. Alle Engel und alle Heiligen werden ihn dann ehren als den Gewaltigen. Sie werden ihm mit Freuden dienen. Das wird ihnen eine wahre Lust sein. Gott hat Christo einen Namen gegeben, der über alle Namen ist, und hat alles unter seine Füße getan. Er herrscht nun als der König aller Könige in alle Ewigkeit.

Wir sind nun seine Untertanen. Das ist uns nicht eine Last. Wir sind ihm gerne gehorsam, tun gerne seinen Willen, denn er ist ein König, der sich unser annimmt. Er sorgt für uns, beschützt und beschirmt uns in aller Gefahr. Er hat uns ein ewiges Ehrenreich bereitet. So freuen wir uns von Herzen, daß wir unter ihm in seinem Reiche leben können, ihm dienen und seinen Willen tun können. So verkündigen wir auch seine Ehre unter den Menschen und halten sie an, seine Diener zu werden durch den wahren Glauben an ihn.

Herr Jesu, mein König, laß mich in deinem Gnadenreich sein und bleiben solange ich lebe. Dann, wenn mein Stündlein kommt, nimm mich zu dir in dein Ehrenreich! Amen.

Gerhard C. Michael

Christlicher Glaube Lies Offenbarung 7, 9–17

Leben der zukünftigen Welt

Das ist die Verheißung, die er uns verheißen hat: das ewige Leben. *1. Johannes 2, 25*

Unser Leben in dieser Welt ist Gottes Gabe, und darum gut und hoch zu schätzen. Aber wir sollen das Leben in dieser Welt nicht überschätzen. Wir sollen vielmehr bereit sein, dieses Leben zu verlieren, um ein besseres zu gewinnen. Als Christen warten wir auf ein Leben der zukünftigen Welt. Die Welt wird einmal ein Ende nehmen. Am Jüngsten Tag werden die Himmel zergehen mit großem Krachen, die Elemente werden vor Hitze schmelzen, und die Erde, und die Werke, die drinnen sind, werden verbrennen. Wir warten aber auf einen neuen Himmel und eine neue Erde nach Gottes Verheißung. Mit dem neuen Himmel und der neuen Erde kommt auch für Gottes Kinder ein neues, ewiges Leben. Christus verheißt: "Meine Schafe hören meine Stimme, und ich kenne sie, und sie folgen mir, und ich gebe ihnen das ewige Leben." Dazu ist er in die Welt gekommen, dazu ist er am Kreuz gestorben, auf daß alle, die an ihn glauben, nicht verloren werden, sondern das ewige Leben haben. Im festen Vertrauen auf ihn und auf seine Verheißung warten wir auf das Leben der zukünftigen Welt.

Führe mich endlich, o Jesu, ins ewige Leben, welches du allen, die glauben, versprochen zu geben! Amen.

Fred Kramer

Christlicher Glaube   Lies Römer 10, 5–13

Jesus ist der Herr

Alle Zungen [sollen bekennen,] daß Jesus Christus der Herr sei, zur Ehre Gottes des Vaters. *Philipper 2, 11*

"Niemand kann Jesum einen Herrn heißen ohne durch den Heiligen Geist," sagt Paulus im 1. Korintherbrief.

Das Bekenntnis, daß Jesus der Herr ist, gilt als eine der ältesten Bekenntnisformeln der Christenheit. Dies kann aber nur einer bekennen, dem Gott der Heilige Geist den Glauben an Jesum Christum geschenkt hat. Nicht alle Menschen sind zu einem solchen Bekenntnis willig und fähig.

Nun steht aber in unserem Schriftwort: "Alle Zungen sollen bekennen." Das zeigt uns, daß Paulus hier vom Ende aller Zeiten redet, vom Tag der Offenbarung der Herrlichkeit unseres Herrn Jesu Christi. Da wird keiner mehr daran zweifeln können, daß Jesus Christus der König aller Könige und der Herr aller Herren ist, und alle sollen es auch bekennen. Es geschieht dies aber zur Ehre Gottes des Vaters, der dem Sohne solche Herrlichkeit geschenkt hat. Preis sei Gott dafür! Jetzt schon, vor dem Tag Jesu Christi, bekennen wir ihn als Herrn.

Preis, Lob und Dank sei Gott dem Herren, der seiner Menschen Jammer wehrt und sammelt draus zu seinen Ehren sich eine ew'ge Kirch' auf Erd'! Amen.

Manfred Roensch

Beruf der Heiden

Aus Zion wird das Gesetz ausgehen und des Herrn Wort aus Jerusalem. *Micha 4, 2*

Diese Bibelstelle ist ein hervorragender alttestamentlicher Missionstext. Der Prophet redet hier (V. 1–2) von dem Reich Christi.

Die "letzten Tage" (V. 1) sind die Tage des Neuen Testaments. "Nachdem vorzeiten Gott manchmal und mancherlei Weise geredet hat zu den Vätern durch die Propheten, hat er am letzten in diesen Tagen zu uns geredet durch den Sohn" (Hebräer 1, 1–2).

"Der Berg, darauf des Herrn Haus stehet" (V. 1) ist, in der Erfüllung dieser Weissagung, die Kirche Christi, welche, fest gegründet (Matthäus 16, 18), über alles, was hoch scheint, erhaben sein wird (Matthäus 5, 14).

"Die [Heiden] Völker werden herzulaufen" (V. 2), herangezogen durch die Kraft des Wortes Gottes, Gesetz und Evangelium, gepredigt zu Zion, "zu Jerusalem und in ganz Judäa und Samaria und bis an das Ende der Erde" (Apostelgeschichte 1, 8).

> **Gehe auf, du Trost der Heiden,**
> **Jesu, heller Morgenstern!**
> **Laß dein Wort, das Wort der Freuden,**
> **Laut erschallen nah und fern,**
> **Daß es allen Frieden bringe,**
> **Die der Feind gefangen hält,**
> **Und dir Lob und Preis erklinge**
> **Durch die ganze Heidenwelt! Amen.**

Luther Poellot

Mission   Lies Haggai 2, 7–10

Preiset mit mir den Herrn

Laßt uns miteinander seinen Namen erhöhen!
Psalm 34, 4

So rufen wir Gottes Kinder in allen Weltteilen an, daß sie und wir miteinander den Namen unseres Erlösers erhöhen und preisen. Der liebe Gott segnet immer das Werk der Mission. Er wird uns auch den rechten Mut und die freudige Gesinnung geben, daß wir sein Werk der Mission eifrig mit unseren Gaben und mit unserem Gebet unterstützen. Laßt uns doch nie müde werden, den geistlich armen Heiden sein Heil in Christo zu bringen!

Unser Heiland hat ja gesagt: "Viele werden kommen vom Morgen und vom Abend und mit Abraham, Isaak und Jakob im Himmelreich sitzen" (Matthäus 8, 11). In dieser seiner Weissagung schließt er das Wirken eines Paulus und aller späteren Missionare mit ein. Er wußte ja im voraus, wie seine Kirche in all den folgenden Jahrhunderten sein Evangelium verkündigen sollte. Wir haben nun die Ehre und auch die Pflicht, an diesem Werke teilzunehmen. Wie wir selbst durch Missionsarbeit in Gottes Reich eingeführt wurden, so sollen wir heute dies große Werk weiter unterstützen, damit die ganze Christenheit in aller Welt Gottes Namen preisen möge.

Laß kommen, o Herr, von allen Weltenden die deinen Namen fürchten und preisen! Amen.

Eugene Seltz

Mission Lies Lukas 10, 1–9

Auf zum Werk der Mission!

Bittet den Herrn der Ernte, daß er Arbeiter aussende in seine Ernte. *Lukas 10, 2*

Missionsarbeit ist Erntearbeit. Christliche Missionare säen guten Samen, das Wort des Heils, und unter Gottes Segen keimt und sproßt und wächst es. Bekehrte Seelen werden als Garben eingebracht. Die Zahl der Ernteleute ist leider klein. Wir sollen den Herrn der Ernte um mehr Arbeiter bitten. Er rüstet sie zu und sendet sie. Für die Mission nimmt er in seinen Dienst unser Zeugnis, Gebete und Gaben, die christliche Ortsgemeinde, eine fromme Hanna, die ihren Sohn dem Dienste Gottes weiht, einen Paulus, der den jungen Timotheus in die Lehre nimmt, christliche Lehranstalten, Bibelgesellschaften, Radio, Fernseher und alle Vekehrswege zu Lande, zu Wasser und in der Luft.

Der Herr der Ernte, verleihe, daß unsere Lust und Liebe zum Werk der Mission stetig zunehme! Amen.

August H. Lange

Mission — Lies Apostelgeschichte 4, 23–31

Für die Missionare

Betet für uns, daß das Wort des Herrn laufe und gepreiset werde wie bei euch. *2. Thessalonicher 3, 1*

Wie kommt Paulus dazu, daß er die Thessalonicher ermahnt, für ihn zu beten? War er doch ein hochgelehrter Mann, ein ergreifender Prediger! Trotzdem sollen die Brüder für ihn beten, daß des Herrn Wort "laufe," vordringe, angenommen und gepreisen werde?

Gewiß! Paulus weiß gar wohl, daß alle gute Gabe von oben herabkommen, also auch das Wachstum des Reiches Christi. Paulus weiß ferner, daß der Fürst der Finsternis alle Hebel in Bewegung setzt, um die Ausbreitung der Kirche zu hindern. Den Juden ist das Wort vom Kreuz ein Ärgernis, den Griechen eine Torheit.

Die Menschen wollen Brot und Fische; ein gemütlich Leben mit wenig Arbeit und viel Vergnügen; nicht die Botschaft von der Gnade Gottes in Christo Jesu! Paulus wurde von den Juden gehaßt und von den Heiden verspottet. Man hat ihn behandelt wie den Auskehricht der Welt. War es also nötig, für ihn und sein Werk zu beten? Ja!

Auch heute bedürfen unsere Missionare sehr unserer Fürbitten. Gott, veleihe ihnen Mut, Ausdauer und Weisheit; behüte sie vor Gefahr!

O Jesu, verleihe allen christlichen Missionaren in der Welt dein Evangelium zu proklamieren, zu deiner Ehre und ihrer Freude! Amen.

George J. Mueller

Lob und Dank · Lies Psalm 149

Das neue Lied

Singet dem Herrn ein neues Lied! Sein Ruhm ist an der Welt Ende. *Jesaia 42, 10*

Die lutherische Kirche ist eine singende Kirche. Keine andere Konfessionskirche hat so viele herrliche Lieder und Choräle hervorgebracht, wie gerade die unsrige. Und wir lutherischen Christen von heute singen gerne die alten Choräle Martin Luthers, Philipp Nicolais und Paul Gerhardts in unseren Gottesdiensten und bei unseren Andachten. Aber sind wir uns eigentlich darüber im klaren, für wen wir diese Lieder singer? Singen wir sie für uns selbst, einfach aus Freude am Singen, oder singen wir sie dem Herrn? "Singet dem Herrn ein neues Lied! Sein Ruhm ist an der Welt Ende," mahnt der Prophet Jesaia.

Es müssen nicht unbedingt selbstgedichtete und neukomponierte Lieder sein, die wir dem Herrn singen. Aber das Herz, aus dem heraus wir die alten Lieder singen, das soll erneuert und neu geboren sein, daß es nicht zum Eigenruhm singt, sondern zum Ruhme Gottes, der es erneuert hat durch seinen Heiligen Geist. Und schallen soll es bis an der Welt Ende, daß alle Menschen es hören sollen, was wir für einen Gott haben.

Herr, erneuere unser Herz und öffne uns den Mund, daß wir dich rühmen unser Leben lang! Amen.

Manfred Roensch

Lob und Dank   Lies Jesaia 51, 11

Die Erlöseten des Herrn

Die Erlöseten des Herrn werden wiederkommen und gen Zion kommen mit Jauchzen; ewige Freude wird über ihrem Haupte sein; Freude und Wonne werden sie ergreifen, und Schmerz und Seufzen wird weg müssen.
Jesaia 35, 10

Dieser Vers steht wie ein außerordentlicher Jubelschall und Ausrufungszeichen am Ende eines frohlockenden Triumphliedes. Hier spiegelt sich nicht nur das fast unbeschränkte Feiern nach der Wiederkehr ("wiederkommen") aus der babylonischen Gefangenschaft und die Glückseligkeit der neutestamentlichen Kirche, sondern auch die "ewige Freude" der Gerechten in dem himmlischen Zion, welches ist "die heilige Stadt, das neue Jerusalem" (Offenbarung 21, 2).

Die durch Christum Erlöseten (Jesaia 59, 20) werden sowohl hier auf Erden als auch dort im Himmel ewig erfreut werden. "Gott wird abwischen alle Tränen von ihren Augen. Und ... noch Leid ... noch Schmerzen wird mehr sein" (Offenbarung 21, 4).

Jesu, nimm dich deiner Glieder ferner in Genaden an!
Schenke, was man bitten kann,
Zu erquicken deine Brüder; mach' der ganzen
Christenschar deine Liebe offenbar!
Freude, Freude über Freude!
Christus wehret allem Leide!
Wonne, Wonne über Wonne
Er ist die Genadensonne! Amen.

Luther Poellot

Lob und Dank | Lies Psalm 100

Lobe den Herrn, meine Seele!

Lobe den Herrn, meine Seele, und was in mir ist, seinen heiligen Namen! Lobe den Herrn, meine Seele, und vergiß nicht, was er dir Gutes getan hat! *Psalm 103, 1–2*

"Gottes Güte soll man preisen." Das ist die Überschrift von Psalm 103. Die Lobpsalmen sind ein großes Vermächtnis von David im Psalter. Dazu gehören Psalme 30, 95, und 103–150. David findet immer Ursache, Gott zu loben.

In diesem Psalm sagt er "Der dir alle deine Sünden vergibt und heilet alle deine Gebrechen, der dein Leben vom Verderben erlöset" (V. 3–4). Und noch weitere Gründe führt David an. Er dachte oft an seine Sünden, wußte auch, daß er Vergebung hatte. Deswegen spricht er viel davon.

Das Lob ist aber nicht nur für Gottes Güte sondern es bezieht sich auch auf Gottes Wunderwerke in der Natur. Er endet diesen Psalm mit den Worten, "Lobet den Herrn, alle seine Werke, an allen Orten seiner Herrschaft! Lobe den Herrn, meine Seele!" (V. 22). David ermuntert seine Seele, und alles was in ihm ist, den Herrn zu loben. Warum? "Denn so hoch der Himmel über der Erde ist, läßt er seine Gnade walten über die, so ihn fürchten. So ferne der Morgen ist vom Abend, lässet er unsere Übertretung von uns sein" (V. 11–12).

Herr Gott, laß uns nicht müde werden im Loben und Danken, denn deine Wohltaten sind viele und immerdar gegenwärtig; in Jesu Namen! Amen.

Otto F. Stahlke

Mein Leib und meine Seele jubeln

Wie lieblich sind deine Wohnungen, Herr Zebaoth!
Psalm 84, 2

Wohl den Menschen, die Gott für ihre Stärke halten und von Herzen ihm nachwandeln, sagt der Psalmist. Wenn sie durchs Tränental wandern, machen sie es zum Quellort, und Frühregen kleidet es mit Segen.

Gott ist Sonne und Schild. Er gibt Gnade und Ehre. Er wird seinen Frommen nichts Gutes mangeln lassen. Er schließt mit den Worten: "Herr Zebaoth, wohl dem Menschen, der sich auf dich verläßt!"

Ja es ist tatsächlich so. Aber so oft scheint es uns anders zu sein. Wir ertragen schwere Schicksalsschläge, werden krank, verlieren einen lieben Menschen, sehen dem Tode ins Angesicht—dann scheint es uns so, als ob Gott uns vergessen hätte.

Es ist aber gerade zu solchen Zeiten, daß unser Gott zugegen ist. Zu diesen Zeiten dürfen wir erfahren, wie herrlich es ist, Gott vertrauen zu können und seiner Gegenwart sicher zu sein. Das Tor zu seiner Gegenwart steht immer offen. Was auch unsere Erfahrungen sein mögen, wir haben einen Vater, der für uns sorgt und uns befähigt, seine Kinder zu sein.

Wir danken dir, Vater, für deine Gegenwart in allen Lagen. Amen.

Jakob K. Heckert

Lob und Dank Lies Psalm 98

Singet dem Herrn ein neues Lied

Singet dem Herrn ein neues Lied; denn er tut Wunder. *Psalm 98, 1*

Der Herr siegt mit seiner Rechten und mit seinem heiligen Arm. Dies geschieht aber nicht mit Macht und Kraft. Vielmehr läßt er vor den Völkern sein Heil verkünden und seine Gerechtigkeit offenbaren. Der Grund eines solchen Handels ist Gottes Gnade. Israel gedenkt er in Gnade und Wahrheit. Dadurch sehen aller Welt Ende sein Heil.

Solcher Handel Gottes kann Jauchzen, Gesang und Lob unter Menschen hervorrufen. Der Psalmist lädt Menschen ein, Gott mit Harfen und Psalmen zu loben, mit Trompeten und Posaunen dem Herren, dem König, zuzujauchzen. Er ruft sogar das Meer und was darinnen ist, den Erdboden und was darauf ist, und die Wasserströme und die Berge auf, zu frohlocken und fröhlich zu sein. Der Grund für solchen Lob ist Gottes gerechtes Gericht über die Völker.

In dieses Lob können auch wir einstimmen, da wir in unserer Taufe Gottes Gnade erfahren haben und fortwährend seiner Vergebung gewahr sind.

Wir preisen dich, Vater, für dein gerechtes Handeln an uns durch Jesum Christum. Amen.

Jakob K. Heckert

Lob und Dank Lies 1. Petrus 1, 18–25

Gottes Gnade von Ewigkeit

Der [Christus] zwar zuvor versehen ist, ehe der Welt Grund gelegt ward. *1. Petrus 1, 20*

"Gelobet sei Gott und der Vater unsers Herrn Jesu Christi, der uns gesegnet hat mit allerlei geistlichem Segen in himmlischen Gütern durch Christum; wie er uns denn erwählet hat durch denselbigen, ehe der Welt Grund gelegt war." (Epheser 1, 3–4)

Der liebe Gott hat in seiner großen Gnade schon vor der Schöpfung der Welt uns als seine Kinder erwählt, uns für das ewige Leben bestimmt. Dazu hat ihn jedoch nicht etwas Gutes in uns bewogen. Wir dürfen auch nicht meinen, daß Gott uns etwa deshalb von Ewigkeit erwählt habe, weil er voraus sah, daß wir uns von gewissen Sünden enthalten würden. Nein, Gottes Gnade ist uns gegeben "in Christo Jesu vor der Zeit der Welt" (2. Timotheus 1, 9). Durch Christum sind wir erwählt, "ehe der Welt Grund gelegt war." (Epheser 1, 4)

Wir Sünder konnten nichts zu unserer Erlösung beitragen. Es kostete das teure Blut Christi, als eines unschuldigen und unbefleckten Lammes; und schon "ehe der Welt Grund gelegt ward" ist Christus von Gott dazu versehen worden, unser Heiland zu sein. Gottes Gnade ist von Ewigkeit.

Für deine Gnade von Ewigkeit, Herr Gott Vater, Lob und Dank in alle Ewigkeit; um Christi willen! Amen.

Arnold H. Gebhardt

Lob und Dank │ Lies 2. Mose 15, 1–21

Ein herrliches Danklied

Lasset uns dem Herrn singen; denn er hat eine herrliche Tat getan. *2. Mose 15, 21*

Gottes Kinder singen Lob- und Danklieder. Sie preisen Gott für seine vielen und großen Wohltaten, die er an ihnen tut. Jedes christliche Gesangbuch enthält eine Anzahl solcher Lieder, wie z.B.: "Nun danket alle Gott" oder "Lobe den Herren, den mächtigen König der Ehren." Mose besingt die große Tat Gottes am Roten Meer: "Die Wagen Pharaos und seine Macht warf er ins Meer." Feindliche Mächte sind auf das Verderben der Christen bedacht, aber: "Wer ist dir gleich, der so mächtig, heilig, schrecklich, löblich und wundertätig sei?" Vor ihm müssen alle Feinde weichen. Die Welt soll erschrecken und sich fürchten, "daß sie erstarren wie die Steine."

Nicht nur ist Gott mächtig, alle Feinde zu unterdrücken; er ist auch barmherzig und gnädig gegen die Seinen. Es ist besonders die unverdiente Gnade Gottes die hier besungen wird: "Du hast geleitet durch deine Barmherzigkeit dein Volk, das du erlöset hast." Das selbe finden wir auch in vielen Psalmen. So soll es immer sein. Nimm dein Gesangbuch und achte darauf wie in den Dankliedern besonders Gottes Liebe und Güte zum Ausdruck kommt.

Gott hat es alles wohlbedacht und alles, alles recht gemacht. Gebt unserm Gott die Ehre! Amen.

Herman A. Mayer

Lob und Dank │ Lies Jesaia 6

Gott ist heilig und gnädig

Heilig, heilig, heilig ist der Herr Zebaoth; alle Lande sind seiner Ehre voll! *Jesaia 6, 3*

Durch unser ganzes christliches Leben, wie auch in unseren täglichen Andachten und in jedem Gottesdienst in der Kirche, ehren wir den Herrn, unsern Gott. Andächtig erscheinen wir vor ihm, von welchem die Seraphim ihr "Heilig, heilig, heilig" singen.

Was für ein wunderbarer Gott: heilig und gerecht! Wer kann das völlig begreifen? Unfaßbar ist Gott auch, weil er Himmel und Erde erfüllet. Welch ein Geheimnis ist es ferner, daß er ein göttliches Wesen ist in drei unterschiedlichen Personen, wie das dreimal "heilig" andeutet!

Jedoch, wenn wir diese Heiligkeit und Herrlichkeit Gottes betrachten und anbeten, möchte uns das Herz erbeben und erschrecken, denn wir sind arme Sünder. Aber dieser heilige Gott ist auch ein barmherziger Gott. Er läßt uns reinigen von unsern Sünden, wie dort die Lippen des Propheten gereinigt wurden durch die Kohle von dem Altar, mit welcher der Seraph seine Lippen berührte. So macht der Herr uns rein von allen Sünden durch das Blut Jesu Christi, seines Sohnes. Wie staunenswert ist Gottes Gnade in Christo!

O du großer, dreimal heiliger Gott, nimm an unser Lob und Preis und sei uns gnädig, um Christi willen! Amen.

Otto H. Schmidt

Lob und Dank — Lies Apostelgeschichte 13, 42–52

Glaube und Lobpreis zusammen

Da es aber die Heiden hörten, wurden sie froh und preiseten das Wort des Herrn, und wurden gläubig.
Apostelgeschichte 13, 48

Wenn uns etwas geschenkt wird, was wir nicht gewagt haben zu erwarten, dann ist es nur ganz natürlich, daß wir uns sehr darüber freuen. So ergeht es auch den Menschen in Antiochien, als sie von dem Apostel Paulus hören, daß Gott seinen Sohn ihnen, den Heiden, zum Licht gesetzt hat, damit er ihr Heil sei. Sie freuen sich über diese ihnen verkündigte Frohbotschaft und loben und preisen Gott dafür.

Aber noch etwas anderes berichtet uns die Apostelgeschichte von ihnen: sie werden gläubig. Glaube und Lobpreis Gottes gehören zusammen; eines kann ohne das andere nicht Bestand haben. Wir glauben an unseren Herrn Jesum Christum. Wir glauben, daß wir durch sein Leiden, Sterben und Auferstehen vor Gott gerechtfertigt sind und in ihm das ewige Leben haben. Können wir uns eigentlich darüber noch richtig freuen und aus solcher Freude heraus Gott preisen? Können wir uns vielleicht deshalb nicht mehr so recht freuen, weil uns das Evangelium, die frohe Botschaft, zur Selbstverständlichkeit geworden ist?

Preis, Lob und Dank sei Gott dem Herrn, der seiner Menschen Jammer wehrt! Amen.

Manfred Roensch

Lob und Dank Lies Johannes 3, 1–13

Lob und Preis dem Heiligen Geist!

Es sei denn, daß jemand geboren werde aus dem Wasser und Geist, so kann er nicht in das Reich Gottes kommen.
Johannes 3, 5

Wir bekennen: "Ich glaube, daß ich nicht aus eigener Vernunft noch Kraft an Jesum Christum, meinen Herrn, glauben, oder zu ihm kommen kann; sondern der Heilige Geist hat mich durch das Evangelium berufen, mit seinen Gaben erleuchtet, im rechten Glauben geheiligt und erhalten."

Als Nikodemus bei der Nacht zu Jesu kam, da hat der liebe Heiland ihm dies klar gemacht. Nikodemus fragte: "Wie kann ein Mensch geboren werden, wenn er alt ist?" Aber Jesus redete nicht von der leiblichen Geburt. Er redete von der Geburt, durch die man ein Kind Gottes wird. Das ist eine geistliche Geburt, unsere Wiedergeburt, eine Wunderwirkung durch Wasser und Geist, ein unverdientes Geschenk des Heiligen Geistes.

Ich kann daher dem Heiligen Geist nie und nimmer genugsam dafür danken, daß ich durch diese seine gnadenreiche Wundertat ein Kind Gottes geworden bin. Demütiglich will ich ihm mein Leben lang für alle seine Gnade mit Wort und Tat meine Dankbarkeit erweisen. Möge das auch dein Vorhaben sein!

Gott Vater, Sohn und Heiliger Geist, Lob und Preis für alles Gute von nun an bis in Ewigkeit! Amen.

Arnold H. Gebhardt

Lob und Dank Lies Psalm 96

Singet dem Herrn alle Welt!

Singet dem Herrn ein neues Lied; singet dem Herrn, alle Welt! *Psalm 96, 1*

Der Herr Gott ist nicht wie die Götzen, die von Menschenhänden geschaffen sind und zu nichts taugen. Er hat den Himmel gemacht. Die ganze Schöpfung hat von ihm das Leben empfangen. Er ist auch ein König, der über die ganze Welt regiert. Kein Mensch kann sich seiner Macht entziehen. Endlich wird er kommen, die Völker zu richten mit Wahrheit und Gerechtigkeit. Der Psalmist ruft uns auf, diesen Gott zu loben.

Wir mögen wohl zugeben, daß Gott die Welt geschaffen hat. Daß Gott die ganze Welt regiert, läßt sich aber nicht so leicht erkennen. Nicht Gott sondern der Böse scheint oft die Macht zu haben. Wenn wir uns in unserer Welt umsehen, kommt uns oft das Grauen an.

Und doch sagt der Psalmist uns heute, daß Gott der Herr seiner Schöpfung ist. Er wird alle Menschen vor Gericht ziehen, die ihm jetzt widerstehen. Welche ihm aber jetzt schon im Glauben an Jesum Christum dienen, die wird er willkommen heißen ins ewigen Leben.

Dank sei dir, Gott, für deine Regierung. Stärke unseren Glauben! Amen.

Jakob K. Heckert

Lob und Dank Psalm 107

Danket dem Herrn!

Danket dem Herrn; denn er ist freundlich, und seine Güte währet ewiglich. *Psalm 107, 1*

Wen ruft der Psalmist auf, dem Herrn zu danken? Die, die der Herr aus der Not erlöst, aus der Gefangenschaft geführt, und aus Ängsten gerettet hat, als sie ihn in ihrer Not anriefen und er sie dann den richtigen Weg führte. Es sind die Menschen, die sitzen mußten in Finsternis, gefangen in Ketten, die im Sturmwind auf dem Meer fast umkamen.

Der Grund ihrer Lage war ihr Irregehen in der Wüste, ihr Ungehorsam gegen Gottes Gebote, ihre Sünde gegen den Herrn. Gottes Gericht war darauf eingestellt, sie zur Umkehr zu bringen. Als sie zum Herrn schreien in ihrer Not, erhörte er sie und half ihnen. Der Herr richtet den Ungehorsam; er vergibt denen, die in der Not Gott anrufen.

Wenn Gott uns Strafe auferlegt, tut er es, um uns von größerer Sünde zu behüten und zur Umkehr zu bewegen. Wenn wir dann in unserer Not zu ihm schreien, ist er bereit, uns um Jesu willen zu erhören und zu helfen.

Wir preisen dich, lieber Vater, daß du auch im Gericht auf unsere Errettung bedacht bist. Amen.

Jakob K. Heckert

Lob und Dank Lies Psalm 103, 1–13

Seligkeit aus Gnaden

Wo ist solch ein Gott, wie du bist? der die Sünde vergibt und erlässet die Missetat den übrigen seines Erbteils; der seinen Zorn nicht ewiglich behält; denn er ist barmherzig. *Micha 7, 18*

Dies ist ein Lobgesang der Gnade Gottes, eine Anhäufung von Ausdrück, von denen jeder auf die Tatsache hinweist, daß Gott gnädig und barmherzig ist.

"Wo ist solch ein Gott, wie du bist?" Nirgends! Darum sagt er auch: "Du sollst keine andern Götter neben mir haben" (2. Mose 20, 3). Er allein vergibt die Sünde und erlässet die Missetat—gleichbeudeutende Behauptungen—"den übrigen seines Erbteils." Diese Erbteilsübrigen sind das arme, geringe Volk, die auf des Herrn Namen trauen werden (Zephanja 2, 9; 3, 12) und mit den Erlösten des neuen Testaments das wahre Israel bilden (Römer 11, 5. 25–26). Gegen sie behält Gott seinen Zorn nicht ewiglich, sondern gibt den Seinen aus Gnaden—in Barmherzigkeit—Vergebung der Sünden, ewiges Leben und Seligkeit.

> **Darum auf Gott will hoffen ich,**
> **Auf mein Verdienst nicht bauen;**
> **Auf ihn mein Herz soll lassen sich**
> **Und seiner Güte trauen,**
> **Die mir zusagt sein wertes Wort,**
> **Das ist mein Trost und treuer Hort,**
> **Des will ich allzeit harren. Amen.**

Luther Poellot

Eine Antiphon als Gebet

Gehe nicht ins Gericht mit deinem Knechte; denn vor dir ist kein Lebendiger gerecht. *Psalm 143, 2*

Lieber Gott, wie oft haben wir uns doch an dir versündigt! Wie oft haben wir deine Gebote vergessen und sind unserem Willen gefolgt! Nicht nur haben wir oft das Böse getan, sondern noch öfter das Gute unterlassen oder nur träge ausgeführt.

Dein Wort bleibt immer wahr: Vor dir ist kein Lebendiger gerecht—keiner, der auf sich selbst trauen kann; keiner der auch im geringsten seine Gerechtigkeit selbst erwerben kann. Das ist das trostlose, nichtige Streben der blinden Heidenwelt, die von keinem Heiland weiß. Wir aber, deine Kinder, erkennen unsere Sünden. Der Schall deines süßen Evangeliums hat uns dem verdienten Gerichte entzogen.

Gedenke darum, o Herr, deiner Gnade in Christo Jesu, unserem Heilande, und sei stets unsere Hilfe. Sind wir träge, so sporne uns an und gib uns guten Mut und die willige Freudigkeit, deinen Willen gerne zu tun. Haben wir Zweifel und Bedenken, so stärke in uns den Glauben an Christum und schenke uns die gewisse Zuversicht seiner ewigen Erlösung.

Jesu, dein Blut und Gerechtigkeit, das ist auch mein Schmuck und Ehrenkleid, mein ewiger Trost. Amen.

Eugene Seltz

Lob und Dank Lies 2. Mose 34, 1–9

Eine Antiphon zu Lobe Gottes

Barmherzig und gnädig ist der Herr, geduldig und von großer Güte. *Psalm 103, 8*

Gottes Gnade ist es, daß wir als seine Kinder hier auf Erden leben. Seine Geduld mit uns stammt aus seiner Liebe und Güte, die er in seinem Sohn, unserem Heiland, erwiesen hat. Deswegen dürfen wir unseren himmlischen Vater in allerlei Not anrufen.

Wird er nicht ungeduldig mit uns? Kommt ihm unser Hilfruf manchmal auch ungelegen? Ganz bestimmt nicht! Jetzt ist doch immer noch die Gnadenzeit; der Himmel steht immer noch offen. Der Herr erbarmt sich immer über die, so ihn fürchten und anrufen. Kommt dein Flehen in tiefster Nacht, er hört es. Seufzst du unter deiner Tageslast, er weiß es gewiß. Niemand kann und wird in Jesu Namen seine Barmherzigkeit umsonst anrufen.

Darum unterlaß nie dein Flehen. Dein Ruf nach Rettung und Hilfe kommt ihm nie zu unangenehmer Stunde. Bete ohne Unterlaß. Er ist und bleibt gnädig und geduldig. O, daß wir dies nie vergessen mögen! Wir können nicht zu oft zu ihm kommen mit unseren Anliegen, denn er ist gnädig und barmherzig, geduldig und von großer Güte.

Herr, habe Geduld mit mir und sei mir Sünder gnädig, um Jesu Christi willen! Amen.

Eugene Seltz

Lob und Dank — Lies Psalm 30

Aus Klage—Freude

Du hast meine Klage verwandelt in einen Reigen.
Psalm 30, 12

Wie oft hat sich das nicht schon bewährt! Als Maria und Martha den Tod ihres Bruders Lazarus betrauerten, da erschien mit Jesu die Auferstehung und das Leben. Die Trostlosigkeit der Jünger Jesu am Karfreitag mußte der Osterfreude weichen. Wir haben auch manchen trüben Abend erlebt, wo wir uns kummervoll niederlegten bei Krankheit oder sonstiger Sorge, und siehe der Morgen kam und die Freudensonne leuchtete wieder!

Daß wir doch ja erkennen, von wem das kommt! Nicht wir sind die Löser unserer Sorgenrätsel. Wir haben weder Weisheit noch Kraft, Krankheit und Tod, Kummer und Not zu übermächtigen. Wenn das auf uns ankäme, so würden wir auch nicht *einen* Freudentag erleben. Wir hätten's ja auch in unserer Sündhaftigkeit nicht besser verdient. Doch unser Gott ist gnädig und barmherzig.

Vergessen wir dann auch das Danken nicht! Sprechen wir mit David: "Du hast mich mit Freuden gegürtet, auf daß dir lobsinge meine Ehre und nicht stille werde. Herr, mein Gott, ich will dir danken in Ewigkeit."

Mein ganzes Herz ermuntre sich, mein Geist und Leib erfreuen sich. Gebt unserm Gott die Ehre! Amen.

Daniel E. Poellot

Lob und Dank Lies Epheser 1, 3–7

Luthers Danklied

Singet dem Herrn ein neues Lied .... Der Herr läßt sein Heil verkündigen. *Psalm 98, 1–2*

Luther gibt uns ein fröhliches Zeugnis von seinen innersten Lebenserfahrungen—wodurch er zu der festen Gewißheit der Gnade Gottes in Christo kam—in seinem ersten Kirchenlied, gedichtet im Jahre 1523: "Nun freut euch, liebe Christen g'mein, und laßt uns fröhlich springen, daß wir getrost und all' in ein mit Lust und Liebe singen, was Gott an uns gewendet hat, und seine süße Wundertat; gar teu'r hat er's erworben."

Luther selbst hat diesem Lied die bezeichnende Überschrift gegeben: "Ein Danklied für die höchste Wohltat, so uns Gott in Christo erzeiget hat." Der Hauptinhalt des Liedes ist der Ratschluß Gottes zu unserer Erlösung durch Jesum Christurn und Aneignung derselben im Glauben. Nichts ist lieblicher und wichtiger in unserm ganzen Leben.

Kein Wunder, daß die Kirchengeschichte uns berichtet, daß hunderte von Christen, die Luther zuerst verachtet hatten, durch dieses Lied in dem wahren Glauben befestigt wurden. Sind wir fest in der Gnade in Christo? Dann laßt uns dem Herrn ein neues Lied singen und sein Heil verkündigen.

Liebster Herr Jesu, hilf uns immer mehr von deiner süßen Wundertat zu singen! Amen.

Walter W. Stuenkel

Lob und Dank — Lies Psalm 118

Danket dem Herrn!

Danket dem Herrn; denn er ist freundlich, und seine Güte währet ewiglich. *Psalm 118, 1*

Unsere Pflicht, Gott zu danken, erscheint uns bei verschiedenen Gelegenheiten. In der Liturgie des Gottesdienstes nach der Feier des heiligen Abendmahls spricht der Pastor: "Lasset uns dem Herrn danken und beten. Wir danken dir, allmächtiger Herre Gott, daß du uns durch diese heilsame Gabe hast erquickt."

Dagegen schält der Herr Jesus die Undankbarkeit der neun geheilten Aussätzigen: "Wo sind aber die Neune? Hat sich sonst keiner funden, der wieder umkehrete und gäbe Gott die Ehre, denn dieser Fremdling?"

Wir danken Gott mit dem Herzen, darin, daß wir es ihm weihen. Wir danken Gott mit dem Mund, indem wir ihn durch unsere Lieder und Gebete preisen. Wir danken Gott mit den Händen durch unsere bereitwilligen Opfergaben zur Erhaltung und Ausbreitung seines Reiches.

> **Nun danket alle Gott**
> **Mit Herzen, Mund, und Händen,**
> **Der große Dinge tut**
> **An uns und alle Enden,**
> **Der uns von Mutterleib**
> **Und Kindesbeinen an**
> **Unzählig viel zugut**
> **Und noch jetzund getan! Amen.**

Herbert D. Poellot

Lob und Dank — Lies 1. Chronik 17, 23–36

Unser Gott

Der Herr ist groß und hoch zu loben, wunderbarlich über alle Götter. *Psalm 96, 4*

Gott ist wunderbarlich—von ganzem Herzen ehrfurchtsvoll alleine anzubeten. Er ist wunderbarlich in seinem Wesen—der ewige Gott: Vater, Sohn und Heiliger Geist, drei unterschiedene Personen, jede Person der wahre Gott, und doch nur ein Gott. Wunderbarlich ist er auch in seinen Werken. "Du tust große Dinge. Gott, wer ist dir gleich?" Man denke an die Schöpfung, Erhaltung, Regierung, Vorsehung, Erlösung und Berufung Gottes. Man denke an seine Wunder zur Zeit Noahs, Mosis, der Propheten und auch der Apostel. Man denke an Jesu Wunderwerke, von denen St. Johannes schreibt: "So sie sollten eins nach dem andern geschrieben werden, achte ich, die Welt würde die Bücher nicht begreifen, die zu beschreiben wären."

Wir leben ganz von den Wundern Gottes, sonderlich von den Wundern seiner Gnade in Christo Jesu, dem Sünderheilande, der für die Sünden aller Menschen gelitten hat und gestorben ist.

"Großer Gott, wir loben dich, Herr, wir preisen deine Stärke! Vor dir beugt die Erde sich und bewundert deine Werke!"

Sei Lob und Ehr' dem höchsten Gut ... dem Gott, der alle Wunder tut! Amen.

George M. Krach

Lob und Dank   Lies Zephanja 3, 8–17

Christus, Zions Zuversicht

Jauchze, du Tochter Zion! Rufe, Israel! Freue dich und sei fröhlich von ganzem Herzen, du Tochter Jerusalem!
Zephanja 3, 14

Jauchze, jubele, freue dich und frohlocke, Zion, Israel, Jerusalem! Ihr gläubigen, glücklichen Kinder Gottes, seid fröhlich, denn der Herr ist eure Zuversicht!

Fast wortwörtlich wiederholt der Prophet Sacharja diese Weissagung und begründet sie mit den Worten: "Siehe, dein König kommt zu dir, ein Gerechter und ein Helfer!" Der Herr Jesus Christus sollte in Jerusalem einziehen, um den Sündern die Gerechtigkeitserklärung und Seligkeit Gottes zu erwerben. Daher sagt Zephanja: "Der Herr hat deine Strafe weggenommen und deine Feinde abgewendet. Der Herr, der König Israels, ist bei dir, daß du dich vor keinem Unglück mehr fürchten darfst." Sei guter, gewisser Zuversicht!

Die Erfüllung: Jesus zog in Jerusalem ein, litt der Sünder Strafe, erwarb ihnen Gottes Gerechtigkeit und verschaffte ihnen eine gewisse Seligkeit. Das tat er für uns. Daher rühmen wir: "Wer will verdammen? Christus ist hie, der gestorben ist, ja vielmehr, der auch auferwecket ist, welcher ist zur Rechten Gottes und vertritt uns."

Herr Christe, ziehe in unsere Herzen ein, ewig unsere Zuversicht zu sein. So sind wir froh! Amen.

George M. Krach

Gott allein die Ehre!

Ihm sei Ehre in Ewigkeit! Amen. *Römer 11, 36*

In der obigen Doxologie läßt der Apostel seinen Lobpreis Gottes ausklingen. Er fordert hiermit alle Christen auf, die Geheimnisse Gottes nicht zu erforschen, geschweige zu meistern, sondern vielmehr anzubeten. Um beides wollen wir Gott die Ehre geben: Um das, was er uns in seinem Wort zu unserm Heil geoffenbart hat, und um seine heimliche, verborgene Weisheit. Wenn auch dieselbe uns zur Zeit noch verborgen ist, so haben wir doch den Eindruck, daß sie groß, heilig, göttlich, anbetungswürdig ist.

Voller und lauter noch wird allerdings das "Ihm sei Ehre in Ewigkeit! Amen" aus unserm Munde erschallen, wenn die Hülle gefallen ist, wenn in jenem Leben der ganze Rat Gottes bloß und aufgedeckt vor unserm Auge liegt. So ermahnt uns der Apostel in der Trinitatisepistel, die unergründliche Weisheit Gottes, die unerforschlichen, unbegreiflichen Gerichte und Wege Gottes anzubeten.

> **Sei Lob und Ehr' dem höchsten Gut,**
> **Dem Vater aller Güte,**
> **Dem Gott, der alle Wunder tut,**
> **Dem Gott, der mein Gemüte**
> **Mit seinem reichen Trost erfüllt,**
> **Dem Gott, der allen Jammer stillt.**
> **Gebt unserm Gott die Ehre! Amen.**
>
> **Herman A. Harms**

Gebete

Morgengebet am Sonntag

Allein Gott in der Höh' sei Ehr'
Und Dank für seine Gnade,
Darum, daß nun und nimmermehr
Uns rühren kann kein Schade.
Ein Wohlgefall'n Gott an uns hat,
Nun ist groß' Fried' ohn' Unterlaß,
All' Fehd' hat nun ein Ende.

O Herr, öffne mein Herz und kehre bei mir ein. Laß auch diesen Sonntag mir ein Fest der Erlösung und der Auferstehung sein, in der ich gewiß bin, daß im Himmel alles Böse überwunden ist durch Jesum Christum! Amen.

Abendgebet am Sonntag

Lieber Herr Jesu, wir danken dir, daß du nach deiner Verheißung auch heute wieder bei uns gewesen bist mit deinem Worte und mit deiner Gnade. Wir danken dir für den Segen unserer Gemeinde und unserer Kirche. Gib, daß wir dein Wort behalten in einem feinen, guten Herzen und seine Früchte bringen in Geduld! Segne alle Pastoren und Prediger, daß sie dein Wort verkündigen mit freudigem Auftun des Mundes! "Ach bleibe mit deinem Worte bei uns, Erlöser wert, daß uns beid' hier und dorte sei Güt' und Heil beschert!" Amen.

Morgengebet am Montag

Freudig können wir diesen Tag begrüßen mit dem Wort: "Dies ist der Tag, den der Herr macht; laßt uns freuen und fröhlich drinnen sein!" Wir danken dir, lieber Vater im Himmel, daß du uns in der vergangenen Nacht gnädiglich beschützt und beschirmt hast. Kein Feind konnte uns Schaden tun. Beschirme und beschütze uns auch heute, so daß wir freudig unsere Arbeit tun können. Führe uns auch heute auf rechter Straße um deines Namens willen, auf daß all unser Tun und Lassen, unser Reden und Denken dir zur Lob und Preis dienen möge und unser Werk zur Wohlfahrt des Nächsten gereiche! In Jesu Namen. Amen.

Abendgebet am Montag

Laß mich diese Nacht empfinden
Eine sanft' und süße Ruh',
Alles Übel laß verschwinden,
Decke mich mit Segen zu!
Leib und Seele, Mut und Blut,
All' die Unsern, Hab' und Gut,
Freunde, Feind' und Hausgenossen,
Sei'n in deinen Schutz geschlossen! Amen.

Morgengebet am Dienstag

Lieber Herr, wir danken dir für deine Gabe eines neuen Tages. Halt auch heute deine Hand über uns und gib uns für die Pflichten dieses Tages Gesundheit, Kraft und Verstand! Sei mit uns mit deiner Güte!

> Ach Gott, verlaß mich nicht,
> Ach, laß dich doch bewegen,
> Ach Vater, kröne doch
> Mit reichem Himmelssegen
> Die Werke meines Amts,
> Die Werke meiner Pflicht,
> Zu tun, was dir gefällt:
> Ach Gott, verlaß mich nicht! Amen.

Abendgebet am Dienstag

Barmherziger Gott, ewiger Vater, wie trägst du doch so eine herzliche Liebe und väterliche Fürsorge für mich armen Sünder, indem du mich alle Tage und Stunden von meiner Jugend an bis auf gegenwärtige Zeit vor Schaden und Gefahr behütet hast. Ich bitte dich, du wollest alles dessen, was ich heute wider dich getan habe nicht mehr gedenken, sondern aus Gnaden erlassen, und mir um deines lieben Sohnes Jesu Christi willen gnädig sein, und diese Nacht mich und alle die Meinen vor allem Übel sicher behüten! In deine Hände befehle ich mich. Amen.

Morgengebet am Mittwoch

"O Gott, der du aus Herzensgrund die Menschenkinder liebest und uns zu aller Zeit und Stund' viel Gutes reichlich gibest, wir danken dir, daß deine Treu' bei uns ist alle Morgen neu in unserm ganzen Leben."

Durch den Schutz deiner Engel behütet, hast du, mein Vater im Himmel, mir heute wieder einen neuen Tag geschenkt. Gib, daß auch in diesem Tag all mein Tun und Lassen zu deiner Ehre und zum Nutz meines Nächsten geschehe! Sei mir gnädig und laß es in meinem Leben an gutem Rat und Mut nicht fehlen; um Jesu Christi, meines Heilandes, willen! Amen.

Abendgebet am Mittwoch

Herr Gott, barmherzig und gnädig, geduldig und von großer Güte, Lob und Dank sei dir gesagt, daß du uns heute trotz unserer Unwürdigkeit so liebevoll geleitet, ernährt und behütet hast. Wir bitten dich, du wollest uns die mannigfachen Versäumnisse und Fehltritte, deren wir uns heute wieder schuldig gemacht haben, um des teuren Blutes Jesu Christi willen gnädiglich vergeben. Und sei auch diese kommende Nacht unsere feste Burg, unser Schutz und Schirm wider alles Wüten und Toben des Teufels! Wir befehlen uns mit Leib und Seele in deine Hände. In Jesu Namen. Amen.

Morgengebet am Donnerstag

Gnädiger Gott und Vater, dir sei Lob, Preis und Dank dargebracht in dieser Morgenstunde! Vor allem Übel hast du uns behütet in der vergangenen Nacht. Durch deine Gnade haben wir diesen neuen Tag erlebt. Behüte uns auch heute vor aller Gefahr des Leibes und der Seele! Gnädiglich gib uns unser tägliches Brot und alles, was wir für dies zeitliche Leben nötig haben! Gib uns die Gnade, auch deine geistlichen Gaben freudig zu empfangen! Kräftige uns heute das zu tun, was unsere Aufgabe ist, und möge das, was wir tun, dir zur Ehre dienen; in Jesu Namen! Amen.

Abendgebet am Donnerstag

Treuer Vater im Himmel, wir danken dir für alles Gute, das wir heute von deiner gnädigen Hand empfangen haben. Dieser deiner großen Liebe und Güte sind wir nicht würdig, denn heute wieder haben wir in Gedanken, Worten und Werken gesündigt. Vergib uns um Jesu Christi willen! Behüte uns und alle unsere Lieben und schenke uns erfrischenden Schlaf und ungestörte Ruhe! Soll heute Nacht die letzte sein, so laß uns zum ewigen Leben erwachen! Kraft deines Heiligen Geistes laß uns morgen mit Freudigkeit und Lust das tun, was zu deiner Ehre und unseres Mitmenschen Wohlfahrt dient! In Jesu Namen beten wir. Amen.

Morgengebet am Freitag

Lieber Vater im Himmel, wir danken dir, daß du durch den Glauben an Jesum Christum, deinen Sohn, uns zu deinen Kindern gemacht hast, die das Vorrecht haben, im Gebet dir alles vorzutragen, was sie auf ihren Herzen haben. Mache uns bereit, immer und an allen Orten zu dir zu beten, sei es mit Danksagung für all das Gute, das du uns bescherest, oder sei es in Bitten um deinen gnädigen Schutz und um alles, was wir für unser irdisches und geistliches Leben nötig haben! Vor allem aber erhalte uns im Glauben an deinen Sohn Jesum Christum, unseren Herrn! Amen.

Abendgebet am Freitag

Barmherziger Vater im Himmel, ich danke dir für den reichen Segen, den ich heute wieder aus deiner gnädigen Hand empfangen habe. Du hast mich behütet, daß mir nichts Böses widerfahren ist. Du bist bei mir gewesen mit dem Schutz deiner heiligen Engel. Alle deine Verheißungen hast du mit Ja und Amen bestätigt. Das gilt ganz besonders von der Verheißung: "Ich habe dich erlöset; ... du bist mein!" So kann ich mich jetzt getrost zur Ruhe begeben. In deine Hände befehle ich mich. Du bist mein Gott, ich traue auf dich. Erhöre mich um Jesu, meines Heilandes willen! Amen.

Morgengebet am Samstag

Die Woche geht zu Ende, lieber Gott, und an deiner Hand sind wir sicher gehalten worden. Dafür danken wir deiner Güte und bitten, du wollest uns auch heute im Glauben erhalten und unser Leben begnaden!

> Führe mich, o Herr, und leite
> Meinen Gang nach deinem Wort!
> Sei und bleibe du auch heute
> Mein Beschützer und mein Hort!
> Nirgends als von dir allein
> Kann ich recht bewahret sein.

Behüte unseren Ausgang und Eingang von nun an bis in Ewigkeit! Amen.

Abendgebet am Samstag

Barmherziger Vater, wir danken dir, daß du uns diese Woche wieder erhalten hast, uns gespeist und getränkt und uns im Glauben an unseren Herrn und Heiland Jesum Christum bewahrt hast. Vergib uns, wo wir Unrecht getan haben, und erneure in uns die christliche Liebe! Segne unsere Arbeit und unsere Ruhe! Eröffne unsere Ohren und unsere Herzen zu deinem Wort, und unseren Mund zu deinem Lob und Preis! Du hast uns erlöst, du getreuer Gott. Ehre sei dem Vater, dem Sohn und dem Heiligen Geist von nun an bis in Ewigkeit! Amen.

Gebet in der Adventszeit

Komm, du wertes Lösegeld,
Dessen alle Heiden hoffen;
Komm, o Heiland aller Welt,
Tor' und Türen stehen offen;
Komm in ungewohnter Zier,
Komm, wir warten mit Begier!
Hosianna, Davids Sohn!
Ach Herr, hilf, laß wohl gelingen!
Laß dein Zepter, Reich und Kron'
Uns viel Heil uns Segen bringen,
Daß in Ewigkeit besteh':
Hosianna in der Höh'! Amen.

Gebet in der Weihnachtszeit

Himmlischer Vater, wir, danken dir von Grund unseres Herzens, daß du deine Verheißung so treulich gehalten, und uns deinen eingebornen Sohn, das höchste Gut, zum Heiland gesandt hast. O Jesu Christe, du ewiger Gottessohn, du bist unser Bruder geworden und hast unser armes Fleisch und Blut angenommen, um uns durch deinen bitteren Kreuzestod zu erlösen. O Gott, Heiliger Geist, wir danken dir, daß du das große Geheimnis der Menschwerdung unseres Heilandes hast durch die Engel den Hirten verkündigen lassen. Ehre sei Gott in der Höhe und Friede auf Erden und den Menschen ein Wohlgefallen! Amen.

Epiphaniasgebet

O gütiger Gott, du Vater des Lichts, der du aus großer Liebe deinen Sohn als Erlöser in die Welt gesandt und ihn durch einen Wunderstern den Weisen aus dem Morgenland offenbart hast, wir danken dir für deine grundlose Barmherzigkeit. Wir loben dich, daß du uns durch Wort und Sakrament erleuchtet und zu dir bekehrt hast. Erbarme dich über die zahllosen Menschen, die noch immer im Schatten des Todes sitzen! Gib dein Wort mit immer größeren Scharen Evangelisten, damit viele Menschen aus der Finsternis der Sünde ins Licht deines Sohnes geführt werden mögen! Amen.

Passionsgebet

O Herr Jesu Christe, du hast uns arme verlorene Sündern durch dein heiliges Leiden Gnade bei deinem himmlischen Vater erworben und uns das ewige Leben wiedergebracht. Wir danken dir von Grund unserer Herzen für die große Liebe und Treue, die du uns darin erzeigt hast. Wir bitten dich, erhalte uns um deines Leidens und Sterbens willen in deiner ewigen Liebe und gib uns Gnade durch den Heiligen Geist, daß wir diese teure Erlösung und große Wohltat mit dankbarem Herzen erkennen, loben, rühmen und preisen! Herr Jesu, du bist unserer treuer Heiland. Amen.

Gebet in der Osterzeit

Herr, du starker Held und Todesüberwinder, wir jauchzen und jubilieren, daß du als unser Haupt siegreich aus dem Tode hervorgegangen bist und hast auch den letzten Feind besiegt zu deinen Füssen gelegt. Das hast du alles für uns getan, damit der Tod keine Macht mehr über uns habe und das Grab uns nicht mehr halten könne. Verleihe, daß wir die Bedeutung deiner Auferstehung recht erkennen als die sichere Bürgschaft für unsere eigene Auferstehung am Jüngsten Tage, da du uns zum ewigen Leben auferwecken willst! Das verleihe uns um deines Sieges willen! Amen.

Gebet für die Kirche

Herr Gott, himmlischer Vater, von dem wir ohne Unterlaß allerlei Gutes empfangen, wir danken dir von Herzen, daß du in der Kirche mit deinem Wort und Sakrament bei uns einkehrest und in deinem Hause ein großes Heil uns widerfahren läßt. Herr, laß deine Augen Tag und Nacht über deine Kirche offen stehen! Wir bitten auch, du wollest hinfort unter uns wohnen, dein Wort und deine heiligen Sakramente unter uns erhalten und dein Gedeihen dazu geben, daß wir armen Sünder uns zu dir bekehren, dich bekennen, dir dienen und einst ewig selig werden, durch Jesum Christum! Amen.

Gebet für Kranke

Herr Jesu, du weißt schon aus eigener Erfahrung was Leiden und Schmerzen bedeuten. Sei der Schutz und die Stärke für alle, die in Geist oder Leib Krankheit leiden! Vor allen Dingen laß sie trotz der Schmerzen und der bedrückenden Tage sich zu dir hindurchfinden! Rede du zu ihnen durch dein mächtiges Wort, und präge ihnen die Tiefe deiner vergebenden Barmherzigkeit ein! Umgib sie mit Menschen, die für sie Sorge tragen und ihnen Worte der Ermutigung anbieten können! Schenke ihnen die Augen, auch mitten im Leid wertvolle Lehren zu sehen und zu schätzen! O Herr Jesu, Sohn des gnädigen Gottes, gib ihnen deinen Frieden! Amen.

Gebet eines Kranken

Lieber Gott und Vater, in deinem Wort sagst du: "Rufe mich an in der Not, so will ich dich erretten, so sollst du mich preisen." Im Vertrauen auf deine Verheißung komme ich jetzt zu dir in meiner Not und rufe dich um Hilfe an. Bei dir ist kein Ding unmöglich. Darum bitte ich dich: Lege deine lindernde und heilende Hand auf mich! Laß mich bald gesund von meinem Krankenlager aufstehen, damit ich meine Arbeit wieder verrichten kann! Doch, ich gebe mich gänzlich in deine Hände. Dein bin ich in Freud' und in Leid, im Leben und im Sterben, in Zeit und in Ewigkeit. Dein Wille ist auch mein Wille. Durch Jesum Christum. Amen.

Danksagung für Hilfe

O Barmherziger Heiland, ich freue mich über deine Gnade. Ich danke dir, daß du mir geholfen hast. Ich bitte dich, du wollest noch ferne bei mir sein und mir weiter helfen! Gib, daß ich immer dankbar bleibe und diese Dankbarkeit in meinem Leben zeige! Oft habe ich dich in der Not angerufen, du hast mein Flehen erhört. Und dann, schäme ich mich zu sagen, ich habe vergessen, dir recht zu danken. Ich danke dir jetzt für alles, und bitte erhalte mich immer fest im Glauben bis zu letzt, wenn du wirst mich in den Himmel einführen! Amen.

Sterbegebet

Ich bin ein Glied an deinem Leib,
Deß tröst' ich mich von Herzen.
Von dir ich ungeschieden bleib'
In Todesnot und Schmerzen.
Wenn ich gleich sterb', so sterb' ich dir,
Ein ew'ges Leben hast du mir
Mit deinem Tod erworben.

Weil du vom Tod erstanden bist,
Werd' ich im Grab nicht bleiben;
Mein höchster Trost dein' Auffahrt ist,
Todsfurcht kann sie vertreiben,
Denn wo du bist, da komm' ich hin,
Daß ich stets bei dir leb' und bin,
Drum fahr' ich hin mit Freuden. Amen.

Das Vaterunser

Vater unser, der du bist im Himmel, geheiliget werde dein Name, dein Reich komme, dein Wille geschehe, wie im Himmel, also auch auf Erden. Unser tägliches Brot gib uns heute. Und vergib uns unsere Schuld, als wir vergeben unsern Schuldigern. Und führe uns nicht in Versuchung, sondern erlöse uns von dem Übel. Denn dein ist das Reich und die Kraft und die Herrlichkeit in Ewigkeit. Amen.

Das apostolische Glaubensbekenntnis

Ich glaube an Gott, den Vater, allmächtigen Schöpfer Himmels und der Erden.

Und an Jesum Christum, seinen einigen Sohn, unsern Herrn, der empfangen ist von dem Heiligen Geist, geboren aus Maria, der Jungfrau, gelitten unter Pontio Pilato, gekreuziget, gestorben und begraben, niedergefahren zur Hölle, am dritten Tage wieder auferstanden von den Todten, aufgefahren gen Himmel, sitzend zur Rechten Gottes, des allmächtigen Vaters, von dannen er kommen wird, zu richten die Lebendigen und die Todten.

Ich glaube an den Heiligen Geist, eine heilige christliche Kirche, die Gemeinde der Heiligen, Vergebung der Sünden, Auferstehung des Fleisches und ein ewiges Leben. Amen.

Die kleine Litanei

Herr Gott Vater im Himmel,
   du Schöpfer aller Dinge,
     erbarme dich über mich und erhöre mich!
Herr Gott Sohn,
   du Heiland aller Welt,
     erbarme dich über mich und bitte für mich!
Herr Gott Heiliger Geist,
   du Tröster in aller Not,
     erbarme dich über mich und seufze in mir!

O du heilige, heilige, heilige, hochgelobte Dreieinigkeit, erbarme dich über mich und sei mir armen Sünder gnädig; vergib mir alle meine Sünde; erhalte mir dein reines, seligmachendes Wort, und schenke mir deinen zeitlichen, geistlichen und ewigen Frieden! Amen.

Tischgebete

Komm, Herr Jesu, sei unser Gast
Und segne, was du bescheret hast! Amen.

Aller Augen warten auf dich, Herr, und du gibst ihnen ihre Speise zu seiner Zeit. Du tust deine Hand auf, und erfüllest alles, was da lebt, mit Wohlgefallen. Amen.

Danket dem Herrn, denn er ist freundlich und seine Güte währet ewiglich! Amen.

Martin Luthers Morgengebet

Das walte Gott Vater, Sohn und Heiliger Geist! Amen.

Ich danke dir, mein himmlischer Vater, durch Jesum Christum, deinen lieben Sohn, daß du mich diese Nacht vor allem Schaden und Gefahr behütet hast, und bitte dich, du wollest mich diesen Tag auch behüten vor Sünden und allem Übel, daß dir all mein Tun und Leben gefalle. Denn ich befehle mich, meinen Leib und Seele, und alles in deine Hände. Dein Heiliger Engel sei mit mir, daß der böse Feind keine Macht an mir finde. Amen.

Martin Luthers Abendgebet

Das walte Gott Vater, Sohn und Heiliger Geist! Amen.

Ich danke dir, mein himmlischer Vater, durch Jesum Christum, deinen lieben Sohn, daß du mich diesen Tag so gnädiglich behütet hast, und bitte dich, du wollest mir vergeben alle meine Sünden, wo ich unrecht gethan habe, und mich diese Nacht gnädiglich behüten. Denn ich befehle mich, meinen Leib und Seele, und alles in deine Hände. Dein Heiliger Engel sei mit mir, daß der böse Feind keine Macht an mir finde. Amen.